具体的なテーマ（育児の悩みや喜び）→書き方のポイント→発育・発達メモ

でよくわかる！

0・1・2歳児の プロの 連絡帳の書き方

低年齢児保育が学べるワイド版

川原佐公・古橋紗人子・藤本員子・田中三千穂／監修・編著
保育とカリキュラム編集委員／著

ひかりのくに

はじめに

連絡帳は園と家庭の懸け橋

平成20年の保育所保育指針の改定において、新たに第６章「保護者に対する支援」が設けられ、保育所における支援の基本として、『保護者とともに、子どもの成長の喜びを共有すること』『一人一人の保護者の状況を踏まえ、子どもと保護者の安定した関係に配慮して、保護者の養育力の向上に資するよう、適切に支援すること』と示されています。

保育所に入所している子どもの生活の基盤は、働いている保護者と共に過ごす家庭と、保育者や友達と共に活動する保育所とのふたつの環境で営まれています。ひとりひとりの子どもの心身の安定のためには、家庭と保育所の24時間の生活の連続性を、保護者も保育者も視野に入れることが重要であり、そのための相互のメッセージを果たす第一の役割が、日々の連絡帳にあります。保育所や家庭での生活のようすや、遊びなどが詳しく書かれている連絡帳は、互いの成長を見つめ合う記録であるとともに、家庭と保育所をつなぐ懸け橋といえましょう。

子どもから離れて働いている保護者は、子育てを施設に託す後ろめたさや、わが子が慈しまれているのか、また発達の節々での不安などを持っておられることが多いものです。連絡帳から母性神話に惑わされず働くことを励まされ、わが子が愛されていること、子どもの発達の理解や専門的なかかわり方などを知ることにより、保護者は園に信頼感を持つと共に、養育力が向上していきます。連絡帳は真に保護者の子育て支援の機能を果たす要《かなめ》といえます。

元 大阪府立大学教授・川原佐公

本書の3つの特長

3つの特長で、連絡帳の書き方がよくわかり、
保護者とのつながりが深まります！！

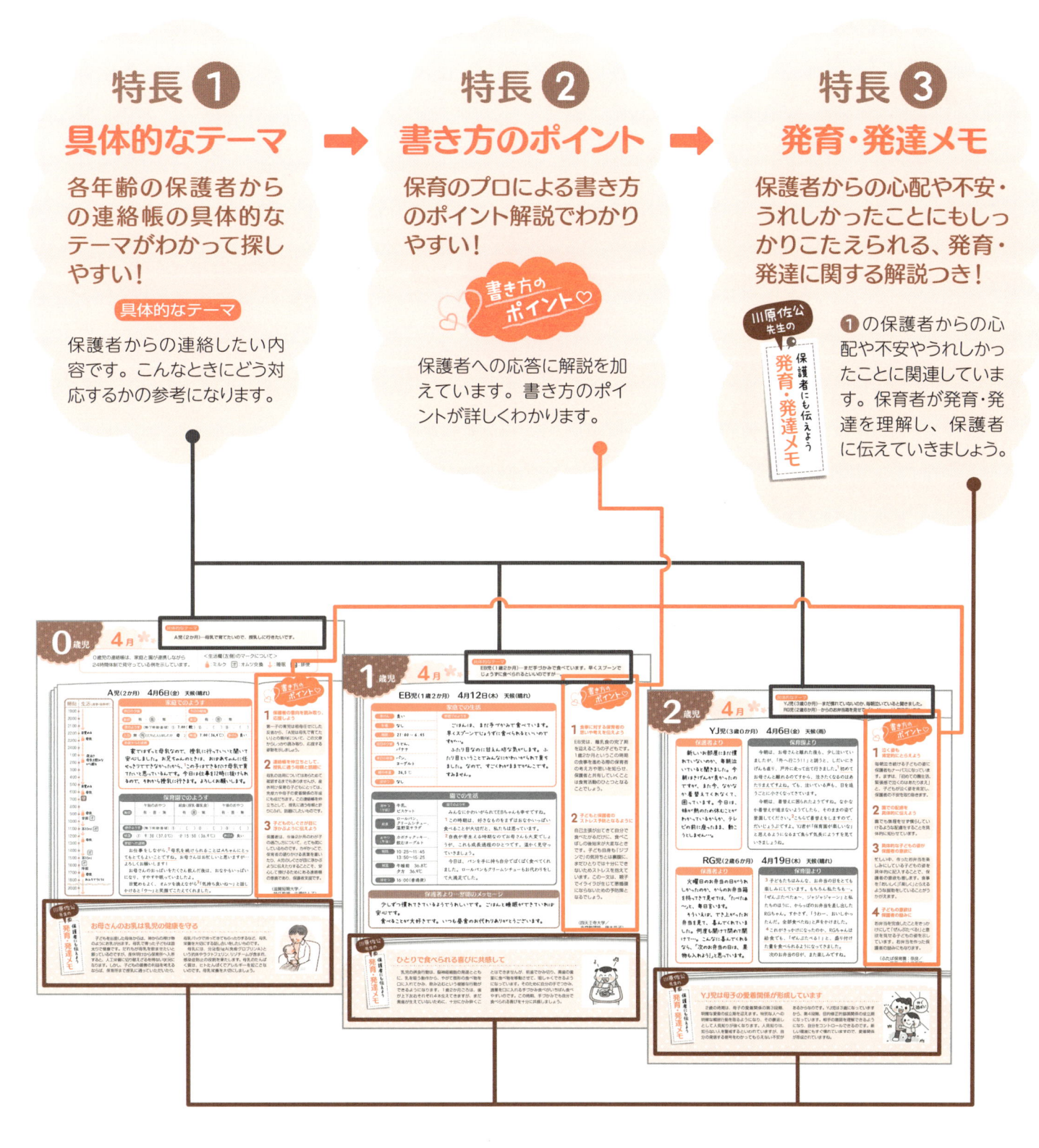

特長 1
具体的なテーマ

各年齢の保護者からの連絡帳の具体的なテーマがわかって探しやすい！

具体的なテーマ

保護者からの連絡したい内容です。こんなときにどう対応するかの参考になります。

特長 2
書き方のポイント

保育のプロによる書き方のポイント解説でわかりやすい！

書き方のポイント

保護者への応答に解説を加えています。書き方のポイントが詳しくわかります。

特長 3
発育・発達メモ

保護者からの心配や不安・うれしかったことにもしっかりこたえられる、発育・発達に関する解説つき！

川原佐公先生の
保護者にも伝えよう
発育・発達メモ

1 の保護者からの心配や不安やうれしかったことに関連しています。保育者が発育・発達を理解し、保護者に伝えていきましょう。

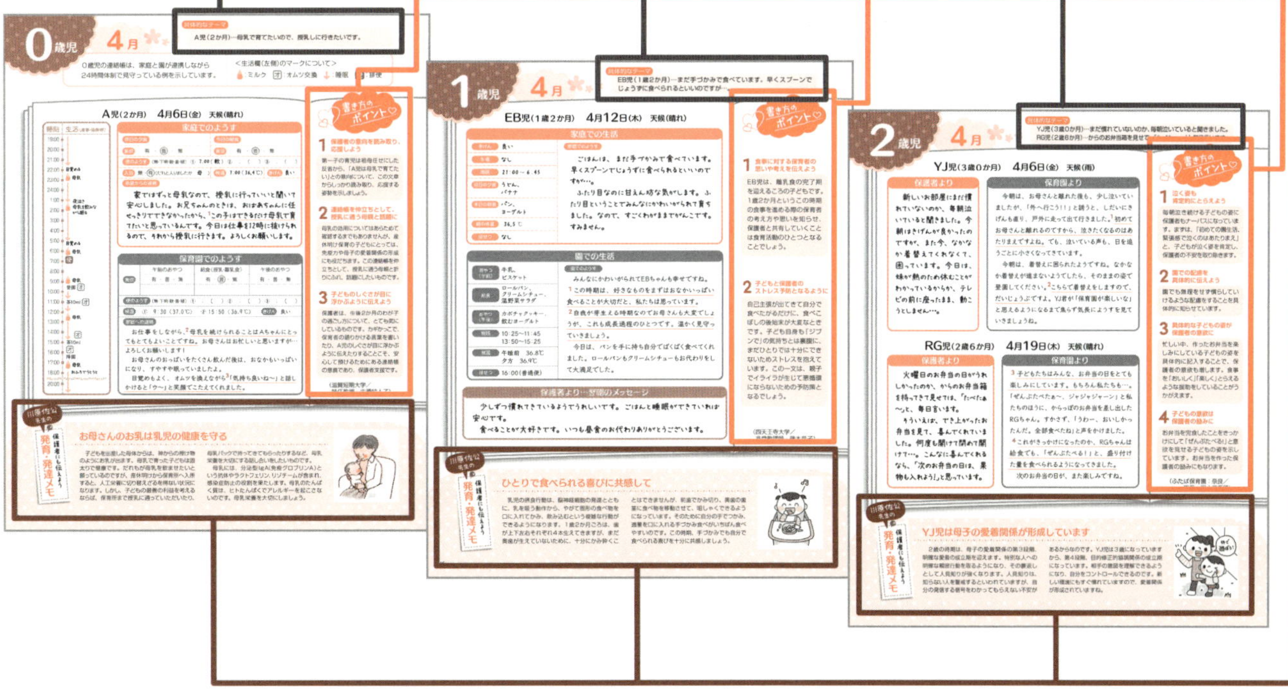

もくじ…何からでも探せるスーパーコンテンツ!!

いろいろ気になることから探せます!!

例えば…

① まずは、担当年齢から見てみよう！
② 具体的なテーマから探してみよう！
③ 月齢・年齢から探してみよう！
④ ○月（4月～3月）から探してみよう！

具体的なテーマ

具体的なテーマ

具体的なテーマ

0歳児の連絡帳 書き方のポイント

川原佐公

0歳児の連絡帳を書くにあたってのポイントを３つにまとめました。
プロの保育者として常に意識しながら、家庭と園を結ぶ連絡帳を書きましょう。

1 子どもの生活を24時間の連続的な視野でとらえる

規則正しい生活のリズムは、乳児の健康保全、情緒的安定に欠かせません。一覧できる連絡帳を整えましょう。

0歳児は体温の調節、消化機能など生理的に未熟であり、さまざまな細菌に対する抵抗力も弱いので、保健・衛生・安全に配慮しつつ、命の尊厳を意識して日々の保育に取り組まなければなりません。0歳児は、成長・発達が著しいので、家庭での過ごし方、保育所での生活のあり方の両者の情報を伝え合うことが重要です。

2 家庭と仕事の両立支援が両親の人としての成長につながる

男女共同参画の実現を支え、就労を支援する本拠地としての姿勢を、連絡帳を通して貫き、エールを送ります。

保護者の中には、幼い子どもを保育所に預けながら、自分が仕事を続けることを、社会の人々から「育児放棄」と見られないか、「不本意な後ろめたさ」を持って、子育てに自信を持てない姿がうかがえることがあります。保護者が保護者として成長する可能性を信じ、社会の中で子育ての苦楽を共有していくように連絡帳で支えていきます。

3 子どもの成長発達の記録として専門的なことも記述

子どもの発達過程のポイントと専門的な援助を、具体的に伝えることで、保育者への信頼とみずからの学びに。

0歳の時期は成長発達が著しく、初めての寝返りやハイハイなど感動的なハッとする場面や、甘えやベビーサインなどチャーミングなしぐさに出会います。そのとき専門性に裏付けられた受け止め方、成長を見通しての援助のしかたを具体的に伝えることによって、保育記録にもなり、家庭との共育てのモデルになります。

本書の 0歳児の連絡帳の見方

０歳児は、A児・B児・C児の３名の子どもの12か月を追った連絡帳の例を紹介しています。１年間を通した子どもの成長も読み取れます。

各ページ①～⑥の順で見るとわかりやすいです。

0歳児　4月

具体的なテーマ

A児（2か月）…母乳で育てたいので、授乳しに行きたいです。

０歳児の連絡帳は、家庭と園が連携しながら24時間体制で見守っている例を示しています。

<生活欄（左側）のマークについて>
:ミルク　オ:オムツ交換　↓:睡眠　便:排便

A児（2か月）　4月6日（金）　天候（晴れ）

時刻	生活（食事・睡眠等）
19:00	
20:00	
21:00	
22:00	目覚める
23:00	母乳
24:00	
1:00	夜泣き 母乳を飲みながら眠る
2:00	
3:00	
4:00	
5:00	目覚める
6:00	母乳
7:00	便
8:00	
9:00	母乳 登園 オ
10:00	
11:00	茶10ml オ
12:00	
13:00	母乳
14:00	オ
15:00	茶10ml
16:00	オ 降園
17:00	母乳
18:00	おふろでうとうと
20:00	

家庭でのようす

昨日の夕食　食欲　有・(普)・無
今日の朝食　食欲　有・(普)・無
便のようす（無・下痢・軟・普・硬）①　7:00（軟）②　:（　）③　:（　）
入浴　無・(有)（だれと入りましたか　母　）　検温　7:00（36.4℃）　きげん　良い

家庭からの連絡

家ではずっと母乳なので、授乳に行っていいと聞いて安心しました。お兄ちゃんのときは、おばあちゃんに任せっきりでできなかったから、[1]この子はできるだけ母乳で育てたいと思っているんです。今日は仕事を12時に抜けられるので、それから授乳に行きます。よろしくお願いします。

保育園でのようす

	午前のおやつ	給食（授乳・離乳食）	午後のおやつ
食欲	有・普・無	有・(普)・無	有・普・無

便のようす（無・下痢・軟・普・硬）①　:（　）②　:（　）③　:（　）
検温　①　9:30（37.0℃）　②　15:50（36.9℃）　きげん　良い

家庭への連絡

お仕事をしながら、[2]母乳を続けられることはAちゃんにとってもとてもよいことですね。お母さんはお忙しいと思いますが…よろしくお願いします！

お母さんのおっぱいをたくさん飲んだ後は、おなかもいっぱいになり、すやすや眠っていましたよ。

目覚めもよく、オムツを換えながら[3]「気持ち良いね～」と話しかけると「ウ～」と笑顔でこたえてくれました。

書き方のポイント

1 保護者の意向を読み取り、応援しよう

第一子の育児は祖母任せにした反省から、「A児は母乳で育てたい」との意向について、この文章からしっかり読み取り、応援する姿勢を示しましょう。

2 連絡帳を仲立ちとして、授乳に通う母親と話題に

母乳の効用についてはあらためて確認するまでもありませんが、産休明け保育の子どもにとっては、免疫力や母子の愛着関係の形成にも役だちます。この連絡帳を仲立ちとして、授乳に通う母親と折りにふれ、話題にしたいものです。

3 子どものしぐさが目に浮かぶように伝えよう

保護者は、生後2か月のわが子の過ごし方について、とても気にしているものです。カギかっこで、保育者の語りかける言葉を書いたり、A児のしぐさが目に浮かぶように伝えたりすることこそ、安心して預けるためにある連絡帳の意義であり、保護者支援です。

（滋賀短期大学／特任教授・古橋紗人子）

川原佐公先生の 保護者にも伝えよう 発育・発達メモ

お母さんのお乳は乳児の健康を守る

子どもを出産した母体からは、神からの授け物のようにお乳が出ます。母乳で育った子どもは固太りで健康です。だれもが母乳を飲ませたいと願っているのですが、産休明けから保育所へ入所すると、人工栄養に切り替えざるを得ない状況になります。しかし、子どもの最善の利益を考えるならば、保育所まで授乳に通っていただいたり、母乳パックで持ってきてもらったりするなど、母乳栄養を大切にする話し合いをしたいものです。

母乳には、分泌型IgA（免疫グロブリンA）という抗体やラクトフェリン、リゾチームが含まれ、感染症防止の役割を果たします。母乳のたんぱく質は、ヒトたんぱくでアレルギーを起こさないのです。母乳栄養を大切にしましょう。

8

1 具体的なテーマ

具体的なテーマ

保護者からの連絡したい内容です。こんなときにどう対応するかの参考になります。

2 家庭と園が連絡しながら、24時間体制で見守っている例を示しています。

3 保護者からの家庭のようすです。

4 保護者からの応答です。保護者から連絡帳にこたえて、園での子どものようすを伝えましょう。

5 書き方のポイント

書き方のポイント

4の保護者への応答に解説を加えています。書き方のポイントが詳しくわかります。

6 発育・発達メモ

1の保護者からの心配や不安やうれしかったことに関連しています。
保育者が発育・発達を理解し、保護者に伝えていきましょう。

書き方のポイント（0歳児）、ほか
監修・執筆　滋賀短期大学／特任教授・古橋紗人子

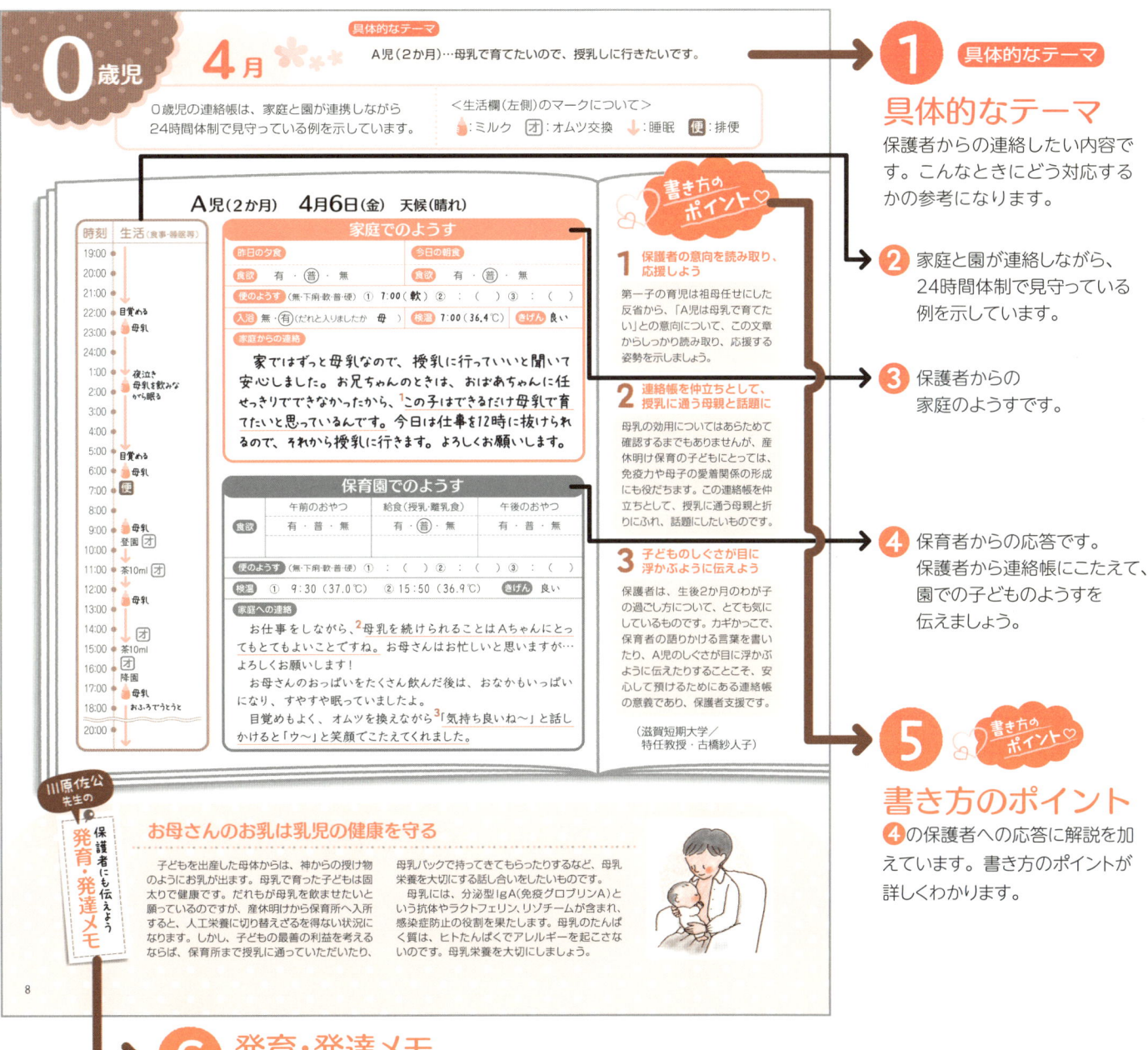

0歳児　4月

具体的なテーマ

A児（2か月）…母乳で育てたいので、授乳しに行きたいです。

0歳児の連絡帳は、家庭と園が連携しながら24時間体制で見守っている例を示しています。

＜生活欄（左側）のマークについて＞
（ミルクのマーク）：ミルク　オ：オムツ交換　↓：睡眠　便：排便

A児（2か月）　4月6日（金）　天候（晴れ）

時刻	生活（食事・睡眠等）
19:00	↓
20:00	↓
21:00	↓
22:00	目覚める
23:00	母乳
24:00	↓
1:00	夜泣き　母乳を飲みながら眠る
2:00	↓
3:00	↓
4:00	↓
5:00	目覚める
6:00	母乳
7:00	便
8:00	
9:00	母乳　登園　オ
10:00	↓
11:00	茶10ml　オ
12:00	母乳
13:00	↓
14:00	オ
15:00	茶10ml
16:00	オ　降園
17:00	母乳
18:00	おふろでうとうと
20:00	↓

家庭でのようす

昨日の夕食	今日の朝食
食欲　有・(普)・無	食欲　有・(普)・無

便のようす（無・下痢・軟・普・硬）①　7:00（軟）②　：（　）③　：（　）

入浴　無・(有)（だれと入りましたか　母　）　検温　7:00（36.4℃）　きげん　良い

家庭からの連絡

家ではずっと母乳なので、授乳に行っていいと聞いて安心しました。お兄ちゃんのときは、おばあちゃんに任せっきりでできなかったから、[1]この子はできるだけ母乳で育てたいと思っているんです。今日は仕事を12時に抜けられるので、それから授乳に行きます。よろしくお願いします。

保育園でのようす

	午前のおやつ	給食（授乳・離乳食）	午後のおやつ
食欲	有・普・無	有・(普)・無	有・普・無

便のようす（無・下痢・軟・普・硬）①　：（　）②　：（　）③　：（　）

検温　①　9:30（37.0℃）　②　15:50（36.9℃）　きげん　良い

家庭への連絡

お仕事をしながら、[2]母乳を続けられることはAちゃんにとってもとてもよいことですね。お母さんはお忙しいと思いますが…よろしくお願いします！

お母さんのおっぱいをたくさん飲んだ後は、おなかもいっぱいになり、すやすや眠っていましたよ。

目覚めもよく、オムツを換えながら[3]「気持ち良いね～」と話しかけると「ウ～」と笑顔でこたえてくれました。

書き方のポイント

1 保護者の意向を読み取り、応援しよう

第一子の育児は祖母任せにした反省から、「A児は母乳で育てたい」との意向について、この文章からしっかり読み取り、応援する姿勢を示しましょう。

2 連絡帳を仲立ちとして、授乳に通う母親と話題に

母乳の効用についてはあらためて確認するまでもありませんが、産休明け保育の子どもにとっては、免疫力や母子の愛着関係の形成にも役だちます。この連絡帳を仲立ちとして、授乳に通う母親と折りにふれ、話題にしたいものです。

3 子どものしぐさが目に浮かぶように伝えよう

保護者は、生後2か月のわが子の過ごし方について、とても気にしているものです。カギかっこで、保育者の語りかける言葉を書いたり、A児のしぐさが目に浮かぶように伝えたりすることこそ、安心して預けるためにある連絡帳の意義であり、保護者支援です。

（滋賀短期大学／特任教授・古橋紗人子）

川原佐公先生の
保護者にも伝えよう
発育・発達メモ

お母さんのお乳は乳児の健康を守る

子どもを出産した母体からは、神からの授け物のようにお乳が出ます。母乳で育った子どもは固太りで健康です。だれもが母乳を飲ませたいと願っているのですが、産休明けから保育所へ入所すると、人工栄養に切り替えざるを得ない状況になります。しかし、子どもの最善の利益を考えるならば、保育所まで授乳に通っていただいたり、母乳パックで持ってきてもらったりするなど、母乳栄養を大切にする話し合いをしたいものです。

母乳には、分泌型IgA（免疫グロブリンA）という抗体やラクトフェリン、リゾチームが含まれ、感染症防止の役割を果たします。母乳のたんぱく質は、ヒトたんぱくでアレルギーを起こさないのです。母乳栄養を大切にしましょう。

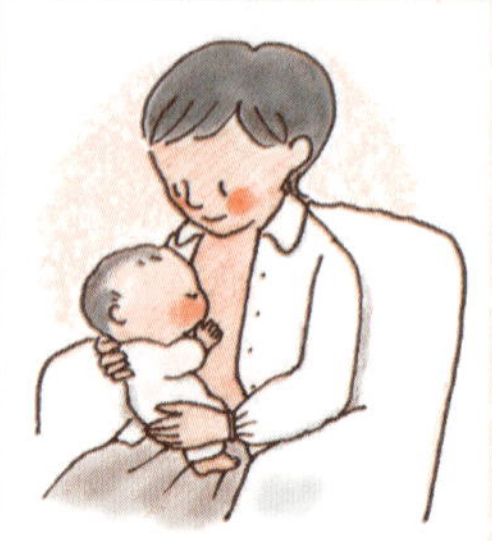

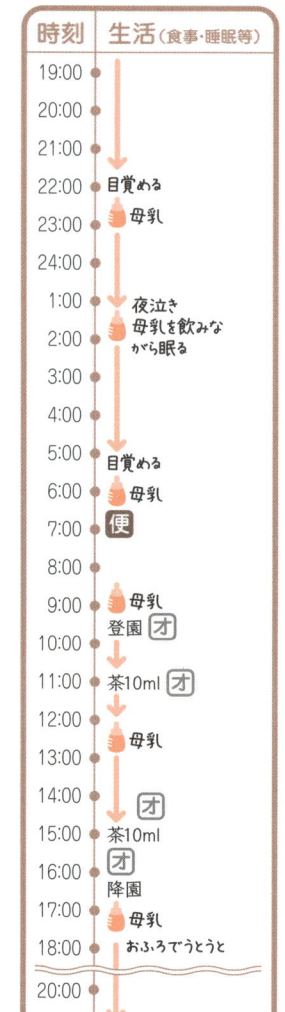

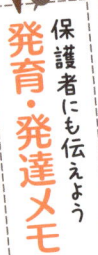

0歳児　4月

具体的なテーマ

B児（2か月）…母乳の搾乳がうまくいきません。

0歳児の連絡帳は、家庭と園が連携しながら24時間体制で見守っている例を示しています。

＜生活欄（左側）のマークについて＞
（哺乳瓶）：ミルク　オ：オムツ交換　↓：睡眠　便：排便

B児（2か月）　4月20日（金）　天候（くもり）

時刻	生活（食事・睡眠等）
19:00	↓
20:00	（ミルク）母乳 あやしてもらって笑う
21:00	便 オ
22:00	（ミルク）母乳 オ
23:00	↓
24:00	↓
1:00	↓
2:00	↓
3:00	↓
4:00	便 オ
5:00	（ミルク）母乳を飲みながらまた眠り始める
6:00	↓
7:00	↓ 登園
8:00	（ミルク）母乳80ml ミルク60ml オ
9:00	便 オ
10:00	↓ オ
11:00	目覚めると戸外を見てひとりで遊ぶ
12:00	便 便が出て泣く
13:00	（ミルク）ミルク120ml オ
14:00	↓
15:00	オ 降園
16:00	おふろ
17:00	（ミルク）母乳
18:00	↓
20:00	

家庭でのようす

昨日の夕食	今日の朝食
食欲　有・普（○）・無	食欲　有・普（○）・無

便のようす（無・下痢・軟・普・硬）①22:00（普）②4:00（普）③　：　（　）

入浴　無・有（○）（だれと入りましたか　母　）　検温　7:00（36.8℃）　きげん　良い

家庭からの連絡

母乳が今日は、少ししか搾乳できませんでした。ミルクで補ってもらえますでしょうか？ 1母乳の大切さを聞いたのですが、搾乳がなかなかうまくいかず、量も取れません。どうしたものでしょうか？

保育園でのようす

	午前のおやつ	給食（授乳・離乳食）	午後のおやつ
食欲	有・普・無	有（○）・普・無	有・普・無

便のようす（無・下痢・軟・普・硬）①8:50（普）②11:55（普）③　：　（　）

検温　①10:15（36.8℃）　②12:00（36.7℃）　きげん　良い

家庭への連絡

2搾乳、大変ですね。ミルクの件、わかりました。

園では、ミルクもいやがらずに飲んでいますので安心してください。

入園前に母乳の効用をお話ししましたが、お仕事も始まり3忙しくなると母乳の量が減る方も多いようです。搾乳できた分を冷凍して持参してくださればだいじょうぶですよ。あとはミルクを飲んでもらいますので、ご心配なく！

書き方のポイント

1 保護者の心配を受け止めよう

母乳の大切さをまじめに考える保護者にとっては、搾乳量が減ってきたことは深刻な問題です。特に保育者と話したことが関係していたら、責任を持って答えたいものです。

2 保護者の心配に対して共感を、質問に対して簡潔な答えを

搾乳しても少量しか搾れなかった保護者の心配に対して大変さを共感すると同時に、保護者の質問には簡潔に答えることがポイントです。

3 安心感と具体的方法を

1の答えは、ほかの保護者も同様の方が多いことを伝えて、まず安心感を与えます。具体的にできる方法、冷凍母乳の持参を促すことで今後の方向性の理解につながります。

（滋賀短期大学／特任教授・古橋紗人子）

川原佐公先生の
保護者にも伝えよう
発育・発達メモ

母子の緊密な接触は母乳授乳がいちばん効果的

母乳栄養の利点については、保護者の多くが認識されるようになりましたが、母乳栄養を続けなければという気持ちと就業の両立との焦りが、かえって母乳の出を悪くしている例だと思います。保護者が赤ちゃんを抱き、いとおしい思いで母乳を与え、赤ちゃんは安心し切って一心不乱にお乳を吸うこの相互作用の結果、母子の愛着関係が深まるとともに、母乳の出もよくなってくるので、機械での搾乳とは根本的に違って当然です。

保護者には、母乳栄養を続ける努力をしておられることを認め、共同の姿勢を示しましょう。

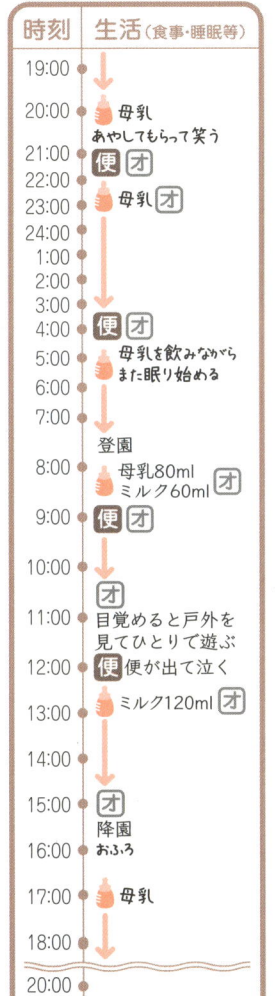

0歳児　4月

具体的なテーマ

C児（2か月）…園ではぐっすり眠れてないようで心配です。

0歳児の連絡帳は、家庭と園が連携しながら24時間体制で見守っている例を示しています。

＜生活欄（左側）のマークについて＞

（哺乳びん）：ミルク　オ：オムツ交換　↓：睡眠　便：排便

C児（2か月）　4月9日（月）　天候（くもり）

時刻	生活（食事・睡眠等）
19:00	（哺乳びん）ミルク180ml
20:00	便 オ おふろ
21:00	↓
22:00	
23:00	（哺乳びん）起こしてミルク180ml
24:00	飲みながら寝る ↓
1:00	
2:00	
3:00	
4:00	
5:00	
6:00	
7:00	目覚める（哺乳びん）ミルク200ml 便 オ
8:00	
9:00	登園 オ ↓
10:00	友達の声で目覚める Aちゃんと呼ぶとニコニコ 手足をバタバタ
11:00	オ（哺乳びん）ミルク200ml
12:00	↓
13:00	オ 体重を量る　5.9kg だっこでニコニコ
14:00	便 オ 手作りモビールをじっと見る
15:00	↓
16:00	オ（哺乳びん）ミルク150ml 降園
17:00	
18:00	
20:00	すやすやねんね ↓

家庭でのようす

昨日の夕食	今日の朝食
食欲　有・**普**・無	食欲　有・**普**・無

便のようす（無・下痢・軟・普・硬）①20:00（普）②7:00（普）③　:　（　）

入浴　無・**有**（だれと入りましたか　母・姉）　検温　8:00（36.5℃）　きげん　良い

家庭からの連絡

　なかなか園ではぐっすり眠れないようですね。でも、家に帰ってからも、きげんは良いです。

　昨日の夜、おじいちゃんとおばあちゃんが来て、相手をしてもらうとニコニコおしゃべりしていました。ミルクをよく飲んでよく寝てくれるので、仕事に復帰してもやっていけそうです。

保育園でのようす

	午前のおやつ	給食（授乳・離乳食）	午後のおやつ
食欲	有・普・無	有・**普**・無	有・普・無

便のようす（無・下痢・軟・普・硬）①14:00（普）②　:　（　）③　:　（　）

検温　①10:00（36.6℃）　②14:00（36.8℃）　きげん　とても良い

家庭への連絡

　[1]おじいちゃんおばあちゃんと楽しい時間を過ごされてよかったですね。今日は、ベッドの位置を変えましたが、やはり[2]目が覚めていました。

　入園前に、産休明け保育について相談に来られたときのことが思い出されます。早期に職場復帰するため、[3]「初めからミルクをしっかり飲ませたい」という考え方。よく飲み元気なAちゃんが「ママ　安心してお仕事してね」のサインを送っているように感じます。

書き方のポイント

1 連絡帳は、後日見られることを意識して

生後2か月の孫が園に通うようすを、心配も含めて祖父母が見に来られたことに対して担任は、後日この連絡帳を見られる可能性のあることを、意識していると思います。「楽しい…よかったですね」と、書くことにより安心感が伝わってきます。

2 プロの保育者として発達過程を意識して

すぐ目が覚めることを、「困ったこと」と思うと「目が覚めて"しまい"ました」と書きます。ここでは「目が覚めて"い"ました」と、事実を伝えています。入園間もない2か月児の発達過程として「当然のこと」ととらえるところがプロの価値です。

3 産休明けの職場復帰、育児と仕事の両立支援が保育の役割

母乳奨励が一般的ですが、産休明けから職場復帰を考えるC児の母親の意向は、「ミルクをよく飲み元気な赤ちゃん」を育てて安心して仕事に戻ることです。両立支援が保育所保育の役割であることからも、担任のエールは力強いものとして届くでしょう。

（滋賀短期大学／特任教授・古橋紗人子）

川原佐公先生の 保護者にも伝えよう 発育・発達メモ

睡眠時間は個人差があります

　睡眠は大脳の疲労によりしぜんに起こる現象で、生命の維持と心身の疲労回復に必要不可欠なものです。月齢が低い2か月児は、脳の発達が未熟なため、睡眠と覚醒を不規則に繰り返し、平均的に、夜間睡眠時間は、8時間55分、全睡眠時間は、15時間12分です。

　C児は、家で約12時間、園で3～5時間睡眠を取っていますので、十分です。睡眠のパターンには個人差が大きく、少しの物音でも目覚める過敏な子ども、騒音の中でも平気で熟睡する子どもなどまちまちです。C児は心配ありません。

0歳児　5月

具体的なテーマ

A児（3か月）…時々寝る前にぐずるのですが、オルゴールできげんが良いです。

0歳児の連絡帳は、家庭と園が連携しながら24時間体制で見守っている例を示しています。

<生活欄（左側）のマークについて>
（ミルクのマーク）：ミルク　オ：オムツ交換　↓：睡眠　便：排便

A児（3か月）　5月7日（月）　天候（晴れ）

時刻	生活（食事・睡眠等）
	おふろでうとうと 買ってきたオルゴールで遊ぶ
19:00	↓
20:00	↓
21:00	目覚める
22:00	（ミルク）母乳
23:00	↓
24:00	↓
1:00	↓
2:00	夜泣き （ミルク）母乳を飲みながら眠る
3:00	
4:00	↓
5:00	↓
6:00	↓
7:00	目覚める
8:00	（ミルク）母乳少し 便
9:00	（ミルク）母乳
10:00	登園 オ
11:00	↓
12:00	お茶10ml オ 保育者とおはなし 「うぶ〜うぶ〜」
13:00	（ミルク）母乳 母親、授乳に来園 オルゴールのCDを
14:00	かけるとすぐに眠る
15:00	↓
16:00	オ　鈴のボールで遊ぶ
17:00	降園
18:00	（ミルク）母乳少し
20:00	

家庭でのようす

昨日の夕食	今日の朝食
食欲　有・(普)・無	食欲　有・(普)・無

便のようす（無・下痢・軟・普・硬）　①　8:00（軟）　②　：（　）　③　：（　）

入浴　無・(有)（だれと入りましたか　母　）　検温　7:00（36.8℃）　きげん　良い

家庭からの連絡

母乳もよく飲んでくれるし、きげんが良いときは、知らない間に寝てくれるから、やりやすい子です。でも時々寝る前にぐずるので、昨日オルゴールを買ってきました。ものすごく気に入って、ずーっと手や足を動かして、朝もきげんが良いです。

今日は仕事が入ってるので、授乳に行けるのは1時過ぎになりそうです。よろしくお願いします。

保育園でのようす

	午前のおやつ	給食（授乳・離乳食）	午後のおやつ
食欲	有・普・無	有・(普)・無	有・普・無

便のようす（無・下痢・軟・普・硬）　①　：（　）　②　：（　）　③　：（　）

検温　①　10:00（36.8℃）　②　15:55（36.7℃）　きげん　良い

家庭への連絡

[1]Aちゃん！　オルゴール買ってもらってよかったね。

夜泣きしたようですが、朝はオルゴールのおかげでしょう、ごきげんで目覚めましたね。

保育園でも食事やお昼寝の時間に、オルゴールのCDをかけるとうれしそうに手足を動かしています。鈴の入った軟らかいボールを転がすと、にっこりほほ笑んでくれます。[2]音に敏感なAちゃんですね。お母さんが、授乳されて帰られた、[3]あの後もCDをかけたらすぐに眠りました。

書き方のポイント

1 時には、子どもに呼びかける書き方に

連絡帳を「育児記録」のように大切にして、思春期や結婚するときに読ませたいと思う保護者がいます。A児に呼びかける形式の書き方は、保護者に感謝の念がわきますので、時にはよいでしょう。

2 子どものようすを保護者と園で共有しよう

オルゴールに対して、A児の反応がよいことは、家庭でも感じていますので、園での小さな音にも敏感なようすを伝えることで、保育者のこまやかな観察力がわかってもらえます。

3 保護者が安心するひと言を

授乳のために、園に通われる保護者の気持ちを察した書き方です。「授乳の後、わが子はどうしているか」ストレートに伝わりますので、この1行が、安心して仕事に戻れる就労支援につながります。

（滋賀短期大学／
特任教授・古橋紗人子）

川原佐公先生の
保護者にも伝えよう
発育・発達メモ

乳児の耳はよく聞こえている

妊娠中の人が、オルゴールをかけると、おなかの胎児が静かに落ち着くという事例がありますが、弦を優しくはじく単音のオルゴールの音は、乳児の耳に優しく響くのでしょう。

生まれた直後の乳児は、まだ耳が聞こえないと思われていましたが、おなかの中で聞いていた母親の心臓の音を記憶していて、その音を泣いている子どもに聞かせると泣きやんで静かに眠ることがわかりました。また、生まれた直後、難聴を発見する検査もできるようになりました。乳児には美しいよい音を聞かせることが大切です。

0歳児　5月

具体的なテーマ

B児（3か月）…母乳をいやがったり、ミルクをいやがったり、困っています。

0歳児の連絡帳は、家庭と園が連携しながら24時間体制で見守っている例を示しています。

＜生活欄（左側）のマークについて＞
哺乳瓶マーク：ミルク　オ：オムツ交換　↓：睡眠　便：排便

B児（3か月）　5月14日（月）　天候（晴れ）

時刻	生活（食事・睡眠等）
19:00	哺乳瓶マーク 母乳 オ
20:00	↓
21:00	ママといっしょにおふろ 便 哺乳瓶マーク ミルク150ml
22:00	オ
23:00	↓
24:00	↓
1:00	↓
2:00	↓
3:00	↓
4:00	哺乳瓶マーク ミルクで大泣き、母乳に
5:00	
6:00	便 オ ↓
7:00	哺乳瓶マーク 母乳 オ
8:00	↓
9:00	眠りながら登園 便 オ
10:00	↓
11:00	オ
12:00	哺乳瓶マーク 冷凍母乳＋ミルク140ml
13:00	ベッドの中で足を動かす
14:00	オ
15:00	↓
16:00	哺乳瓶マーク ミルク100ml 便 オ
17:00	↓
18:00	目覚めると戸外を見てひとりで遊ぶ 便 便が出て泣く 哺乳瓶マーク ミルク110ml 降園
20:00	

家庭でのようす

昨日の夕食	今日の朝食
食欲　有・(普)・無	食欲　有・(普)・無

便のようす（無・下痢・軟・普・硬）　① 21:00（普）　② 5:30（普）　③　：　（　）

入浴　無・(有)（だれと入りましたか　母　）　検温　7:00（36.9℃）　きげん　良い

家庭からの連絡

土曜日の夜は、いつも飲んでいるミルクをいやがったので、別のメーカーのを飲ませました。昨夜は、母乳だけでは満足していないのか、すぐに起きてしまったので、おふろの後、ミルクをあげると飲んでくれました。明け方は、ミルクはいやで大泣きし、母乳を飲みながらそのまま寝てしまいました。どっちなの？と言いたくなるほどで、困ってしまいます。

保育園でのようす

	午前のおやつ	給食（授乳・離乳食）	午後のおやつ
食欲	有・普・無	(有)・普・無	有・普・無

便のようす（無・下痢・軟・普・硬）　① 9:50（普）　②16:00（軟）　③18:20（軟）

検温　① 10:15（36.7℃）　② 12:00（36.9℃）　きげん　良い

家庭への連絡

1お母さん、夜中に大変でしたね。

園でミルクを飲んでいるので、ミルクと母乳の味の違いを感じているのでしょうかね。何といっても、眠いときには、2お母さんの温かいおっぱいに肌で触れながら眠るのが、心地良いのでしょう。

しばらく続くかもしれませんが、Bちゃんと密着し合える2授乳の時間を、大切にしていきましょうね。

書き方のポイント

1 保護者のつらさを共感しよう

夜中に起こされるだけでも大変ですが、ミルクと母乳のどちらがよいかわからない悩みに対して、保護者のつらさを共感することは重要です。

2 母親は子どもにとってかけがえのない存在

子どもからの愛着の気持ちを代弁する文章です。子育てに疲れている母親に対して、自分は「かけがえのない存在」と感じることができる書き方であり、保護者支援のポイントといえます。さらに、最後に「授乳の時間を大切にしていきましょう」と念を押すことによって専門性がうかがえます。

（滋賀短期大学／特任教授・古橋紗人子）

川原佐公先生の

保護者にも伝えよう

発育・発達メモ

母乳の時期は短いので大切に

B児（3か月）は、母乳が飲めて幸せですね。

母乳は母体からの免疫力を赤ちゃんに与える優れた栄養源です。しかし、5か月も過ぎると、体の成長に必要な栄養素が不足してきますので、離乳食を与えることが必要になってきます。純粋に母乳で育つ期間は、人の寿命の一瞬といってよいほど短いものです。しかも母乳は、心の栄養である母親の『愛』が詰まっているものですから、乳児は本能的といってもよいほど母親に抱かれて飲む母乳を求めるのです。母乳の期間を大切にしましょう。

0歳児　5月

具体的なテーマ

C児（3か月）…微熱でせきと鼻水が出るので心配です。

0歳児の連絡帳は、家庭と園が連携しながら
24時間体制で見守っている例を示しています。

＜生活欄（左側）のマークについて＞
（哺乳瓶マーク）：ミルク　オ：オムツ交換　↓：睡眠　便：排便

C児（3か月）　5月10日（木）　天候（晴れ）

時刻	生活（食事・睡眠等）
19:00	↓
20:00	↓
21:00	↓
22:00	↓ 体をふく オ
23:00	ミルク200ml　便 オ
24:00	↓
1:00	↓
2:00	↓
3:00	オ 湯冷まし20ml　オ せきが出ていました
4:00	
5:00	オ せきと鼻水が出ています
6:00	↓
7:00	ミルク200ml オ　便 オ
8:00	
9:00	登園 オ　手作り玩具で遊ぶ　振ったり、なめたり…
10:00	オ　湯冷まし20ml オ　せきが出ていました
11:00	ミルク200ml　ゆっくり飲みました　オ
12:00	↓ たっぷり飲んだのでぐっすりネンネ
13:00	↓
14:00	↓
15:00	オ ミルク200ml
16:00	便 オ
17:00	降園
18:00	↓

家庭でのようす

昨日の夕食	今日の朝食
食欲　有 ・ (普) ・ 無	食欲　有 ・ (普) ・ 無

便のようす（無・下痢・軟・普・硬）　①23:00（ 普 ）　②　7:50（ 普 ）　③　：　（　　）

入浴　(無)・有（だれと入りましたか　　　　）　検温　8:00（36.6℃）　きげん　良い

家庭からの連絡

　昨日もお姉ちゃんが話しかけると、大きな声を出していました。私が話しかけるよりお姉ちゃんのほうが反応がいいです。
　微熱でせきと鼻水が出ているので、おふろはやめて体をふくだけにしました。ミルクもせきでえずくことがあるので、ようすを見てください。

保育園でのようす

	午前のおやつ	給食（授乳・離乳食）	午後のおやつ
食欲	有 ・ 普 ・ 無	有 ・ (普) ・ 無	有 ・ 普 ・ 無

便のようす（無・下痢・軟・普・硬）　①16:30（ 普 ）　②　：　（　　）　③　：　（　　）

検温　①　10:30（36.6℃）　②　16:00（36.8℃）　きげん　良い

家庭への連絡

　今から、[1]「姉妹仲よしさん」ですね。
　園でも起きているときに、せきがよく出ていました。[2]縦抱きにして背中をさすると、落ち着いたようです。ミルクはせきや鼻水で飲みづらそうでしたので、時間をかけてゆっくり飲みました。早くよくなるといいですね。
　せきが出ることを除けば、今日もごきげんです。「Cちゃん」と名前を呼ぶと、手足をバタバタさせてうれしそうでしたよ。[3]手作りの玩具もお気に入りで、ぎゅっと手に持っては、なめたり振ったりして楽しんでいました。

書き方のポイント

1 簡潔に記入しよう

3か月の妹に話しかける姉とのやりとり、ようすが目に浮かぶようです。ただし、連絡帳は、簡潔に記入することがポイントです。「　」を付けて強調する書き方を参考にしましょう。

2 子どもの体調に保育者はしっかりとした対応を

ミルクを飲むことで生命を保ち成長していく時期に、せきや鼻水が出ることは、きげんは良くても心配です。C児は第2子であり母親は落ち着いていますが、それだけに「せきでえずくこともあるので、ようすを見てください」と、必要なことは、しっかり押さえています。具体的に対応したことを記述してさらに信頼関係を深めましょう。

3 保護者の認識に合わせて伝える内容を明確に

C児が第1子の場合は**2**の内容をもっと詳しく書くことが保護者支援には必要です。しかし、ここでは日課表にミルク200ml授乳と記されているので問題ありません。手作り玩具で遊ぶようすを書くことにより、楽しい園生活が伝わります。

（滋賀短期大学／
特任教授・古橋紗人子）

川原佐公先生の

保護者にも伝えよう
発育・発達メモ

せき、鼻水は体の掃除

　生後3か月の赤ちゃんを、保育園という集団保育の場で預かるとなると、保育者は責任重大です。まだ母親の免疫力の効果があるとはいうものの、微熱が出たり、せきが出たり、鼻水が出たりすると細心の注意をしなければなりません。そこで家庭からの状況を伝えてもらう連絡帳は、とても大切です。乳児の健康状態のバロメーターは、きげんの良し悪しです。幸いC児はきげんが良いのですが、せきや鼻水があります。せきは気管の、鼻水は鼻の掃除ですので、薬などで止めないほうがよく、細心の観察をしましょう。

0歳児 6月

具体的なテーマ

A児（4か月）…首の後ろに赤いプツプツができています。

0歳児の連絡帳は、家庭と園が連携しながら24時間体制で見守っている例を示しています。

＜生活欄（左側）のマークについて＞

：ミルク　[才]：オムツ交換　↓：睡眠　[便]：排便

A児（4か月）　6月13日（水）　天候（くもり）

時刻	生活（食事・睡眠等）
19:00	おふろ 母乳を飲みながら
20:00	すやすや眠る ↓
21:00	目覚める
22:00	
23:00	母乳 ↓
24:00	
1:00	夜泣き 母乳を飲みながら また眠る
2:00	↓
3:00	
4:00	
5:00	
6:00	目覚める 母乳少し
7:00	[便] 少し
8:00	母乳
9:00	登園 [才]
10:00	茶10ml [才] 大好きな鈴ボールで遊びました
11:00	沐浴 ↓
12:00	母乳を飲みながら眠る ↓
13:00	ベッドの中でも、ぐっすり眠りました
14:00	
15:00	茶15ml [才] [便]
16:00	降園
17:00	
18:00	母乳少し
20:00	

家庭でのようす

昨日の夕食	今日の朝食
食欲　有・**普**・無	食欲　有・**普**・無

便のようす（無・下痢・軟・普・硬）①　7：30（普）②　：（　）③　：（　）

入浴　無・**有**（だれと入りましたか　母　）　検温　7：10（36.7℃）　きげん　良い

家庭からの連絡

　首の後ろに赤いプツプツができて、昨日より広がってきています。あせもかなぁ？　特にかゆがるわけでもないので、だいじょうぶだと思います。ようすを見てください。もっと広がってきたら明日病院に行ってみます。

　授乳、12:00すぎに行きます。よろしくお願いします。

保育園でのようす

	午前のおやつ	給食（授乳・離乳食）	午後のおやつ
食欲	有・普・無	有・**普**・無	有・普・無

便のようす（無・下痢・軟・普・硬）①15：30（やや軟）②　：（　）③　：（　）

検温　①　9：40（36.6℃）　②　15：45（36.9℃）　きげん　良い

家庭への連絡

　1日ようすを見ましたが、かゆがったり、泣いたりせず[1]きげん良く過ごしました。それにしても雨が続き湿度が高く汗ばむ日が続きますね。園では[2]空調（ドライ）をかけて除湿しています。また、沐浴して汗も流しました。あせもの原因には肌着なども考えられますが、原因がわからないと気になりますね。

　今後、園でもようすを見ていきますので、[3]おうちでのようすもお聞かせくださいね。

書き方のポイント

1 保護者の不安をくみ取り、安心のひと言を

保護者は、首の後ろの赤いプツプツを気にして、受診まで考えていますので、まず、きげん良く過ごしたことを伝えて、安心してもらいましょう。

2 具体的な対応を示そう

梅雨期の蒸し暑さを、保護者とまず共感して、園でしていることを具体的に示しましょう。ここでは空調をかけて除湿していることと、沐浴して皮膚の清潔に心がけていることです。園で努力していることが具体的に伝わると、家庭でも参考になり、安心されます。

3 家庭でのようすもうかがおう

園での対応を知り、2を参考にする家庭ばかりではありませんので、知らせてもらう必要があります。「お聞かせくださいね」は、こちらから保育士が聞かせてもらうかもしれませんよ！　その節にはよろしくね！ といったニュアンスも含まれており、そのうえわかりやすい書き方になっています。

（滋賀短期大学／特任教授・古橋紗人子）

川原佐公先生の 保護者にも伝えよう 発育・発達メモ

あせもは予防できます

　高温で多湿の梅雨時期、体温の高い乳児は、汗をよくかき、しかも蒸発しないで、皮膚に付着しやすいのです。

　そこにあかや汚れが汗腺に詰まり、表皮の下に水疱ができてあせもになります。さらにそこに細菌が付けば化のうして「あせものより」になってしまいますので、つめでかかせない注意が大切です。

　あせもの予防は、毎日沐浴やシャワーを浴びさせて皮膚を清潔にすること。肌着をこまめに替えること。室内は適温・除湿にするなどし、快適に過ごせるようにすることです。

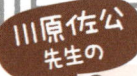

0歳児 6月

具体的なテーマ

Ｂ児（４か月）…やっと熱が下がりました。これからもいろいろな病気が心配です。

０歳児の連絡帳は、家庭と園が連携しながら24時間体制で見守っている例を示しています。

＜生活欄（左側）のマークについて＞
:ミルク　才:オムツ交換　↓:睡眠　便:排便

Ｂ児（４か月）　6月1日（金）　天候（晴れ）

時刻	生活（食事・睡眠等）
19:00	才 ミルク160ml
20:00	↓
21:00	ママとおふろ
22:00	ミルク100ml
23:00	便 才
24:00	↓ 才
1:00	母乳、ミルク100ml
2:00	↓
3:00	
4:00	
5:00	ミルク120ml
6:00	↓ 母乳 才
7:00	泣いて目覚めるが10分後、また寝る
8:00	↓ オムツを替えようとするとひっくり返る
9:00	登園
10:00	ミルク140ml テラスで車を見る
11:00	才 ↓
12:00	うつぶせて玩具を持って遊ぶ
13:00	ミルク140ml 便 才
14:00	↓
15:00	才 目覚めがごきげんで
16:00	声を立てる 才
17:00	ミルク110ml 才
18:00	降園
20:00	

家庭でのようす

昨日の夕食	今日の朝食
食欲　(有)・普・無	食欲　有・(普)・無

便のようす（無・下痢・軟・普・硬）①22:30（普）②　:　（　）③　:　（　）

入浴　無・(有)（だれと入りましたか　母　）　検温　7:00（36.7℃）　きげん　良い

家庭からの連絡

　やっと、熱が下がったので、久しぶりにおふろに入りました。おふろで、手足を動かしてとても喜んでいました。きげん良くしているとホッとしますね。病気になると心配になります。これからいろいろなことがあるんでしょうね。

保育園でのようす

	午前のおやつ	給食（授乳・離乳食）	午後のおやつ
食欲	有・普・無	(有)・普・無	有・普・無

便のようす（無・下痢・軟・普・硬）①13:05（普）②　:　（　）③　:　（　）

検温　①10:15（36.8℃）　②12:00（36.8℃）　きげん　良い

家庭への連絡

1そうですね。子どもが病気になると自分のときより心配になりますよね。今後病気になることもあると思いますが病気になるたびに免疫ができ、強い体になっていくといわれます。私たちもいっしょに乗り越えていけたらと思っていますので、何でもお話ししてくださいね。

今日は、久しぶりの園生活でしたが、2ミルクをよく飲みました。鼻が出たり眠いときは、少しきげんが悪くなったりしましたが、ガラガラであやすときげん良くなり遊びました。徐々に調子が出てくるとよいですね。

書き方のポイント

1 保育者は頼りになる専門家、保護者の子育てパートナー

病後の登園児に対して、保護者の心配する気持ちを、しっかり受け止めています。そのうえで、病気をしたときの大変さと免疫力のことにふれ、子育てパートナーの自覚も読み取れる文章です。頼りになる専門家としての自信も伝わってきます。

2 子どものようすを具体的に伝えよう

まずは「ミルクをよく飲んだ」の一文から保護者は安心するでしょう。また、不きげんなようすは、事実を具体的に記すことが大切です。家での過ごし方や、受診するか否かの判断をするうえで参考になります。

（滋賀短期大学／特任教授・古橋紗人子）

川原佐公先生の

保護者にも伝えよう 発育・発達メモ

病気と免疫

人間の体は、絶えずさまざまな細菌と闘って生きています。生後６か月ぐらいまでは、母親から受けた免疫で守られていますが、後は自力で免疫を蓄えていかなければなりません。外気浴やマッサージで皮膚を鍛えたり、人混みの中に連れ出さないよう注意をして細菌感染を防いだり、いろいろ心がけていても、季節的な感染症にかかってしまいます。月齢が低い場合は、罹患《りかん》してから体力が戻るのに日数がかかりますので、予防が大切です。ただし細菌は感染し治癒するとそれに対する免疫ができるので、病気を恐れず対処していきましょう。

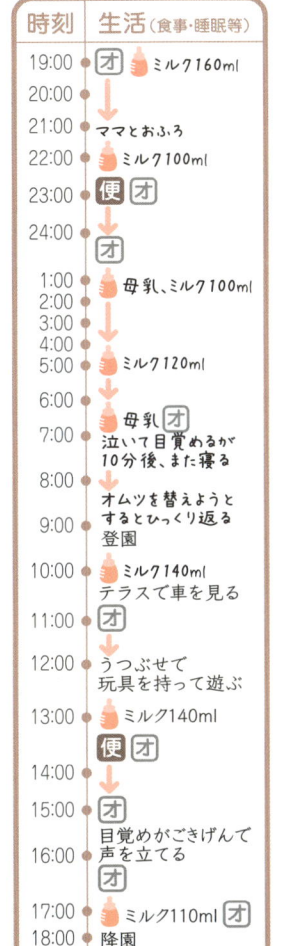

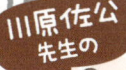

0歳児 6月

具体的なテーマ

C児（4か月）…寝返りをして、手がおなかに挟まり泣いてしまいました。

0歳児の連絡帳は、家庭と園が連携しながら24時間体制で見守っている例を示しています。

＜生活欄（左側）のマークについて＞
：ミルク　[才]：オムツ交換　↓：睡眠　[便]：排便

C児（4か月）　6月13日（水）　天候（くもり）

時刻	生活（食事・睡眠等）
19:00	ミルク200ml [才] [便]
20:00	おふろ [才] 寝返り
21:00	
22:00	[才] ミルク150ml
23:00	↓
24:00	↓
1:00	目覚める [才]
2:00	湯冷まし30ml [才]
3:00	↓
4:00	↓
5:00	[才] 湯冷まし30ml [才]
6:00	↓
7:00	目覚める 寝返り [才] ミルク200ml [才]
8:00	
9:00	登園 [才] ベビーカーで外気浴
10:00	↓
11:00	[才] ミルク200ml
12:00	[才] 沐浴 寝返り
13:00	↓
14:00	↓
15:00	[才] ミルク170ml 寝返り だっこして〜エーン だっこすると、ニコニコCちゃんです
16:00	[才]
17:00	降園
18:00	↓

家庭でのようす

昨日の夕食	今日の朝食
食欲　有・(普)・無	食欲　有・(普)・無

便のようす（無・下痢・軟・普・硬）①19:00（普）②　:　（　）③　:　（　）

入浴　無・(有)（だれと入りましたか　母・姉）　検温　8:00（36.4℃）　きげん　良い

家庭からの連絡

4か月健診でもらった絵本をお姉ちゃんが読むと、じっと見ていました。もう絵本ってわかるんですね。

体を横向けにして遊ぶことが多いなと思っていたら、昨日寝返りをしていました。でも、手がおなかに挟まっていて泣いてました。保育園でも寝返りするかもしれません。

保育園でのようす

	午前のおやつ	給食（授乳・離乳食）	午後のおやつ
食欲	有・普・無	有・(普)・無	有・普・無

便のようす（無・下痢・軟・普・硬）①　:　（　）②　:　（　）③　:　（　）

検温　①11:30（36.6℃）　②16:00（36.8℃）　きげん　良い

家庭への連絡

お姉ちゃんが絵本で相手してくれるって[1]うれしいですね。絵本をプレゼントしてもらった「ブックスタート」の効果満点ですね！

うつぶせにすると苦しそうなので、すぐにあおむけに戻しています。今日、[2]園でも「寝返り」を2回しました。その後、保育者を見て、エーンエーン…だっこをすると、ピタッと泣きやんで、ニコニコCちゃんになりました。[3]甘えることも覚えたのですね。

書き方のポイント

1 うれしい行為に共感を。専門用語で今後の話題につなげよう

C児の姉が、家庭や園でよく読んでもらっているからこその行為に対して、「うれしいですね」と、共感の言葉を添えています。健診時にもらった絵本を「ブックスタート」と専門用語で書くことにより、送迎時にその起源や目的などの話題に深まりが期待できます。

2 園への問い合わせには簡潔・具体的に

「寝返りした」のような報告と園への問い合わせには、簡潔に、できれば回数なども書いて答えましょう。そのうえで具体的なようすを伝えられれば、さらに保護者は安心します。

3 肯定的な書き方が、保護者にとって救いの言葉に

生理的な欲求から泣くことの多いC児が、「だっこする」と、泣きやむ変化を適切に伝えています。かつては、「抱きぐせ」がつくと否定的な考え方があったことも承知のうえで、C児の担任は「甘えを覚えた」と、肯定的に書いているのでしょう。泣く原因がわからないときは、本当に不安になる保護者にとって救いの言葉です。

（滋賀短期大学／特任教授・古橋紗人子）

川原佐公先生の 保護者にも伝えよう 発育・発達メモ

移動運動の始まりは寝返り

生後4～5か月児のわきの下を抱え、大人のひざの上に足の裏を付けると、足をピョンピョンさせたり、足の裏をひざに付けて立ったりするようすを見せるなど、立位の体の準備が見えてきます。手足の力がついてくると、あおむけで両手で足をつかんだり、体を揺らしたりして遊ぶようになります。そのうちゴロンと横向きになり、手が下敷きになって抜けなくなり、痛がって泣くようになります。寝返りの始まる姿勢です。寝返りは初めて自力で移動運動ができる大切な段階です。手を抜いたり、頭を持ち上げるようにしたりして、感動的な場面を共有し見守りましょう。

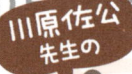

0歳児 7月

具体的なテーマ

A児（5か月）…鼻詰まりがひどいので病院に行くと夏かぜでした。

0歳児の連絡帳は、家庭と園が連携しながら24時間体制で見守っている例を示しています。

＜生活欄（左側）のマークについて＞
🍼：ミルク　オ：オムツ交換　↓：睡眠　便：排便

A児（5か月）　7月10日（火）　天候（晴れ）

時刻	生活（食事・睡眠等）
19:00	おふろ 母乳を飲みながら
20:00	すやすや眠る
21:00	↓
	目覚める
22:00	🍼 母乳を飲みながら
23:00	眠る
24:00	↓
1:00	夜泣き
2:00	🍼 母乳を飲みながら また眠る
3:00	↓
4:00	
5:00	
6:00	目覚める 🍼 母乳少し
7:00	便
8:00	🍼 母乳 きげん良く登園
9:00	オ 茶10ml オ
10:00	園庭の木陰で 過ごしました
11:00	沐浴　茶10ml
12:00	おかゆを少し 🍼 母乳を飲みながら 眠る
13:00	↓
14:00	オ 茶15ml
15:00	便 少し
16:00	降園
17:00	🍼 母乳少し
18:00	
20:00	

家庭でのようす

昨日の夕食	今日の朝食
食欲　有・(普)・無	食欲　有・(普)・無

便のようす（無・下痢・軟・普・硬）　① 7:00（普）　②　：　（　）　③　：　（　）

入浴　無・(有)（だれと入りましたか　母　）　検温　7:20（36.6℃）　きげん　良い

家庭からの連絡

鼻詰まりがひどいので昨日帰りに病院に行くと、夏かぜと言われました。夜中は暑いし、エアコンのタイマーが切れるとぐずって起きてしまうので、困っています。おかげでママは寝不足です（笑）。園でも、寝る前にぐずって先生を困らせてしまうかもしれません。今朝は熱もなく元気です。

今日も1日よろしくお願いします。

保育園でのようす

	午前のおやつ	給食（授乳・離乳食）	午後のおやつ
食欲	有・普・無	有・(普)・無	有・普・無
		おかゆを少し	

便のようす（無・下痢・軟・普・硬）　①15:10（普）　②　：　（　）　③　：　（　）

検温　①　9:45（36.7℃）　②15:50（36.8℃）　きげん　普通

家庭への連絡

夏かぜだったんですね。朝からきげん良く、大きい子たちの水遊びを木陰で見て、熱もなかったので沐浴をしました。[1]夜泣きて寝不足だったからでしょう、昼寝はぐっすりでしたよ。

エアコンの使い方、悩みますね。[2]園でも温度調整をこまめにするようにしています。外気との温度差を5℃以内にして、時々窓を開けるなどしています。お母さん、[3]寝不足はつらいですよね。体調を崩さないように気をつけて、お仕事なさってくださいね！

書き方のポイント

1 子どものようすを伝え、保護者が安心できるように

園でも、ぐずって保育者を困らせるのではないか？　と、心配する保護者に対して、まずは安心できるように記述することがポイントです。

2 園での対応を具体的に

エアコンの使い方に悩む保護者には、困っている気持ちを受け止めたうえで、適切な温度や園で心がけている事柄を簡潔に伝えましょう。

3 保護者へ「がんばって」は避け、さりげないエールを

寝不足でも仕事と子育ての両立をがんばっている保護者には、保育者からさらに「がんばって」は書かないほうがよいと思います。

「気をつけて、お仕事なさってくださいね！」と、さりげなくエールを送ると、温かく心に響くものです。

（滋賀短期大学／特任教授・古橋紗人子）

川原佐公先生の 保護者にも伝えよう 発育・発達メモ

鼻詰まりは正常な生理現象

生後5か月ぐらいの赤ちゃんは、まだ気温の変化に慣れていなくて、その対応する能力も弱いものです。冷たい空気が鼻の穴から入ったり、のどに入ったりすると、鼻やのどの粘膜が反応して、分泌物が多くなり、鼻詰まりや鼻水などの症状が現れますが、これは正常な生理現象なのです。

夏かぜと医師に言われたそうですが、かぜとは、気道粘膜の急性炎症性疾患の総称です。医学的にはかぜ症候群といいます。かぜの原因の90%はウイルスです。ウイルスは夏でもエアコンで部屋を冷やしていると存在しますが、神経質にならなくても、体力がつけば軽症ですみます。

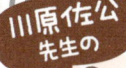

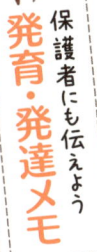

0歳児 7月

具体的なテーマ

B児（5か月）…久しぶりに、パパにおふろに入れてもらいました。

0歳児の連絡帳は、家庭と園が連携しながら24時間体制で見守っている例を示しています。

＜生活欄（左側）のマークについて＞
（哺乳瓶）：ミルク　オ：オムツ交換　↓：睡眠　便：排便

B児（5か月）　7月6日（金）　天候（晴れ）

時刻	生活（食事・睡眠等）
19:00	（ミルク）ミルク200ml
20:00	便 オ
21:00	↓
22:00	パパといっしょにおふろ 母乳を飲みながら すやすや
23:00	オ
24:00	↓
1:00	
2:00	
3:00	
4:00	
5:00	
6:00	目覚め
7:00	（ミルク）ミルク220ml オ 登園
8:00	オ
9:00	（ミルク）ミルク180ml 便 オ
10:00	↓
11:00	オ マットの上でゴロッと転がって遊ぶ
12:00	重湯をする オ
13:00	（ミルク）ミルク200ml 便
14:00	オ 沐浴をして、手足を動かす
15:00	（ミルク）ミルク200ml
16:00	ボールを手に持ってなめる オ ↓
17:00	オ
18:00	降園
20:00	

家庭でのようす

昨日の夕食	今日の朝食
食欲　（有）・普・無	食欲　（有）・普・無

便のようす（無・下痢・軟・普・硬）①20:00（普）②　：（　）③　：（　）

入浴　無・（有）（だれと入りましたか　父　）　検温　7:00（36.8℃）　きげん　良い

家庭からの連絡

今日は、パパが早く帰ってきたので、久しぶりにおふろに入れてもらいました。最近よく動くのでだいじょうぶかなと思いましたが、何とか入れてくれました。おふろ上がりにもくねくねするので、オムツ替えが大変みたいでした。朝はミルクも220mlも飲んでびっくり。パパみたいに大きくなるのかなあ。

保育園でのようす

	午前のおやつ	給食（授乳・離乳食）	午後のおやつ
食欲	有・普・無	（有）・普・無	有・普・無
		重湯	

便のようす（無・下痢・軟・普・硬）①9:35（普）②13:45（軟）③　：（　）

検温　①10:00（36.8℃）　②12:30（36.8℃）　きげん　良い

家庭への連絡

ミルクの飲む量が増えてきましたね。[1]寝返りも活発になってきましたので、パパさん、オムツ替えには時間がかかったのでしょうね。

園では、沐浴後は先月のクラス便りで紹介したスキンシップ遊びをして、ふれあったあと、オムツや服を着るようにしています。湯上がりの汗も引き、落ち着いて着替えがしやすいです。[2]おうちでは、お忙しいことと思いますが、パパさんにスキンシップ遊びをしていただけたら、Bちゃんもうれしいと思います。

書き方のポイント

1 子どもの成長・発達について伝えよう

オムツ交換に時間がかかって大変さを共感すると同時に、その理由は、寝返りが活発になったこと、つまり成長したことについて伝える書き方に専門性がうかがえます。

2 園でしている方法を伝えて保護者支援を！

園でしている方法を伝えることは、保護者支援のポイントです。子どもの発達に応じた遊びをクラス便りで伝え、家庭でも参考にしてもらいましょう。ただし、家庭での忙しさを理解したうえで、父親の協力が得られるような書き方を目ざしたいものです。

（滋賀短期大学／特任教授・古橋紗人子）

川原佐公先生の

保護者にも伝えよう 発育・発達メモ

父親と子どもとのスキンシップを

父親の育児参加は、働く母親を支える大きな助けになり、家庭円満の骨幹です。子どもを入浴させたりオムツを交換したり、授乳させたりすることで、父親は子どもへの成長をまのあたりにし、喜びや愛情を感じ、夫婦、親子のきずなが深まります。母親もうれしげに、誇らしげに園に伝えておられます。このような連絡帳を見せていただくと、園としてもできるだけの保護者支援をしたくなりますね。そこで寝返りをし始めてオムツ替えに苦労していることに対し、子どもとのスキンシップを紹介し、父親を励ますようすを示しています。このような連絡帳の書き方は、参考になりますね。

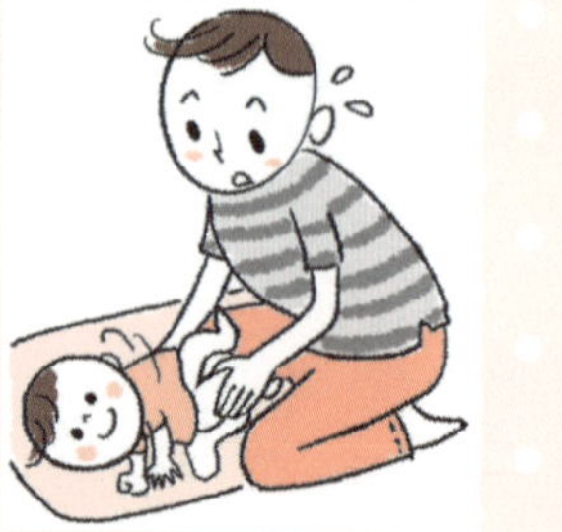

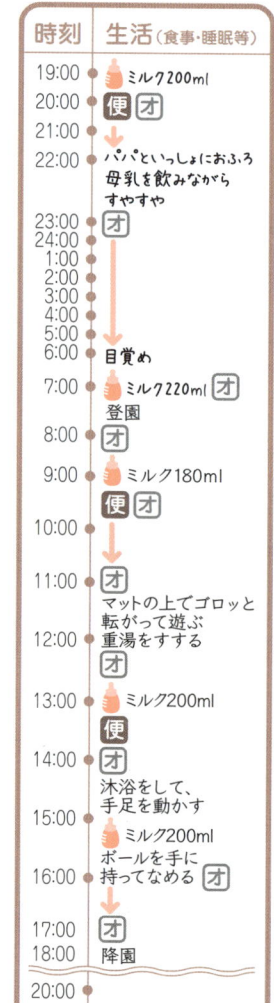

0歳児　7月

具体的なテーマ

C児（5か月）…おふろ上がり、赤ちゃん用のイオン飲料を飲ませると、ごくごく飲んでいました。

0歳児の連絡帳は、家庭と園が連携しながら24時間体制で見守っている例を示しています。

＜生活欄（左側）のマークについて＞
ミルク　オ：オムツ交換　↓：睡眠　便：排便

C児（5か月）　7月13日（金）　天候（くもり）

時刻	生活（食事・睡眠等）
19:00	オ
20:00	おふろ・イオン飲料80ml
21:00	オ
22:00	オ　ミルク200ml
23:00	↓
24:00	
1:00	
2:00	
3:00	
4:00	
5:00	
6:00	
7:00	起こす　オ
	ミルク200ml
8:00	オ　便
9:00	登園　オ だっこして〜エ〜ン
10:00	オ　離乳食
	ミルク180ml
11:00	↓
	茶30ml
12:00	オ　便 沐浴　茶30ml
13:00	オ 寝返りコロン 玩具に手を伸ばして…
14:00	↓
15:00	
16:00	オ　ミルク200ml
17:00	降園 茶
18:00	↓

家庭でのようす

昨日の夕食	今日の朝食
食欲　有・**普**・無	食欲　有・**普**・無

便のようす（無・下痢・軟・普・硬）①　8:00（普）②　：（　）③　：（　）

入浴　無・**有**（だれと入りましたか　母・姉）　検温　8:00（36.7℃）　きげん　良い

家庭からの連絡

おふろ上がり、暑いので赤ちゃん用のイオン飲料を飲ませました。おいしいようでごくごく飲んでいました。
寝返りも得意になって、うつぶせできげん良く遊ぶ時間も長くなりました。
今日もよろしくお願いします。

保育園でのようす

	午前のおやつ	給食（授乳・離乳食）	午後のおやつ
食欲	有・普・無	**有**・普・無	有・普・無
		重湯、ニンジンペースト	

便のようす（無・下痢・軟・普・硬）①12:00（普）②　：（　）③　：（　）

検温　①　12:15（36.7℃）　②　16:30（36.8℃）　きげん　良い

家庭への連絡

おふろ上がりのイオン飲料、Cちゃん、おいしかったでしょうね。
イオン飲料は、[1]下痢やおう吐などで受診すると、脱水予防に勧められますが、習慣化すると虫歯や肥満、食欲不振の原因になるといわれています。また、[2]おうちでのようすを聞かせてくださいね。
うつぶせや寝返りをよくし、「だっこして〜」のアピールも盛んになってきました。今日もベッドの近くへ行くと「エ〜ン！」。抱き上げるとピタッと泣きやみます。[3]園でも安心できる人との愛着が形成されてきたからだとうれしく思います。

書き方のポイント

1 保護者の心情を気遣いながらも、健康に対する注意喚起を

C児が喜んでイオン飲料を飲んだことには共感したうえで、体によいものを与えていると思っている保護者の心情を害さないように配慮しながらも、効果と悪影響について情報を提供することで、健康に対する注意喚起を促しています。

2 依頼の文体で、保護者から話しやすいように

依頼の文体にすると保護者から話しやすくなります。連絡帳は簡潔に書くことがポイントですが、その分 1 を説明するときには、なぜ虫歯や肥満などになりやすいのか根拠を説明しましょう。

3 成長発達の記録として、保育学の専門的なことも記述しよう

産休明けから受け入れたC児です。著しい成長発達についてできるだけ記録に残したいものです。ここでは生理的要求以外に泣くことを「うれしく思う」と記述することにより、保育学の専門性がキラリと光っています。

（滋賀短期大学／特任教授・古橋紗人子）

川原佐公先生の　保護者にも伝えよう　発育・発達メモ

夏バテ予防に水分補給

気温の高い夏は、汗の蒸発によって体温を下げています。そのために体の中の水分が不足しがちになります。水分が不足すると腎臓の働きが悪くなり、体の不調をきたします。赤ちゃんは厚い皮下脂肪で覆われていますので、暑さは大人以上であり、汗をひどくかきます。水分の補給が足りないとすぐ脱水症を起こしてしまいます。入浴後はのどが渇くので、水分を与えることが大切です。ただしイオン飲料やジュースなどの甘みに慣れてしまうと、水をいやがるようになり、虫歯や肥満が心配になります。できるだけ白湯や番茶、冷やした水を飲ませるようにしましょう。

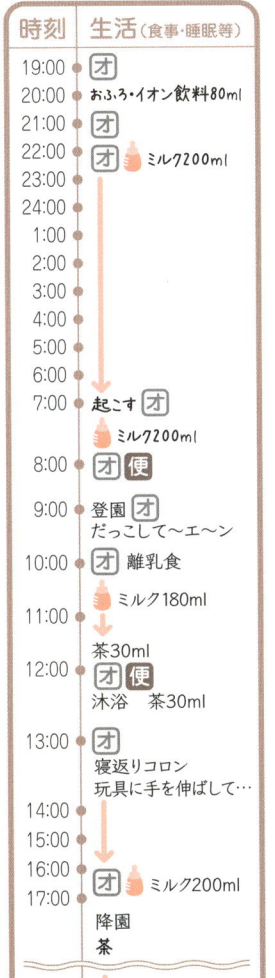

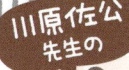

0歳児 8月

具体的なテーマ

A児（6か月）…最近、だっこしてほしいのかよく泣きます。園ではどうですか？

0歳児の連絡帳は、家庭と園が連携しながら24時間体制で見守っている例を示しています。

<生活欄（左側）のマークについて>
（哺乳びん）：ミルク　オ：オムツ交換　↓：睡眠　便：排便

A児（6か月）　8月9日（木）　天候（晴れ）

時刻	生活（食事・睡眠等）
19:00	ママとちゃぷちゃぷおふろ
20:00	重湯少し　母乳
	↓
21:00	目覚める
22:00	パパとしばらく遊んでもらいごきげんです
23:00	母乳を飲みながら眠る
24:00	↓
1:00	↓
2:00	夜泣き
3:00	母乳を飲みながらまた眠る
4:00	↓
5:00	↓
6:00	目覚める
7:00	母乳少し
8:00	便
9:00	母乳　きげん良く登園
10:00	オ　↓
11:00	茶10ml　オ　スープをぺちゃぺちゃ
12:00	おいしそうに口を動かしていましたよ
13:00	母乳を飲みながら眠る
14:00	↓
15:00	オ　茶15ml
16:00	便　少し　降園
17:00	母乳少し
18:00	↓
20:00	

家庭でのようす

昨日の夕食	今日の朝食
重湯	
食欲　有・普・無　少し食べました	食欲　有・(普)・無

便のようす（無・下痢・軟・普・硬）①　8:00（普）②　：（　）③　：（　）

入浴　無・(有)（だれと入りましたか　母　）　検温　7:00（36.8℃）　きげん　良い

家庭からの連絡

昨日の夜はパパに遊んでもらってうれしそうでした。
でも、最近おなかがすいているわけでもないし、オムツも替えたばかりなのにだっこしてほしいのかよく泣きます。園ではどうですか？
明日からおばあちゃんのところに行くのでしばらくお休みします。

保育園でのようす

	午前のおやつ	給食（授乳・離乳食）	午後のおやつ
食欲	有・普・無	(有)・普・無	有・普・無
		重湯、野菜スープ	

便のようす（無・下痢・軟・普・硬）①15:40（普）②　：（　）③　：（　）

検温　①　9:40（36.8℃）　②　15:45（36.7℃）　きげん　普通

家庭への連絡

Aちゃん、[1]パパに遊んでもらってよかったですね。お母さんにも、よくだっこしてもらっているようですね。Aちゃんは賢くなって「だっこしてほしいよ！」と、甘え泣きの時期がきているように思います。
忙しいときには[2]「おんぶひも」や「だっこバンド」などを使って用事をする方法もあります。園では今日も、ごきげんでしたよ。
[3]おばあちゃん、Aちゃんのこと、お待ちかねでしょうね。
お気をつけて行ってらっしゃい。

書き方のポイント

1 まずは、父親が遊んでくれたことへの評価を

夜、遅い時間が気になりますが、ここでは父親が遊んでくれたことを、まずは評価しましょう。連絡帳を父親が読む可能性にも期待したいものです。

2 具体的な方法で情報提供を

特に夕方よく泣くのであれば「コリック」とか「黄昏《たそがれ》泣き」といわれる原因不明の泣きも考えられます。抱いたりおんぶしたりすると落ち着くことから、具体的な方法について情報提供をしましょう。

3 「孫の成長」の喜びを共感しよう

祖父母にとって、孫の成長は何より楽しみにするものです。さりげない1行の記入ですが、「子どもの成長の喜びを共感する」保育者の優しさが伝わってきます。

（滋賀短期大学／特任教授・古橋紗人子）

川原佐公先生の
保護者にも伝えよう
発育・発達メモ

泣くことは愛着関係を強める要求

人間の赤ちゃんが生まれたときの状態は、脳細胞の大きさや発達の可能性は優れていますが、生きていく基本的な能力は、大人に依存しなければ生命も危ぶまれるくらいですので、赤ちゃんは泣いたり声を出したり、あらゆる信号を用いて大人に訴えます。それにこたえてくれる母親に対して愛着を持ち、安心感を持とうとします。そして、人との関係が愛情に満ちた、心安らぐものであることを知り、信頼関係を築いていきます。この愛着の対象は子どもにとって安全基地となり、探索活動を活性化します。愛着の確認が泣くことなのです。

0歳児 8月

具体的なテーマ

B児（6か月）…ほおが、赤くてかゆそうです。夜、何回も泣いて起きていました。

0歳児の連絡帳は、家庭と園が連携しながら24時間体制で見守っている例を示しています。

＜生活欄（左側）のマークについて＞

ミルク：ミルク　オ：オムツ交換　↓：睡眠　便：排便

B児（6か月）　8月16日（木）　天候（晴れ）

時刻	生活（食事・睡眠等）
19:00	ミルク200ml
20:00	便 オ ↓
21:00	ママとおふろ
22:00	母乳 オ ↓
23:00	泣いて目を覚ます　母乳 オ
24:00	↓
1:00	
2:00	
3:00	
4:00	ミルク200ml オ
5:00	↓
6:00	
7:00	オ
8:00	登園
9:00	オ　ミルク180ml
10:00	オ
11:00	沐浴をして、手で湯をたたく　便 オ
12:00	ミルク200ml　スープを飲む ↓
13:00	
14:00	オ　ミルク200ml
15:00	オ　うつぶせて玩具を持って遊ぶ
16:00	便 オ
17:00	オ　降園
18:00	
20:00	

家庭でのようす

昨日の夕食	今日の朝食
食欲　㊒・普・無	食欲　㊒・普・無

便のようす（無・下痢・軟・普・硬）①19:30（普）②　：　（　）③　：　（　）

入浴　無・㊒（だれと入りましたか　母　）　検温　6:30（36.9℃）　きげん　あまり良くない

家庭からの連絡

ほおが、赤くかゆそうなのでお医者さんに行って軟膏をもらってきました。

最近は夜、よく眠れるようになっていましたのに、夕べは、何回も泣いて起きていました。かゆいからなのでしょうか。早く治ってほしいです。

保育園でのようす

	午前のおやつ	給食（授乳・離乳食）	午後のおやつ
食欲	有・普・無	㊒・普・無	有・普・無
		スープ	

便のようす（無・下痢・軟・普・硬）①11:35（普）②16:15（普）③　：　（　）

検温　①　9:50（36.8℃）　②　13:50（36.9℃）　きげん　良い

家庭への連絡

ほおの赤みが広がってきてかゆそうですが、軟膏で落ち着くといいですね。[1]お忙しいところをよく受診されました。園でも、今日から軟膏を塗りますね。

沐浴、大好きですね。水が顔にかかっても気にせず湯を手でたたき、上きげんで遊んでいました。[2]薬の効果でしょう。お昼寝もよく眠りました。今夜は、よく眠ってくれるといいですね。

書き方のポイント

1 仕事と子育ての両立、子どもの病気は早期受診がポイント

仕事と子育ての両立が困難なときは、子どもが病気になったときにどう乗り越えるか？　早期受診がひとつのポイントです。発熱では敏感な保護者も、皮膚のトラブルでは発見が遅れがちですが、受診されたことに好意を示すことが支援になります。

2 保育者は、保護者の共育ちの立場で共感を

昼間、きげん良く遊んだことを伝えると同時に、薬の効果による夜の睡眠への期待を共感しています。保育者が共育ちの立場であることが、読み取れます。担任の意識の高さがうかがえます。

（滋賀短期大学／特任教授・古橋紗人子）

川原佐公先生の　保護者にも伝えよう　発育・発達メモ

赤ちゃんの肌は角質が薄く刺激に弱い

赤ちゃんの皮膚は、ピンク色でプリプリと張りがあり、押さえると水が噴き出しそうにみずみずしいなど、成人とまったく異なる外見を持っています。

皮膚の表面の角質層が薄くてち密でないこと、さらに、皮膚の下に包まれている諸器官組織群が、絶えず増生を続けていて、内部から緊張を強いられていることが特徴としてあります。ですから汗をかいて皮膚が汚れたり、虫に刺されたり、ちょっとした科学的、物理的な刺激にも敏感に反応して、赤く湿しんのようになります。神経質にならず絶えず清潔にして対症療法をしていきましょう。

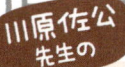

0歳児 8月

具体的なテーマ

C児（6か月）…おしりがかぶれて痛がっています。いつもよりこまめにオムツを替えてワセリンを塗ってやってください。

0歳児の連絡帳は、家庭と園が連携しながら24時間体制で見守っている例を示しています。

＜生活欄（左側）のマークについて＞
（哺乳瓶）：ミルク　オ：オムツ交換　↓：睡眠　便：排便

C児（6か月）　8月20日（月）　天候（くもり）

時刻	生活（食事・睡眠等）
19:00	離乳食・茶 オ
20:00	オ
21:00	おふろ オ 便
22:00	ミルク200ml
23:00	↓
24:00	おしっこを、たっぷりしていてもぐっすり眠っています。おしりは真っ赤！
1:00	
2:00	
3:00	
4:00	
5:00	
6:00	目覚める オ
7:00	ミルク200ml オ 便
8:00	
9:00	登園 オ 「ぶ～」とおしゃべりいっぱい
10:00	オ 便 おしりを洗う 離乳食・茶 ミルク150ml
11:00	オ 沐浴
12:00	↓
13:00	オ 便 シャワーでおしりを洗う オ ↓ うとうとするが、なかなか寝付けない。だっこで…ネンネ
14:00	
15:00	オ 便 おしりを洗う ミルク200ml
16:00	オ 便 おしりを洗う
17:00	降園
18:00	↓ オ

家庭でのようす

昨日の夕食　つぶしがゆ、カボチャのペースト、トマト	今日の朝食
食欲　有・**普**（○）・無	食欲　有・**普**（○）・無
便のようす（無・下痢・軟・普・硬）①21:20（普）②7:00（普）③ :（ ）	
入浴　無・**有**（○）（だれと入りましたか 母・姉）	検温　7:00（36.6℃）　きげん　良い

家庭からの連絡

昨日トマトを食べさせたら、すっぱかったのかすごい顔をしていました。でも、どんな表情もかわいいです。

昨日から、暑さでおしりがかぶれて痛がっています。いつもより、こまめにオムツを替えていただけますか？　ワセリンを持参しますので、オムツを替えたとき、塗ってやってください。お願いします。

保育園でのようす

	午前のおやつ	給食（授乳・離乳食）	午後のおやつ
食欲	有・普・無	**有**（○）・普・無	有・普・無
		つぶしがゆ、マッシュポテト、豆腐とニンジン・タマネギのペースト	

便のようす（無・下痢・軟・普・硬）①10:00（普）②12:30（普）③15:00（普）④16:10（普）

検温　① 12:30（36.4℃）　② 16:00（36.8℃）　きげん　良くない

家庭への連絡

[1]Cちゃんのいろいろな表情、とてもかわいらしいですね。

おしりは痛そうですね。園では[2]おしっこが出てもしみるようで、泣いていました。便は、シャワーで流して、しっかり乾かすようにしました。その後、看護師がおうちから持参された[3]ワセリンを塗りましたが、今日は便の回数も多く、なかなかぐっすり眠れないようでした。早くよくなるといいですね。

書き方のポイント

1 成長の喜びを共感しよう

初めてトマトを食べさせた保護者の感想に対して、園での表情もかわいいと、C児の成長の喜びに共感することがポイントです。しかし、できるだけ簡潔に書きたいものです。

2 園でのようすを詳しく伝えることが保護者への安心感を与える

この日の連絡帳のメインは、オムツかぶれです。園でのようすを排尿と排便のようすについて詳しく書いている点が保護者へ安心感を与えます。保育者が、C児をよく観察しているからこそ書ける内容だと思います。

3 保護者の要望にしっかり答え、その後の気遣いも

保護者の薬に対する要望には、「ワセリンを塗りました」と、しっかり答えることは当然ですが、その後に便の回数が多く眠れないことを気遣う優しさは、この保護者の温かい人柄がにじみ出ています。

（滋賀短期大学／特任教授・古橋紗人子）

川原佐公先生の 保護者にも伝えよう 発育・発達メモ

オムツかぶれには皮膚を乾燥させて

乳児が尿や便を出すということは、栄養物を吸収するのと同じくらい重要な生理的機能です。乳児期はオムツの中で排せつしますが、汚れたオムツがさらにオムツカバーで覆われていますので、その湿度は100%にもなります。おしりは動くところですので、便や尿が付くと皮膚の表面が傷められ、小さな傷が付きます。その傷が排せつ物のアンモニアの刺激でかぶれたり、細菌の感染を受けたりして、オムツかぶれになります。オムツかぶれを防ぐには、こまめにオムツを交換すること、沐浴、湯で洗うことなど清潔がいちばんですが、オムツをしないで時々臀部《でんぶ》を乾燥するようにします。

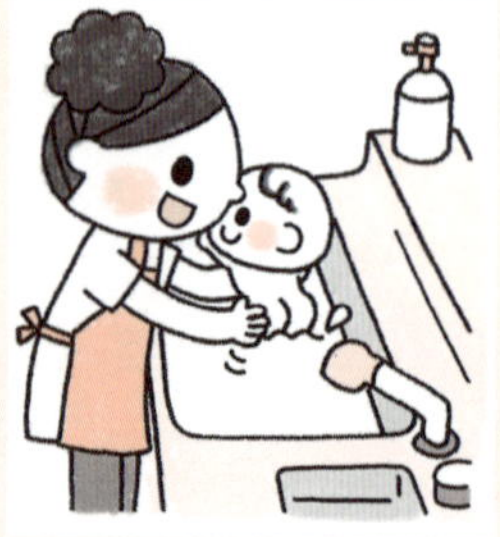

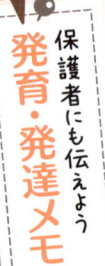

0歳児　9月

具体的なテーマ

Ａ児（7か月）…おかゆをモグモグと口を動かして一生懸命食べている姿がかわいくてたまりません。

０歳児の連絡帳は、家庭と園が連携しながら24時間体制で見守っている例を示しています。

<生活欄（左側）のマークについて>

（哺乳瓶のマーク）：ミルク　オ：オムツ交換　↓：睡眠　便：排便

Ａ児（7か月）　9月13日（木）　天候（晴れ）

時刻	生活（食事・睡眠等）
	ママとお兄ちゃんとちゃぷちゃぷおふろ
19:00	野菜スープといっしょに軟らかくした野菜も食べてくれました！
20:00	
21:00	母乳
22:00	↓
23:00	目覚める
24:00	ママと少し遊んでいました
1:00	母乳を飲みながら眠る
2:00	↓
3:00	一度目を覚ますが、
4:00	母乳を飲みながらまた眠りました
5:00	↓
6:00	
7:00	目覚める 母乳少し
8:00	便 少し
9:00	母乳 きげん良く登園
10:00	オ ↓
11:00	茶10ml　オ おかゆをモグモグしながら食べました
12:00	母乳を飲みながら眠る
13:00	↓
14:00	オ 茶15ml　便
15:00	降園
16:00	
17:00	母乳少し
18:00	↓ 少し眠りました
20:00	

家庭でのようす

昨日の夕食　おかゆ、野菜スープ	今日の朝食
食欲　有・**普**・無	食欲　有・**普**・無

便のようす（無・下痢・軟・普・硬）①　8:10（普）②　:　（　）③　:　（　）

入浴　無・**有**（だれと入りましたか　母・兄）　検温　7:15（36.7℃）　きげん　良い

家庭からの連絡

離乳食を少しずつ進めてます！　昨日は、おかゆを食べさせると、思ったより食べてくれたのでびっくりでした！　口からこぼれることが多かったけれど、最近モグモグと口を動かしているみたいです。一生懸命食べてる姿が「メッチャ　メチャ」かわいくてたまりません。

12時過ぎに授乳に行きます！

今日もよろしくお願いします！

（お待ちしています）

保育園でのようす

	午前のおやつ	給食（授乳・離乳食）	午後のおやつ
食欲	有・普・無	**有**・普・無	有・普・無
		おかゆ、マッシュポテト、野菜スープ	

便のようす（無・下痢・軟・普・硬）①14:00（普）②　:　（　）③　:　（　）

検温　①　9:50（36.7℃）　②　15:40（36.6℃）　きげん　良い

家庭への連絡

今日のおかゆも、おいしそうにモグモグしながら食べていましたよ。[1]本当にかわいらしいですよね！

園でも、少しずつ食べる量が増えてきています。特に、[2]軟らかく煮込んだ野菜などは、もっと欲しいと両手でパンパンとテーブルをたたいていました。

おうちで初めて食べた物や、Ａちゃんが好きなお母さんの[3]離乳食のメニューなどお知らせくださいね。園でも参考にさせていただきます。

書き方のポイント

1　ストレートに共感しよう

家庭からの連絡欄に、離乳食を食べる姿が「メッチャ　メチャ」かわいくてたまらないと書かれていますので、保育者もストレートに共感することが、共育てのポイントです。

2　どんな小さなことでも今日の姿を伝えよう

連絡帳は、個人対象の記録です。どんなに小さいことでもＡ児の今日の姿をより具体的に伝えましょう。保護者は安心したり最新情報を得たりすることで、園に預けてよかったと思えるのです。

3　保護者への要請は心を込めてていねいに

子育てと仕事・家事に追われる保護者は、本当に忙しい毎日です。その中で離乳食のメニューを知らせてもらうなどの要請は、Ａ児の担任のように「心を込めてていねいに、しかも親しい語り口」で書きたいものです。

（滋賀短期大学／特任教授・古橋紗人子）

川原佐公先生の　保護者にも伝えよう　発育・発達メモ

離乳期は咀しゃくの練習期間

7か月になったA児に、軟らかくした野菜の入ったスープや、おかゆを離乳食として始めておられますが、最近は離乳食を作ったり食べさせたりするのをめんどうがる保護者が多い中で、「食べてる姿が『メッチャ　メチャ』かわいい」と言って手作りしておられるお母さんに、頼もしさを感じますね。母乳で育ったA児にとっては、離乳食はサラサラと流し込むわけにはいかず、モグモグとかむような口の動きをしています。7か月の子どもは、口角が左右に引かれ、舌は上下に動くようになり、食材を舌で押しつぶしてモグモグと咀しゃくの練習を始めるのです。

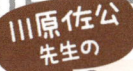

0歳児　9月

具体的なテーマ

B児（7か月）…うつぶせで遊ぶ時間が長くなり、よくひとりで遊んでいます。

0歳児の連絡帳は、家庭と園が連携しながら24時間体制で見守っている例を示しています。

＜生活欄（左側）のマークについて＞
ミルク：ミルク　オ：オムツ交換　↓：睡眠　便：排便

B児（7か月）　9月12日（水）　天候（晴れ）

時刻	生活（食事・睡眠等）
19:00	離乳食
	ミルク　ミルク180ml
20:00	便　オ
	ママとおふろ
21:00	ミルク　母乳　オ
22:00	↓
23:00	ミルク　ミルク200ml　オ
24:00	↓
1:00	↓
2:00	↓
3:00	↓
4:00	↓
5:00	便　オ
6:00	
	ミルク　ミルク80ml
7:00	↓
8:00	登園
9:00	オ
	おせんべい
10:00	ミルク　ミルク200ml
	↓
11:00	オ
	沐浴をして、バタつく
12:00	離乳食
13:00	ミルク　ミルク180ml
14:00	
15:00	
	オ
	おやつ
16:00	ミルク　ミルク200ml
	便　オ
17:00	前の玩具を取ろうと腕を動かして進む
	オ
18:00	降園
20:00	

家庭でのようす

昨日の夕食　豆腐と野菜の煮物、おかゆ	今日の朝食
食欲　**有**・普・無（有に○）	食欲　有・**普**・無（普に○）

便のようす（無・下痢・軟・普・硬）①19:50（普）②5:20（普）③　:　（　）

入浴　無・**有**（有に○）（だれと入りましたか　母　）　検温　6:30（36.9℃）　きげん　良い

家庭からの連絡

うつぶせで遊ぶ時間が長くなり、よくひとりで遊んでくれるので、家事がはかどります。時々前へも進んでいて「えっ」とびっくりするんですけれどね。夜も朝方まで起きることなく寝てくれるようになり、だいぶ助かります。欲を言うともうちょっと寝たいのですが…。その日がくるまでがんばらなくっちゃですね（笑）。

保育園でのようす

	午前のおやつ	給食（授乳・離乳食）	午後のおやつ
食欲	**有**・普・無（有に○）	**有**・普・無（有に○）	**有**・普・無（有に○）
	おせんべい	おかゆ、白身魚と野菜の含め煮、ジャガイモ煮	トロトロのプリン

便のようす（無・下痢・軟・普・硬）①16:20（普）②　:　（　）③　:　（　）

検温　①　9:50（36.8℃）　②13:50（37.0℃）　きげん　良い

家庭への連絡

Bちゃんは、園でもおもちゃを触って床で音を鳴らし、よく遊んでいます。腕の力が強く、よく前へ進んでいますね。進む先に危ないものがないか、[1]腕が胸の下に入って抜けないとき苦しそうになるので、常にそばで見守っています。おうちではいかがですか？

夜中、起こされないようになって、[2]よかったですね。親孝行なBちゃん！　これから、[3]ますます熟睡時間も長くなり、成長が楽しみですね。

書き方のポイント

1 子どもの発達に応じた保育者の対応を伝えよう

7か月ごろは、B児のように急に動きが活発になり、目が離せない時期です。保護者には、園で気をつけていること（常にそばで見守っている）を具体的に知らせています。また、家庭でのようすを聞くことで安全への注意喚起の効果は高まると考えます。

2 共感と子どもを褒めるユーモアのひと言を

保護者の睡眠時間が保障されるようになったことへの共感を、「親孝行なBちゃん」と褒める書き方をしていますが、ユーモアもありホッとします。

3 保育の専門家として成長の見通しを伝えよう

子育てと就労の両立を支援する保育の専門家として、成長の見通しを伝えることは、子育ての楽しみにつながります。機会をとらえて情報提供するように心がけたいものです。

（滋賀短期大学／特任教授・古橋紗人子）

川原佐公先生の

保護者にも伝えよう

発育・発達メモ

うつぶせの姿勢の注意

5か月ごろ寝返りが打てるようになり、あおむけでは見えなかった外界が見えると、乳児には新しい視野での興味が広がります。脳の神経支配が腰まで達する7か月ごろには、足を前に投げ出してひとりで座れるようになり、少し遠くまで見えるのですが、まだまだ座位が不安定ですので、うつぶせの姿勢で首と肩と胸を上げ、ひじで支えて両手で玩具を持ち、ひとり遊びを楽しむようになります。

しかし、手の力が弱くて疲れやすく、うつぶせになったときに、腕を体で挟んで抜けなくなることもありますので、絶えず観察することが大切です。

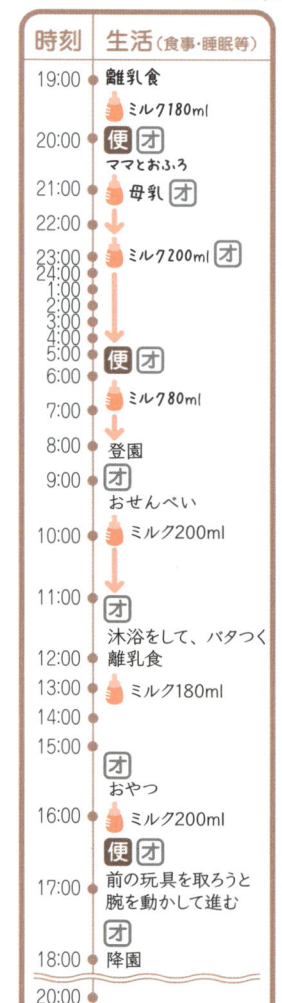

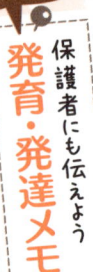

0歳児 9月

具体的なテーマ

C児（7か月）…ズリズリとはって、移動することが増え、目が離せなくなりました。

0歳児の連絡帳は、家庭と園が連携しながら24時間体制で見守っている例を示しています。

＜生活欄（左側）のマークについて＞

（哺乳瓶）：ミルク　オ：オムツ交換　↓：睡眠　便：排便

C児（7か月）　9月6日（木）　天候（晴れ）

時刻	生活（食事・睡眠等）
19:00	↓
20:00	
21:00	オ おふろ
22:00	（ミルク）ミルク200ml
23:00	↓
24:00	
1:00	
2:00	
3:00	
4:00	
5:00	
6:00	目覚める オ
7:00	（ミルク）ミルク200ml オ 便
8:00	
9:00	登園 オ 外気浴
10:00	↓
11:00	オ 離乳食・茶
12:00	（ミルク）ミルク200ml
13:00	沐浴 コロコロ転がった玩具を追いかけてズリズリ
14:00	オ 便 ↓
15:00	オ
16:00	
17:00	降園 オ 便
18:00	離乳食・茶 オ

家庭でのようす

昨日の夕食　野菜おじや、豆腐スープ	今日の朝食
食欲　有・**普**（○）・無	食欲　有・**普**（○）・無

便のようす（無・下痢・軟・普・硬）①　6:45（普）②17:30（普）③　:　（　）

入浴　無・**有**（○）（だれと入りましたか　父　）　検温　7:00（36.5℃）　きげん　良い

家庭からの連絡

リビングのドアが開いていると、ズリズリとはうのが急に速くなって出て行こうとします。本当に目が離せなくなりました。

今日もごきげんです。よろしくお願いします。

保育園でのようす

	午前のおやつ	給食（授乳・離乳食）	午後のおやつ
食欲	有・普・無	**有**（○）・普・無	有・普・無
		おかゆ、白身魚のトロトロあんかけ、キャベツとブロッコリーの軟らか煮	

便のようす（無・下痢・軟・普・硬）①14:00（普）②　:　（　）③　:　（　）

検温　①　12:30（36.6℃）　②　16:30（36.8℃）　きげん　良い

家庭への連絡

[1]目的の物に向かって、本当に速くはって行きますね。今日もペットボトルの玩具を見つけると急にスピードアップして、転がるペットボトルを追いかけて遊んでいました。[2]Cちゃんの成長ぶり、私たちもうれしく思います。今日は午前中、ベビーカーで外気浴をしていたら、お姉ちゃんがやって来てくれました。Cちゃんもうれしくて満面の笑顔でこたえていましたよ。[3]仲よし姉妹ですね。

書き方のポイント

1 園でもよく似た姿を伝え、保護者と共通認識して信頼関係を

家庭でのようすを書かれていたときは、まずは受け止めて、園でのよく似た姿を伝えるようにしましょう。保護者と共通認識することで、信頼関係はさらに深まるものです。

2 「共育て」の理念のもとでの保育を、機会あるごとに確認しよう

「成長の喜びを共感する」ことこそ、保護者支援のポイントです。保護者と保育者がいっしょに「共育て」の理念のもとで保育していることを、機会あるごとに連絡帳に記述して保育者も確認することが大切です。

3 姉妹がどのように過ごしているかも伝えよう

家庭では姉妹げんかなどあって当然のことですが、子育てと仕事の両立に励む保護者にとっても、日中は姉妹が同じ園でどのように過ごしているか気になるものです。**3**のひと言には、仕事の疲れを吹き飛ばす「魔法の力」もあるといえるでしょう。

（滋賀短期大学／特任教授・古橋紗人子）

川原佐公先生の

保護者にも伝えよう 発育・発達メモ

ズリズリとはう段階の疲れに注意

0歳児の発達の大きな特徴は、人間の特性としての直立歩行の基盤となる移動運動の獲得です。

7か月の赤ちゃんが、身につけた寝返りを使って、右に左にコロンコロンと寝転びながら、目に留まった物を追っている姿があります。C児はうつむきの姿勢でおなかを床に付け、頭を上げて腕だけではうようになっている段階なのですね。けっこう速いスピードでズリズリとはいますが、疲れるのも早く、頭を床に付けているときは、疲れのサインです。抱き上げたり、あおむけの姿勢にしたりするなどして、休息を図ってください。運動機能の発達は自分から動く意欲を引き出すことが大切です。

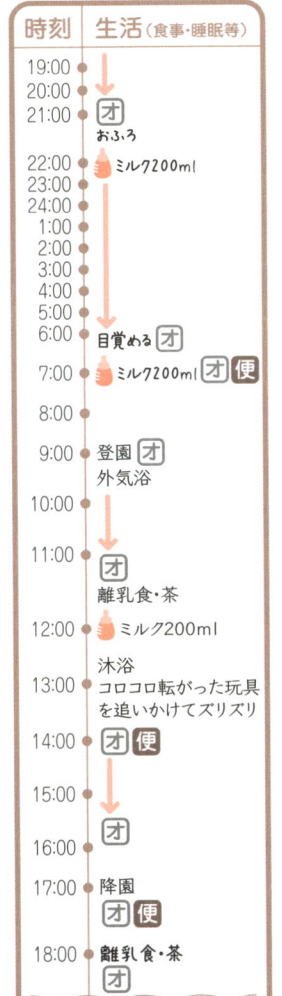

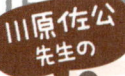

0歳児 10月

具体的なテーマ

A児（8か月）…お座りするのがじょうずになりました。ふと目を離したときにゴロンとひっくり返ってしまい、びっくりしました。

0歳児の連絡帳は、家庭と園が連携しながら24時間体制で見守っている例を示しています。

＜生活欄（左側）のマークについて＞
（哺乳びんマーク）：ミルク　オ：オムツ交換　↓：睡眠　便：排便

A児（8か月）　10月10日（水）　天候（晴れ）

時刻	生活（食事・睡眠等）
	ママとお兄ちゃんとちゃぷちゃぷおふろ
19:00	↓
20:00	目覚める　しっかり食べました！
21:00	便
	お兄ちゃんと遊ぶ
22:00	（ミルク）母乳を飲みながら眠る
23:00	↓
24:00	↓
1:00	↓
2:00	目覚める
3:00	（ミルク）母乳を飲みながらまた眠る
4:00	↓
5:00	↓
6:00	↓
7:00	目覚める
8:00	（ミルク）母乳
9:00	登園　オ
10:00	茶15ml　オ　園庭で遊びました
11:00	離乳食　オ　便
12:00	（ミルク）母乳を飲みながら眠る
13:00	↓
14:00	目覚める　オ
15:00	おやつ、茶15ml
16:00	降園
17:00	
18:00	
20:00	

家庭でのようす

昨日の夕食　野菜のおかゆ	今日の朝食
食欲　有 ・ 〇普 ・ 無	食欲　有 ・ 〇普 ・ 無

便のようす（無・下痢・軟・普・硬）①20:45（普）②　:　（　）③　:　（　）

入浴　無・〇有（だれと入りましたか 母・兄）　検温　7:30（36.8℃）　きげん　すごく良いです

家庭からの連絡

お座りするのがじょうずになって、おうちの中でもお座りしてお兄ちゃんと遊んでいます。でも昨日は、用事をしていてふと目を離したときにゴロンとひっくり返ってしまいびっくりしました。
まだ、ふたりで遊ぶのは早かったかな？　母、反省です。
何もなっていないからだいじょうぶだと思います。
今日も1日よろしくお願いします。
授乳行きます！

お待ちしています

保育園でのようす

	午前のおやつ	給食（授乳・離乳食）	午後のおやつ
食欲	有 ・ 普 ・ 無	〇有 ・ 普 ・ 無	〇有 ・ 普 ・ 無
		くたくたうどん、野菜のゴマ和え	すりおろしリンゴ

便のようす（無・下痢・軟・普・硬）①14:45（普）②　:　（　）③　:　（　）

検温　① 15:30（36.8℃）　②　:　（　℃）　きげん　良い

家庭への連絡

お母さんびっくりされたでしょう。でも、お兄ちゃん、Aちゃんとよく遊んでくれると助かりますよね！
1 園では特に変わったことはなく、いつもどおり食欲もあり元気に過ごしましたよ。
玩具を取ろうとしたときにバランスを崩してしまうことがあるので、2 座っている周りにクッションを置くなどして気をつけています。
またおうちでのようすを聞かせてくださいね！

書き方のポイント

1 健康のバロメーターのひとつ、食欲について情報提供を！

A児が転倒した驚きには、育児パートナーとしての気持ちですなおに共感したうえで、園でのようす、特に健康のバロメーターのひとつである食欲について情報提供することは保護者へ安心感を与えます。

2 園での配慮を具体的に伝え、家庭での改善も聞かせてもらおう！

母親からは反省の記述がありますから、A児の担当保育者のように転倒防止や注意の喚起は控えましょう。しかし、園で配慮していることを伝え、さりげなく「おうちでのようすを聞かせてくださいね」と書くことで、家で改善したことを聞かせてもらえると思います。

（滋賀短期大学／特任教授・古橋紗人子）

川原佐公先生の　保護者にも伝えよう　発育・発達メモ

直立歩行の前提として大切な投げ座り

巣に座っている状態で生まれる人間の赤ちゃんは、4か月前後で首が据わり、5、6か月で寝返りができ、7か月の投げ座りといわれるように、8か月前後で、足を投げ出して腰を立て、ひとりで座れるようになります。前後左右が見えるようになることや、両手が自由になって玩具を握ったり、複数の人とかかわれたり、大きな発達の節となるのが投げ座りです。人間は直立歩行が大きな特徴ですが、脳の神経支配が腰まで達し、その準備ができた姿として正常な発達を喜びたいと思います。まだ倒れやすいので注意しましょう。

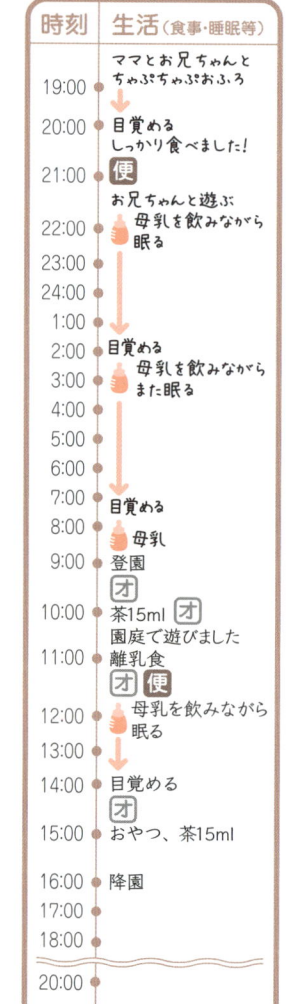

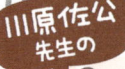

0歳児 10月

具体的なテーマ

B児（8か月）…よくお話するようになってきました。「アワワワワー」と手を口に当て、言えるようになりました。

0歳児の連絡帳は、家庭と園が連携しながら24時間体制で見守っている例を示しています。

＜生活欄（左側）のマークについて＞
ミルクのマーク：ミルク　オ：オムツ交換　↓：睡眠　便：排便

B児（8か月）　10月16日（火）　天候（晴れ）

時刻	生活（食事・睡眠等）
19:00	離乳食
	ミルク150ml
20:00	ママといっしょにおふろ
21:00	ミルク170ml
22:00	↓
23:00	
24:00	
1:00	
2:00	
3:00	
4:00	
5:00	
6:00	
7:00	便 オ
	ミルク150ml
8:00	登園
	オ
9:00	おせんべい
10:00	ミルク120ml
11:00	↓
	オ
12:00	離乳食
13:00	ミルク180ml
14:00	↓
15:00	便 オ
	おやつ
16:00	ミルク200ml
17:00	オ
	↓
18:00	降園
20:00	

家庭でのようす

昨日の夕食　おかゆ、白身魚のそぼろ	今日の朝食
食欲　㊒・普・無	食欲　㊒・普・無
便のようす（無・下痢・軟・普・硬）①　6:50（普）②　:（　）③　:（　）	
入浴　無・㊒（だれと入りましたか　母　）	検温　6:50（36.5℃）　きげん　良い

家庭からの連絡

「パープーパープー」と、よくお話するようになってきました。それと、「アワワワワー」と手を口に当て、言えるようになりました。昨日、私が「バイバイ」すると私の手を持って、口に当て「アワワワワー」をしていたんですよ。

鼻水が出るので小児科でシロップをもらい、朝晩飲んでいます。足のぶつぶつは、ようすを見るように言われました。

保育園でのようす

	午前のおやつ	給食（授乳・離乳食）	午後のおやつ
食欲	㊒・普・無	㊒・普・無	㊒・普・無
	おせんべい	おかゆ、豆腐と野菜のあんかけ	ヨーグルト

便のようす（無・下痢・軟・普・硬）①14:50（普）②　:（　）③　:（　）

検温　① 11:30（36.8℃）　② 15:30（36.8℃）　きげん　良い

家庭への連絡

Bちゃん、[1]お話や「アワワワー」がじょうずですね。お座りするようになったら、急にいろいろなことをして見せてくれるようになりましたね。[2]これからの成長が、ますます楽しみです。

鼻水、園では気になるほど多くは出ていません。[3]お母さんが早めに受診されたので、お薬が効いているのでしょう。室温に気をつけながら、足の湿疹もようすを見たいと思います。

書き方のポイント

1 子どもの成長を褒めて満足感を

お座りするようになると、両手が使えるようになるのでいわゆる「芸当」（人を驚かせるような行為）を急にするようになります。保護者にとっては子育ての喜びを実感するときです。「じょうずですね」と、褒めて満足感にひたれば、子育てと就労の大変さも軽減されるでしょう。

2 「これからの成長が楽しみ」のひと言が子育ての励みに

B児は、このときも鼻水や足に湿疹が出るなど体調に関して心配の種は尽きません。しかし、「これからの成長が楽しみ」と、子育てのプロである保育者が書くことにより、希望を持って子育てに励むようになると考えられます。

3 保護者の努力で子どもが元気に過ごしていることを伝えよう

早めの受診、朝晩の薬の服用に対して、園では元気に過ごしているようすを具体的に伝える必要があり、忘れてはならないポイントです。保護者の努力が功を奏していることを連絡帳の記入と同時に口頭でも伝えたいものです。

（滋賀短期大学／特任教授・古橋紗人子）

川原佐公先生の 保護者にも伝えよう 発育・発達メモ

子どもの模倣は言葉や動作を獲得する基礎

子どもの言葉・コミュニケーションの発達に合わせた援助をするためには、その子どもがどの発達段階かを理解する必要があります。生後0～10か月ごろまでは、聞き手効果段階に当たります。まだ指さしや物を渡すなどの意図的な伝達はできません。大人が子どもの発声や動作をまねたり、要求に気づいてこたえたりすることで、コミュニケーションの効果を実感させる時期です。B児が手を口に当てて「アワワー」をするのは、いつか保護者がして見せたことの模倣ですが、この模倣を起こさせるモデルを示すことが言葉の発達にとって大切なのです。

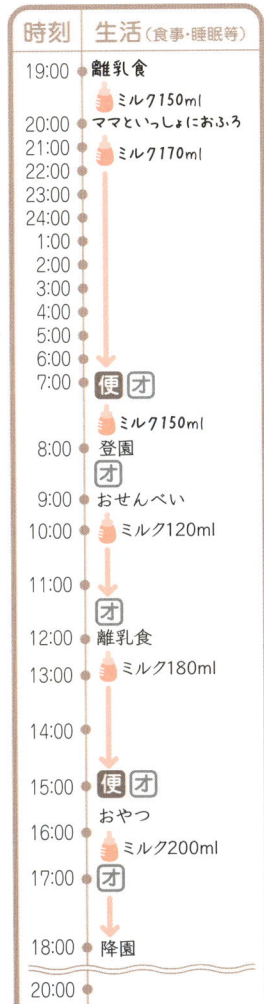

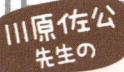

0歳児　10月

具体的なテーマ

C児（8か月）…夕食を食べているお父さんから、ひと口もらうとニコッと満足げです。

0歳児の連絡帳は、家庭と園が連携しながら24時間体制で見守っている例を示しています。

＜生活欄（左側）のマークについて＞
ミルクの絵：ミルク　オ：オムツ交換　↓：睡眠　便：排便

C児（8か月）　10月12日（金）　天候（晴れ）

時刻	生活（食事・睡眠等）
19:00	離乳食・茶 ※お父さんから、豆腐のみそ汁、カレイの煮付けをもらう オ
20:00	おふろ ミルク200ml
21:00	↓
22:00	
23:00	
24:00	
1:00	
2:00	
3:00	
4:00	
5:00	
6:00	目覚める オ オ 便
7:00	ミルク200ml
8:00	オ
9:00	登園 オ 外気浴・茶 お姉ちゃんに声をかけてもらってニコニコ
10:00	オ ↓
11:00	オ 離乳食・茶 ミルク200ml
12:00	ハイハイで探索したり玩具で遊んだり
13:00	オ ↓
14:00	
15:00	オ ミルク200ml
16:00	オ 便
17:00	茶・降園
18:00	オ

家庭でのようす

昨日の夕食　野菜とじゃこのおじや、カボチャの煮付け	今日の朝食
食欲　有・**普**（○）・無	食欲　有・**普**（○）・無

便のようす（無・下痢・軟・普・硬）①　7:00（普）②　：（　）③　：（　）

入浴　無・**有**（○）（だれと入りましたか　母　）	検温　8:00（36.6℃）	きげん　良い

家庭からの連絡

お父さんが夕食を食べていると、ハイハイで近づいて来てよだれを垂らしてじっと見ています。ひと口もらうとニコッと満足げなCです。あれこれ言って、いつもこんな調子で食べ物をお父さんやお姉ちゃんからもらっています。離乳食を食べた後なのに、食いしん坊ですよね。

保育園でのようす

	午前のおやつ	給食（授乳・離乳食）	午後のおやつ
食欲	有・普・無	有・**普**（○）・無	有・普・無
		おかゆ、軟らか鶏肉じゃが、ホウレンソウのトロトロ煮	

便のようす（無・下痢・軟・普・硬）①16:00（普）②　：（　）③　：（　）

検温　①　12:00（36.7℃）　②　16:30（36.6℃）　きげん　良い

家庭への連絡

お父さんやお姉ちゃんが食べている姿を見て、[1]「おいしそう、私も食べたい！」という気持ちが芽生えてきているのですね。[2]和食中心のCちゃんのおうちだから、お父さんやお姉ちゃんのおかずもだいじょうぶですね。

先月入園してきたDちゃんと仲よしです。[3]Dちゃんが Cちゃんの横にちょこんと座ると、キャッキャッと声をたてて笑っていたかと思うと、同じ方向にハイハイしていましたよ。

書き方のポイント

1 「食べることに関心を示す」姿をしっかりとらえて、保護者に伝えよう

離乳食への関心は、保護者などが食べていると近づいてきて、よだれを垂らすなど「食べることに関心を示す」ことです。担任は、このようなC児の姿をしっかりとらえて保護者に端的に伝えています。保育の専門性がうかがえます。

2 保護者の日ごろの努力をさりげなく褒めて、保護者支援を

スパゲティやラーメンなど保護者の好みを子どもにも与える家庭が多いようですが、「和食中心の〜」と、さりげなく書いています。連絡帳を読んだ保護者は、日ごろの努力が報われ励みになることでしょう。この1行こそ保護者支援です。

3 園でのようすが目に浮かぶように書こう

園でのようすは、より具体的に目に浮かぶように書くことが理想です。簡潔にまとめる「お手本」のようなこの文章から学びたいものです。

（滋賀短期大学／特任教授・古橋紗人子）

川原佐公先生の

保護者にも伝えよう　発育・発達メモ

これこそ離乳食の基本

乳汁中心の生活をしていた乳児が、8か月ごろになると、口角が左右に引かれ、舌が上下に動くようになり、少し力を入れて食べ物を飲み込めるようになると、大人の食事に関心を持つようになります。離乳食とは、乳以外のいろいろな食べ物を摂食機能、消化機能などの発達に合わせて、徐々に食材、味や触感を普通食に近づけていくことです。昔は、大人の食べている料理の中から乳児が食べられそうな物を選んで与えていたので、C児の家庭での食事場面は、離乳食の原点なのです。保護者が差し出す食べ物にタイミングよく口を開けるのは、大切な発達です。

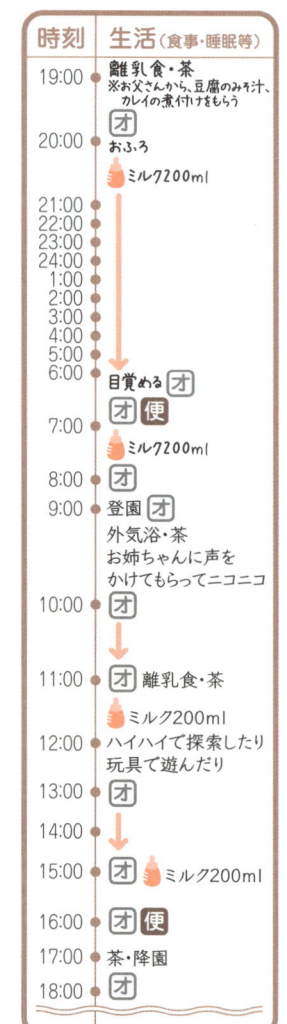

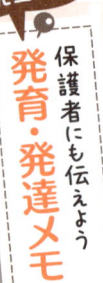

0歳児　11月

具体的なテーマ

A児（9か月）…今日はいつもより体温が高いのが気になります。

0歳児の連絡帳は、家庭と園が連携しながら24時間体制で見守っている例を示しています。

＜生活欄（左側）のマークについて＞
🍼：ミルク　才：オムツ交換　↓：睡眠　便：排便

A児（9か月）　11月26日（月）　天候（晴れ）

時刻	生活（食事・睡眠等）
	ママとお兄ちゃんとちゃぷちゃぷおふろ
19:00	雑炊をたくさん食べました
20:00	お兄ちゃんと遊ぶ
21:00	🍼 母乳を飲みながら眠る
22:00	↓
23:00	↓
24:00	目覚める　ママと少し遊んでいました
1:00	🍼 母乳を飲みながら眠る
2:00	↓
3:00	一度目を覚ましましたが、
4:00	🍼 母乳を飲みながらまた眠りました
5:00	↓
6:00	↓
7:00	目覚める
8:00	🍼 母乳　雑炊　便
9:00	きげん良く登園　才
10:00	茶10ml　才
11:00	カボチャをつぶしながらよく食べていました
12:00	才
13:00	↓　才
14:00	降園
15:00	🍼 母乳
	お兄ちゃんと遊ぶ
16:00	
17:00	🍼 母乳を飲みながら少し眠りました
18:00	↓
20:00	

家庭でのようす

昨日の夕食　雑炊、マッシュポテト	今日の朝食　雑炊
食欲　(有)・普・無	食欲　有・(普)・無
便のようす（無・下痢・軟・普・硬）①　8:00（普）②　:　（　）③　:　（　）	
入浴　無・(有)（だれと入りましたか　母・兄）	検温　7:00（37.1℃）　きげん　良い

家庭からの連絡

夜は本当によく寝てくれました。最近少しずつ寝る時間が長くなって夜中に起こされることが少なくなってきて助かっています！
今日はいつもより体温が高いのが気になります。
今日はどうしても午前中抜けられないので、連れて行きます。2時には仕事がかたづきそうなので、迎えに行きます。授乳も行けません。帰ってから飲ませます。よろしくお願いします。

保育園でのようす

	午前のおやつ	給食（授乳・離乳食）	午後のおやつ
食欲	有・普・無	(有)・普・無	有・普・無
		煮込みうどん、カボチャの軟らか煮	

便のようす（無・下痢・軟・普・硬）①　:　（　）②　:　（　）③　:　（　）

検温　①　11:00（37.3℃）　②　:　（　℃）　きげん　良い

家庭への連絡

[1]Aちゃんの熱が少し高く、ご心配のことと思います。園では、登園してからずっときげんも良く、いつもと変わりなく遊んでいます。[2]ただ、検温するとまた少し上がってきています。
最近、朝夕はとても寒く感じる日が増えてきましたので、Aちゃんも、お仕事のお忙しいお母さんも体調を崩されないようにしてくださいね。また、[3]おうちに帰られてからのようすをお聞かせください。

書き方のポイント

1 体温が少し高いことへの心配を共感しよう

園に通う子どもの健康のバロメーターは、毎朝の検温から始まります。そこで体温が少しでも高いと保護者は、体調に対する心配と同時に、園に行けるのか、つまりは仕事を休まないといけないのかという悩みになり、深刻です。このような親心に共感しましょう。

2 体調の変化、検温の結果を正確に伝えよう

保護者の気持ちを受け止めたうえで、体調の変化や検温の結果は、事実を正確に伝え、受診や回復のための手だての参考になる情報として提供します。

3 帰宅後のようすを知らせてもらおう

さりげない文章の中に、冬に向かう季節の特徴を保護者と共通認識しながら、帰宅後のようすを知らせてもらうように、念を押しておきたいものです。

（滋賀短期大学／特任教授・古橋紗人子）

川原佐公先生の　保護者にも伝えよう　発育・発達メモ

平熱を把握して薄着の習慣を

乳児は発育途上にあり、体温の生産が多く、活力が満ち満ちています。しかし環境に体が順応できず自律神経系の働きが未熟な乳児は、体温調節機能も未熟なものです。外気温が上がったり、衣服の枚数が多ければ体温が上がったり、その逆も起こります。入園当初、朝起きたとき家庭で検温、登園したとき、午睡後、夕方の降園のとき園で検温し、平熱を把握しておくことが大切です。

朝夕気温が低下すると、厚着にさせることがありますが、そのせいで体温を上げることがありますので、薄着の習慣をつけ、抵抗力を高めていきましょう。

0歳児 11月

具体的なテーマ

B児（9か月）…つかまり立ちが、今うちの子のマイブームです。

0歳児の連絡帳は、家庭と園が連携しながら24時間体制で見守っている例を示しています。

＜生活欄（左側）のマークについて＞
（哺乳瓶）：ミルク　オ：オムツ交換　↓：睡眠　便：排便

B児（9か月）　11月13日（火）　天候（くもり）

時刻	生活（食事・睡眠等）
19:00	離乳食
	ミルク180ml
20:00	便 オ
21:00	ママとおふろ
22:00	ミルク180ml オ
23:00	↓
24:00	↓
1:00	↓
2:00	↓
3:00	↓
4:00	↓
5:00	↓
6:00	離乳食 ミルク100ml
	オ
7:00	
	登園
8:00	オ
9:00	↓
	おせんべい
10:00	ミルク100ml
11:00	オ
	離乳食
12:00	
	ミルク200ml
13:00	↓
14:00	
	おやつ
15:00	↓
	ミルク160ml
16:00	便
17:00	オ
18:00	降園
20:00	

家庭でのようす

昨日の夕食　うどん	今日の朝食　しらすがゆ
食欲　㊒・普・無	食欲　㊒・普・無

便のようす（無・下痢・軟・普・硬）①20:10（普）②　:　（　）③　:　（　）

入浴　無・㊒（だれと入りましたか　母　）　検温　6:50（36.6℃）　きげん　良い

家庭からの連絡

つかまり立ちが、今うちの子のマイブームです。ずっと、つかまり立ちをしています。昨日は、2歩だけ伝い歩きをしたんですよ。子どもが成長するのって早いですね。子どもの成長しようとする力って、すごいと思います。早く歩いてくれるといいのに。「アーウー」と歌をうたうように声を出してきげんも良いです。

保育園でのようす

	午前のおやつ	給食（授乳・離乳食）	午後のおやつ
食欲	㊒・普・無	㊒・普・無	㊒・普・無
	おせんべい	おかゆ、白身魚の含め煮、サツマイモ煮	ヨーグルト、おせんべい

便のようす（無・下痢・軟・普・硬）①16:05（普）②　:　（　）③　:　（　）

検温　① 11:50（36.8℃）　② 15:45（36.6℃）　きげん　良い

家庭への連絡

園でもベッドやボックスにつかまって、うれしそうですよ。座りたくなると「ン～ン～」と声で助けを求めては、繰り返す[1]Bちゃんの“マイブーム”って、すばらしい成長！　感動的ですね。今のBちゃんには、新しいことに挑戦しようとする気持ちを大切にしながら、[2]ハイハイも大事な時期ですので、足腰や腹筋を鍛えて歩行に備えたいものです。広いホールや、さわやかな日には、園庭でもハイハイして楽しく遊びたいと思います。

書き方のポイント

1 子どもの成長への、保護者の気づきに共感を！

0歳児は、成長ぶりがもっとも顕著に見られる時期ですが、保護者は仕事との両立に多忙であり、大変さが先行しがちです。しかし、この保護者は気づき喜んでいます。保育者も敏感にこたえて、“マイブーム”の言葉をそのまま使う書き方には、共育ての視点が感じられます。

2 発達過程のポイントと具体的な保育内容を伝えることが、園の保育に対する安心と信頼感に

文頭では、園での“つかまり立ち”の姿を伝え、喜びを受け止めています。そのうえで、早く歩くことを期待する保護者には、子育てのプロとして、発達過程のポイントと具体的な保育内容を示すことで、園の保育に対して安心と信頼感が増幅されると考えます。

（滋賀短期大学／特任教授・古橋紗人子）

川原佐公先生の

保護者にも伝えよう 発育・発達メモ

つかまり立ちよりハイハイを大切に

子どもが寝返りをすると早く座って、ひとり座りができると早く立って、と期待するのが親心です。しかし、子どもの発達はその段階ごとに次の発達に必要な力を十分に蓄え、その時期にしか身につかない活動をしているのです。書き方のポイントにも書いておられるように、9か月は恥骨部を床面に着け、両腕を対称にひじで支え、指を軽く伸ばして頭を持ち上げ、胸から上腹部を上げる姿勢でハイハイを充実させる時期です。ハイハイにより背筋、腹筋、太もも、足先のける力などが育ち、歩くのに必要な筋力を身につけています。ハイハイを大切にしましょう。

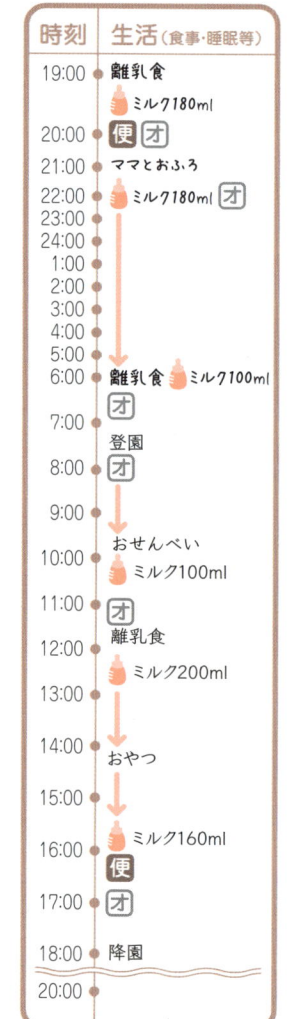

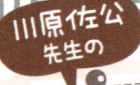

具体的なテーマ

0歳児 11月

C児（9か月）…歯が2本いっぺんに生えてきました。

0歳児の連絡帳は、家庭と園が連携しながら24時間体制で見守っている例を示しています。

<生活欄（左側）のマークについて>
（哺乳びん）：ミルク　オ：オムツ交換　↓：睡眠　便：排便

C児（9か月）　11月9日（金）　天候（雨）

時刻	生活（食事・睡眠等）
19:00	離乳食・茶 オ 便 寝てしまう…↓
20:00	起こして、おふろ オ ミルク200ml
21:00	すぐ眠る ↓
22:00	↓
23:00	↓
24:00	↓
1:00	↓
2:00	↓
3:00	↓
4:00	↓
5:00	↓
6:00	目覚める オ
7:00	オ 便 離乳食 ミルク200ml
8:00	登園 オ ハイハイでボールを追いかけて…
9:00	オ
10:00	オ ↓
11:00	オ 離乳食・茶 ミルク200ml
12:00	オ ↓
13:00	
14:00	オ おやつ・茶
15:00	ミルク200ml
16:00	オ
17:00	降園 オ
18:00	

家庭でのようす

昨日の夕食：鶏と野菜のおじや、きざみホウレンソウ和え	今日の朝食：パンがゆ、カボチャの煮物
食欲：有・〈普〉・無	食欲：有・〈普〉・無
便のようす（無・下痢・軟・普・硬）①19:00（普）②6:30（普）③　:　（　）	
入浴：無・〈有〉（だれと入りましたか　母　）	検温：7:00（36.5℃）　きげん：良い

家庭からの連絡

歯が2本いっぺんに生えてきました。歯を見ようとひとさし指を入れると、おもしろがってがぶっとかみつきます。大げさに痛がるとゲラゲラ大笑いしてました。
今日は職場の健康診断のため、いつもより早い登園です。だいじょうぶかな…。

保育園でのようす

	午前のおやつ	給食（授乳・離乳食）	午後のおやつ
食欲	有・普・無	有・〈普〉・無	有・〈普〉・無
		おかゆ、ほぐし魚の野菜あんかけ、ダイコンとハクサイのスープ煮	すりおろしリンゴ

便のようす（無・下痢・軟・普・硬）①　:　（　）②　:　（　）③　:　（　）

検温　① 12:00（36.8℃）　② 16:00（36.6℃）　きげん：良い

家庭への連絡

[1]かわいらしい歯が見えてきましたね。お母さんとの楽しいやりとりが目に浮かびました。
今日はいつもより早い登園でしたが、[2]担任のT保育士が早朝の担当だったのでニコニコでした。お母さんが行かれてからもいつものように保育室をハイハイで探索していましたよ。
最近、保育者の体によじ登るようにして、つかまり立ちをするようになりました。[3]目が合うと最高のほほ笑みのCちゃんです。

書き方のポイント

1 親心を理解して、共感しよう

歯は、早く生えることがよいとは限りませんが、平均的には7か月ごろです。親心として、楽しみに待っていたことでしょう。この保育者は、このような親心をよく理解して書いていて、優しさが伝わってきます。

2 保護者の不安を受け止め、安心のひと言を

親のつごうで、朝早く登園することに「だいじょうぶかな…」と、不安を感じています。担任が、早番の出勤だったことにより「ニコニコでした」この一文が、保護者をどれだけ安心させるか、想像以上の効果があると思います。

3 保護者の気がかりにも配慮して

C児の「保育者の体によじ登る」行為について、保育者には迷惑ではないか？　本当はいやではないか？　など保護者は気を回すものです。しかし、最後に「最高のほほ笑みのCちゃん」と、書くことで保護者も笑顔になることでしょう。

（滋賀短期大学／特任教授・古橋紗人子）

川原佐公先生の 保護者にも伝えよう 発育・発達メモ

歯の形に合わせて物を食べる

乳歯の原基である組織は、胎生期にその形成が始まっていますが、だいたい生後6～7か月ごろ、乳中切歯（下顎）がいちばん先に生えます。しかし、個人差があり、乳側切歯と同時に生えることもあります。切歯は、野菜など葉っぱを切るのに適切な歯であり、乳児の初期は野菜を中心に食べなさい、ということです。次に生える臼歯（1～1歳6か月）は名前のとおり、穀物をかみ砕く歯です。最後に生える乳犬歯は動物の肉をちぎる歯であり、肉食は遅くていいですよ、ということです。物を食べる割合も歯の総数の割合で食べると健康によく、合理的にできているのです。

0歳児 12月

具体的なテーマ

A児（10か月）…夕食を自分で食べたがり、手で握っては口に持っていきこぼしてしまうので、つい、私が食べさせてしまいます。

0歳児の連絡帳は、家庭と園が連携しながら24時間体制で見守っている例を示しています。

＜生活欄（左側）のマークについて＞
（哺乳びん）：ミルク　オ：オムツ交換　↓：睡眠　便：排便

A児（10か月）　12月13日（木）　天候（晴れ）

時刻	生活（食事・睡眠等）
	ママとお兄ちゃんとちゃぷちゃぷおふろ
19:00	うどんを手でぺちゃぺちゃしながら食べました
20:00	お兄ちゃんと遊ぶ
21:00	（ミルク）母乳を飲みながら眠る
22:00	↓
23:00	目覚める
24:00	パパと少し遊んでいました （ミルク）母乳を飲みながら眠る
1:00	↓
2:00	
3:00	
4:00	
5:00	
6:00	目覚める
7:00	離乳食　（ミルク）母乳
8:00	便
9:00	登園 オ
10:00	茶10ml オ 少し眠りました ↓
11:00	オ 室内あそび
12:00	ボールころころ
13:00	離乳食 オ
14:00	↓
15:00	
16:00	オ 降園
17:00	（ミルク）母乳
18:00	お兄ちゃんと遊ぶ
20:00	

家庭でのようす

昨日の夕食　野菜のうどん	今日の朝食　鶏のおかゆ
食欲　有・(普)・無	食欲　有・(普)・無

便のようす（無・下痢・軟・普・硬）①　7:45（普）②　：（　）③　：（　）

入浴　無・(有)（だれと入りましたか 母・兄）　検温　6:45（36.8℃）　きげん　良い

家庭からの連絡

夕食を自分で食べたがり、手で握っては口に持っていきこぼしてしまいます。「まーしかたないか」と思うのですが、やはりゆっくり待ってあげられず、私が食べさせてしまいます。園ではどうしてますか？　きちんと、量は食べられているのかな？

今日は早起きしたので、眠くなると思います。

よろしくお願いします。

保育園でのようす

	午前のおやつ	給食（授乳・離乳食）	午後のおやつ
食欲	有・普・無	(有)・普・無 軟飯、赤ちゃん肉じゃが、みそ汁	有・普・無

便のようす（無・下痢・軟・普・硬）①　：（　）②　：（　）③　：（　）

検温　①　9:30（36.7℃）　②　16:00（36.7℃）　きげん　良い

家庭への連絡

1 お母さん、Aちゃんの食べこぼしや、ゆっくり待ってあげられないことに、悩んでおられるのですね。園でも、自分で食べたくて手で握ってはロへと運び、こぼしながら食べています。おうちでは家事などをしながら、ゆっくり待つことは大変だと思います。

2 食事の量は、Aちゃんの手づかみの間を見て、保育者がスプーンで食べさせていますので、ご安心ください。

3 午前中、眠かったようです。10時から40分ほど眠った後は、とてもきげん良く遊びました。

書き方のポイント

1 まずは何が問題かの整理と確認をしよう

お母さんの短い文章から、ちょっとした愚《ぐ》痴《ち》か？　深刻な悩みか？　を察して、適切な返事を書くことは難しいときがありますが、まずは何が問題かを整理することが大切です。ここでは、その確認から始めているのでわかりやすいです。

2 専門職としての対応をしっかり伝えよう

園でのようすを伝えたり、家庭での大変さに共感したりしながら、食事の量については、「しっかり介助しながら食べさせている」と専門職としてのプライドと自信のある文章が伝わってきます。

3 保護者の気がかりを受け止め、安心できるひと言を

最後の追伸的なひと言や、「よろしくお願いします」の1行から親心を重く感じて受け止めたいものです。保育者のひと言で安心してもらえます。

（滋賀短期大学／特任教授・古橋紗人子）

川原佐公先生の 保護者にも伝えよう 発育・発達メモ

食べる意欲を認めることが大切

9か月ごろから乳児の歯は、上が4本下が2～4本生え、前歯で食べ物の量を調節したり、舌で奥の歯茎に運び、歯茎ですりつぶして食べたりする補食機能が発達します。また意識的に指で物を握ったり、放したりし、親指とひとさし指で物をつまめるようになってきます。これらの感覚運動機能の発達から、手づかみ食べが始まるのですが、まだ未熟ですので、手でつかんで口に運ぶ過程で、ぼろぼろと食べ物をこぼしてしまいます。自分で食べたい意欲の表れですので、発達のようすに注意しながら、手づかみ食べを認め援助していきましょう。

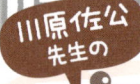

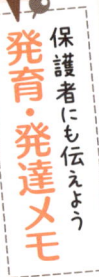

0歳児 12月

具体的なテーマ

B児（10か月）…最近お皿を前に置くと“ぐちゅっ”と手で握りながら食べています。散らかすので大変です。

0歳児の連絡帳は、家庭と園が連携しながら24時間体制で見守っている例を示しています。

＜生活欄（左側）のマークについて＞
🍼：ミルク　オ：オムツ交換　↓：睡眠　便：排便

B児（10か月）　12月13日（木）　天候（晴れ）

時刻	生活（食事・睡眠等）
19:00	離乳食 便 オ
20:00	ママとおふろ
	ミルク180ml
21:00	オ
22:00	↓
23:00	↓
24:00	↓
1:00	↓
2:00	↓
3:00	↓
4:00	↓
5:00	
6:00	ミルク100ml オ
7:00	離乳食少し
8:00	登園 オ
9:00	おせんべい オ
10:00	ミルク200ml
11:00	↓
12:00	↓
13:00	離乳食 手づかみでパクパク
14:00	
15:00	おやつ
	ミルク100ml
16:00	便 オ
17:00	↓
18:00	降園
20:00	

家庭でのようす

昨日の夕食　おかゆ、豚肉とジャガイモの煮物	今日の朝食　パンがゆ、野菜スープ
食欲　㊒・普・無	食欲　有・普・無　少し
便のようす（無・下痢・軟・普・硬）①19:40（普）②　：　（　）③　：　（　）	
入浴　無・㊒（だれと入りましたか　母　）	検温　6:50（36.7℃）　きげん　良い

家庭からの連絡

テーブル付きチェアでごはんを食べさせているのですが、最近お皿を前に置くと“ぐちゅっ”と、手で握りながら食べています。散らかすので大変なのです。つかむ前に私がスプーンで口に入れるようにしています。園では、散らかさずに食べていますか？

今日は、かなり早起きをしているのできげんが悪いかも…。

保育園でのようす

	午前のおやつ	給食（授乳・離乳食）	午後のおやつ
食欲	㊒・普・無	㊒・普・無	㊒・普・無
	おせんべい	軟飯、インゲンのゴマ和え、白身の焼き魚	カボチャまんじゅう

便のようす（無・下痢・軟・普・硬）①16:15（普）②　：　（　）③　：　（　）

検温　①10:50（36.6℃）　②14:25（36.8℃）　きげん　良い

家庭への連絡

Bちゃん、食欲がありよく食べていますね。園でもこぼしていますが、こぼれたらそのつど、ふき取るようにしています。おうちで食べ終えてから一度にかたづけるには、1テーブルの下に新聞紙などを敷くとそのまま捨てられるので便利だといわれます。自分から2手づかみで食べるBちゃんは、自立心おう盛ですから将来が楽しみです。

3いつもより早く眠り、夕方も1時間眠りました。

書き方のポイント

1 保護者の質問に答え、同じ目線で具体的な方法を伝えよう！

保護者の質問にはサラリと答えた後に、家庭での合理的な方法を具体的に伝えています。親切でわかりやすいうえに、「～といわれます」といった書き方は、上から目線にならないよう意識しているところがポイントです。

2 最大限の褒め言葉で大変さを軽減

こぼしながらも手づかみで食べることに対して、「自立心おう盛」といった最大限の褒め言葉を使うことで、散らかされる大変さが少しは薄れるでしょう。この連絡帳が、子育ての喜びを共感する仲立ち的な存在になります。

3 連絡帳は育児記録

生活リズムや体調の変化についての保護者の不安に対しては、口頭でていねいに伝えると同時に、連絡帳にも簡潔に記述しておく必要があります。連絡帳は、りっぱな育児記録ですので、後日読み直したときのことも考えて書きましょう。

（滋賀短期大学／特任教授・古橋紗人子）

川原佐公先生の 保護者にも伝えよう 発育・発達メモ

手には味覚があるようですね

日本の食文化は、“はしの使用”ですが、目の前で握ってもらう握り寿司は、手で食べるのがマナーのようです。素手で食べるほうがおいしい食材はいっぱいあります。手に伝わる触感が食べ物の味を味わわせてくれているようですが、その元をたどれば、幼少期の手づかみ食べの経験なのです。大人に食べさせてもらっていた子どもが、自分の意思で食べたいと思うようになった最初の姿が、手づかみ食べです。手は汚れる、周囲にこぼす、と困ってしまうのはわかりますが、食具使用の前段階ですので、おおらかに見守り、経験させたい姿です。

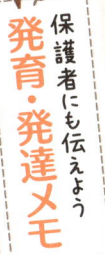

0歳児 12月

具体的なテーマ

C児（10か月）…最近、つかまり立ちをするようになって、ひっくり返りそうでヒヤヒヤします。

0歳児の連絡帳は、家庭と園が連携しながら24時間体制で見守っている例を示しています。

＜生活欄（左側）のマークについて＞
ミルクのマーク：ミルク　オ：オムツ交換　↓：睡眠　便：排便

C児（10か月）　12月25日（火）　天候（晴れ）

時刻	生活（食事・睡眠等）
19:00	オ 離乳食・茶
20:00	オ 便 おふろ ミルク200ml
21:00	
22:00	
23:00	
24:00	
1:00	
2:00	
3:00	
4:00	
5:00	
6:00	目覚める オ
7:00	オ 便 離乳食 ミルク200ml
8:00	オ
9:00	登園 暖かかったので、外気浴に… 室内に戻る・茶
10:00	オ オ
11:00	離乳食 食べながら眠たいよ〜 茶
12:00	
13:00	オ
14:00	ミルク200ml
15:00	オ おやつ・茶 ミルク100ml
16:00	オ
17:00	降園 オ
18:00	

家庭でのようす

昨日の夕食	煮魚、豆腐のみそ汁 野菜の煮物	今日の朝食	食パン、ヨーグルト
食欲	有・（普）・無	食欲	有・（普）・無

便のようす（無・下痢・軟・普・硬）　①20:00（普）　②7:00（普）　③　:　（　）

入浴　無・（有）（だれと入りましたか　母　）　検温　8:30（36.7℃）　きげん　良い

家庭からの連絡

　昨日は天気もよくて暖かかったので、家族で近くの公園に行きました。お父さんといっしょにブランコやすべり台に乗って、ごきげんなCでした。

　最近、つかまり立ちをするようになって、小さいイスにつかまっては押そうとするので、ひっくり返りそうでヒヤヒヤします。

保育園でのようす

	午前のおやつ	給食（授乳・離乳食）	午後のおやつ
食欲	有・普・無	有・（普）・無	有・（普）・無
		おかゆ、3色野菜の和え物 豚赤身とダイコンの軟らか煮	コロコロカボチャ

便のようす（無・下痢・軟・普・硬）　①　:　（　）②　:　（　）③　:　（　）

検温　①13:00（36.7℃）　②16:00（36.6℃）　きげん　良い

家庭への連絡

[1]昨日は、お父さんと楽しい休日でしたね。

園でも、[2]つかまり立ちをするので、転ばないようにそばで注意して見守っています。また、ハイハイでの遊びをいっしょに楽しんだりしています。

今日は午前中寝ないで、昼食中に眠たくなり2／3ほど食べて眠りました。いつもより睡眠時間が少ないので、おうちで眠たくなるかな？ [3]「1回寝のお兄ちゃん」になる日も近いようですね。

書き方のポイント

1 父親とのふれあいに「よかったね」と共感を

家族、特に父親とのふれあいについては、短文でよいので必ず「よかったね」と共感の気持ちを書きましょう。父親やC児自身が後日読むことを想定してください。

2 親心を理解し、保育者の対応を記し安心感を

この保護者はつかまり立ちする成長よりも転んだときへの心配が先行しています。親心を理解して「そばで注意して見守っている」とていねいに書くことにより、安心感を与えます。

3 ちょっとしたユーモアが、保護者の精神安定剤に

保護者によっては、目覚ましい成長ぶりを楽しむゆとりもないことがあります。ちょっとしたユーモアや、余韻を含んだ文章が書けると、必要なことを知らせる連絡帳以上の精神安定剤のような役割も果たすでしょう。

（滋賀短期大学／特任教授・古橋紗人子）

川原佐公先生の　保護者にも伝えよう　発育・発達メモ

つかまり立ちの前にしっかりハイハイを

乳児の姿勢や運動の発達は、脳神経系の発達順序にしたがって、段階的に進んでいきます。乳児の動きは、中心から末梢への方向性といわれるように、体の中心に近いところ、例えば上腕から遠い部分へ発達していきます。また、頭部から臀部《でんぶ》への方向性といわれるように、頭から足へと広がっていきます。C児は10か月なので、両腕と両脚を協調させ、両手と両ひざでハイハイができているころです。ハイハイによって頭をしっかり立ち上げ、腹筋、背筋、両腕、両脚の筋肉が強くなり、それがきたる歩行の基礎になります。つかまり立ちを急がせず、十分にはわせましょう。

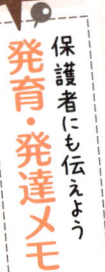

0歳児 1月

具体的なテーマ

A児（11か月）…昨日、鼻水がよく出て、ふきすぎて赤くなっています。

0歳児の連絡帳は、家庭と園が連携しながら24時間体制で見守っている例を示しています。

<生活欄（左側）のマークについて>
（哺乳びん）：ミルク　オ：オムツ交換　↓：睡眠　便：排便

A児（11か月）　1月21日（月）　天候（晴れ）

時刻	生活（食事・睡眠等）
	おばあちゃんの家で食事をしました
19:00	パパとお兄ちゃんとちゃぷちゃぷおふろ
20:00	パパとお兄ちゃんと遊ぶ
21:00	（ミルク）母乳を飲みながら眠る
22:00	↓
23:00	↓
24:00	↓
1:00	↓
2:00	目覚める
3:00	（ミルク）母乳を飲みながら眠る
4:00	↓
5:00	↓
6:00	↓
7:00	目覚める 朝食少し
8:00	便
9:00	
	登園
10:00	オ
	茶 オ
11:00	室内遊び スポンジブロック
12:00	オ 食事
13:00	↓
14:00	目覚める
15:00	オ おやつ
16:00	スポンジブロック 降園
17:00	
	（ミルク）母乳少し
18:00	お兄ちゃんと遊ぶ
20:00	

家庭でのようす

昨日の夕食　軟らかチャーハン	今日の朝食　鶏雑炊
食欲　有・(普)・無	食欲　有・普・無　少し

便のようす（無・下痢・軟・普・硬）①　8:15（普）②　：（　）③　：（　）

入浴　無・(有)（だれと入りましたか 父・兄）　検温　7:30（36.7℃）　きげん　良い

家庭からの連絡

昨日はおばあちゃんの家に遊びに行ってきました。久しぶりに会うので、人見知りで泣いていました。少ししたら慣れてきて、だっこしてもらっていました。夕飯もおばあちゃんの家で食べたので、ママはちょっとゆっくりさせてもらっちゃいました。

昨日、鼻水がよく出て、ふきすぎて赤くなっています。今日、園の帰りに病院に行きます。今週もよろしくお願いします！

保育園でのようす

	午前のおやつ	給食（授乳・離乳食）	午後のおやつ
食欲	有・普・無	(有)・普・無	(有)・普・無
		軟飯、豆腐の野菜あんかけ リンゴ	チーズトースト

便のようす（無・下痢・軟・普・硬）①　：（　）②　：（　）③　：（　）

検温　①　9:45（36.7℃）　②　15:45（36.8℃）　きげん　良い

家庭への連絡

ご祖母のおうちへ行かれて[1]ゆっくり過ごされたんですね。よかったですね。

鼻の下、痛いようですね。[2]温かい湯で湿らせたガーゼで、そっと押さえるようにふきましたが、やっぱり痛いんでしょうね、少し泣いてしまいました。お昼寝の後も、[3]スポンジブロックで、BちゃんやCちゃんときげん良く遊びました。

今日、病院に行かれたお話を、また聞かせてくださいね。

書き方のポイント

1 保護者の「つかの間のゆとり」に心からの共感を

日ごろ、忙しくしている保護者の「つかの間のゆとり」に対して「よかったですね」のひと言から、保育者も心から共感しているようすが伝わってきます。降園時には保護者の顔を見ながら同じことを話しかけると、この連絡帳の価値がいっそう高まります。

2 援助の方法を具体的に示すことで、家庭でのモデルに

これから、まだまだ鼻水の出る時期です。園でしている看護の視点での「鼻汁のふき方」をこの園のように具体的に示すことは、保護者にとって安心できると同時に、家庭でもするモデルとなる貴重な情報提供です。

3 「だれとどのように」と子どものようすを伝えよう

遊んでいるときのようすも、だれとどのようにしているか具体的に伝えることで、保護者はきげん良く遊ぶわが子のイメージがしやすいものです。

（滋賀短期大学／特任教授・古橋紗人子）

川原佐公先生の

保護者にも伝えよう 発育・発達メモ

鼻水は寒さに対しての生理的な反応

鼻水がズルズルと絶えず出ると、口で息がうまくできない乳児は苦しそうで、見るのもつらい保護者の気持ちはよくわかります。ついふきすぎて鼻の下が赤くただれます。外気温が低くなると、肺に入る空気を温める必要があるので、鼻粘膜に温かい血液が動員されます。粘膜は赤く膨れ鼻が詰まった感じになりますし、分泌物である鼻水も出てきます。鼻水や鼻詰まりは生理的な反応で心配ないのですが、乳児のきげんを損ないますし、不潔に見られやすいので、何度もふいてしまいます。湯で絞った温かいガーゼで押さえてふきましょう。

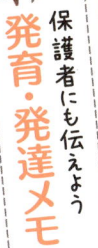

0歳児　1月

具体的なテーマ

B児（11か月）…下痢が続き2日休みましたが、軟便になったので今日から行きます。

0歳児の連絡帳は、家庭と園が連携しながら24時間体制で見守っている例を示しています。

＜生活欄（左側）のマークについて＞
（哺乳瓶）：ミルク　［オ］：オムツ交換　↓：睡眠　［便］：排便

B児（11か月）　1月11日（金）　天候（晴れ）

時刻	生活（食事・睡眠等）
19:00	離乳食 ［便］［オ］
20:00	ママとおふろ ミルク180ml
21:00	［オ］ ↓
22:00	
23:00	
24:00	
1:00	
2:00	
3:00	
4:00	
5:00	
6:00	
7:00	ミルク100ml ［オ］
8:00	離乳食 登園
9:00	［オ］ おせんべい
10:00	［便］［オ］
11:00	［オ］ 離乳食
12:00	ミルク100ml ↓
13:00	
14:00	
15:00	［オ］
16:00	おやつ ミルク120ml ［便］［オ］
17:00	［オ］
18:00	降園
20:00	

家庭でのようす

昨日の夕食　おかゆ、肉じゃが	今日の朝食　おかゆ、野菜スープ
食欲　(有)・普・無	食欲　有・(普)・無

便のようす（無・下痢・軟・普・硬）①19:00（軟）②　：（　）③　：（　）

入浴　無・(有)（だれと入りましたか　母　）　検温　6:50（36.7℃）　きげん　良い

家庭からの連絡

下痢から、軟便になり、医師の意見書ももらいました。受診の後も下痢が続き2日休みましたが、今日から3回食に戻します。便の回数も多かったので、おしりのかぶれもひどく朝と夜にもらった薬を塗っていますが、なかなか治りません。軟便になったので、今日から行きます。軟膏を持って行きます。塗ってやってください。

保育園でのようす

	午前のおやつ	給食（授乳・離乳食）	午後のおやつ
食欲	(有)・普・無	(有)・普・無	(有)・普・無
	おせんべい	軟飯、ささみの白蒸し、アスパラサラダ	蒸しパン

便のようす（無・下痢・軟・普・硬）①10:00（軟）②16:30（軟）③　：（　）

検温　①10:50（36.6℃）　②14:25（36.8℃）　きげん　良い

家庭への連絡

[1]下痢が続き大変でしたね。園でも今日は、軟便が出ました。おしりは、まだ少し赤く痛そうなので、オムツ交換のときには、おしりを湯で、そっと洗い流しています。[2]気持ち良いのかBちゃんは、じっとしていました。おうちでもそうでしたか？　また教えてくださいね。朝からきげん良く保育者のまたの下で、Aちゃんと Cちゃんといっしょにトンネルくぐりを何度もしていましたよ。[3]久しぶりに元気になっての登園、うれしそうです。

書き方のポイント

1 お見舞いの気持ちと園でのようすをまず伝えよう

下痢のため休園したことに、お見舞いの気持ちを込めて書き、園でも下痢が治まり軟便になっていることを、まず伝えましょう。

2 具体的なようすを伝え、聞き、共通理解するようにしよう

赤くただれているおしりへのケアについては、具体的に書いたうえで、B児のようすを伝え、家でのようすを聞くようにして、共通理解するようにしましょう。

3 病気だけでなく、園での遊びのことも伝えよう

病後は、連絡帳の記載内容も病気のことが中心になりがちですが、遊びのようすを詳しく伝えることで、楽しく過ごした園生活が伝わります。

（滋賀短期大学／特任教授・古橋紗人子）

川原佐公先生の
保護者にも伝えよう
発育・発達メモ

感染症にかかると免疫がつくが乳児は注意

感染症は、麻しん、耳下腺炎、風しん、水痘、手足口病、冬の下痢、伝染性紅斑、プール熱、急性出血性結膜炎、インフルエンザ、などほとんどがウイルスによる飛沫感染や、接触感染です。感染源は患児の唾《つば》や痰《たん》、分泌物、排せつ物ですので、園などで集団生活をしていると、罹《り》患《かん》率が高くなります。ウイルスによる感染症は、一度かかれば免疫がついてかからなくなり、早い時期に感染しておいたほうがいい、といわれる保護者もおられます。しかし、乳児は肺炎や脳炎を起こしやすく、後遺症の危険性もありますので、体力がつくまで予防します。

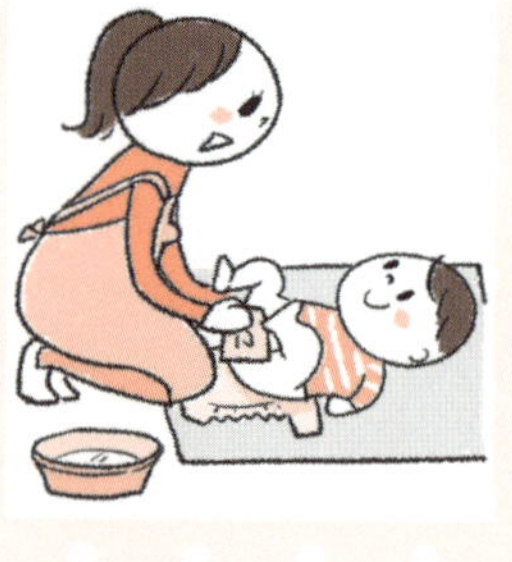

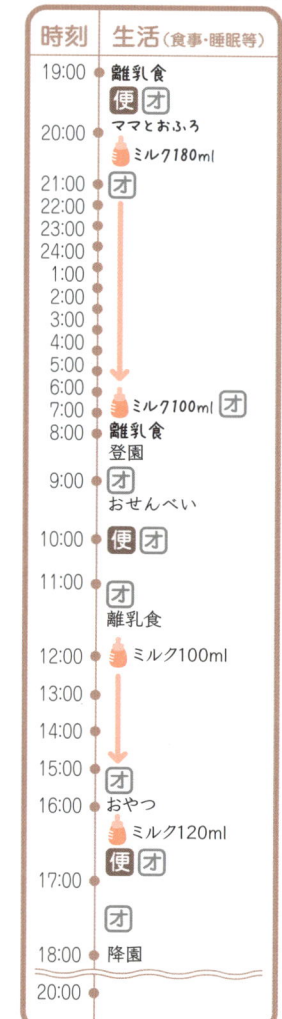

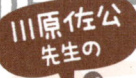

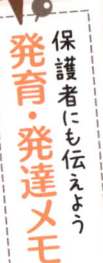

0歳児 1月

具体的なテーマ

C児（11か月）…おふろで、洗濯洗剤の計量スプーンでお湯をすくってはジャーといつまでもやっていました。

0歳児の連絡帳は、家庭と園が連携しながら24時間体制で見守っている例を示しています。

＜生活欄（左側）のマークについて＞
：ミルク　オ：オムツ交換　↓：睡眠　便：排便

C児（11か月）　1月11日（金）　天候（晴れ）

時刻	生活（食事・睡眠等）
19:00	オ 離乳食・茶
	おふろ
20:00	ミルク200ml オ 便
21:00	↓
22:00	
23:00	
24:00	
1:00	
2:00	
3:00	
4:00	
5:00	
6:00	目覚める オ
7:00	オ 便
	離乳食 ミルク200ml
8:00	オ
9:00	登園 身体計測
	オ 便
	茶
10:00	
	オ
11:00	離乳食・茶
	ミルク200ml
12:00	↓
13:00	
14:00	オ
15:00	おやつ・茶
	ミルク150ml
	オ
16:00	
	降園
17:00	オ
18:00	

家庭でのようす

昨日の夕食　鶏肉と野菜のスープ、ホウレンソウの和え物	今日の朝食　じゃこと野菜のおじや、バナナ
食欲　有・(普)・無	食欲　有・(普)・無
便のようす（無・下痢・軟・普・硬）①20:00（普）②7:00（普）③　:　（　）	
入浴　無・(有)（だれと入りましたか　母・姉）	検温　8:00（36.7℃）　きげん　良い

家庭からの連絡

おふろで洗面器に湯を入れると、洗濯洗剤の計量スプーンですくってはジャーといつまでもやっていました。湯冷めをするといけないと思い、やめさせようとすると、「ギャー」と大声でいやがるので、湯ぶねに入れると今度はつかまり立ちをして、湯をすくっては外に流していました。こんな遊びがおもしろいんですね。

保育園でのようす

	午前のおやつ	給食（授乳・離乳食）	午後のおやつ
食欲	有・普・無	有・(普)・無	有・(普)・無
		軟飯、牛肉とジャガイモのお焼きふう、キュウリとワカメのほんのり酢の物	スティックサツマイモ

便のようす（無・下痢・軟・普・硬）①9:00（普）②　:　（　）③　:　（　）

検温　①13:00（36.6℃）②16:00（35.7℃）　きげん　良い

家庭への連絡

おふろでのようす、[1]目に浮かぶように書いてくださりありがとうございます。子どもはみんな水遊びは好きです。お母さんもお忙しいでしょうに、[2]思う存分、好きな遊びをさせてもらえてCちゃんは幸せですね。湯冷め対策もしっかりして、[3]Cちゃんの気持ちを大事にする子育てのしかた、私たちも学ばせていただきたいと思います。

書き方のポイント

1 保護者の書き方にお礼のひと言を

連絡帳は、緊急性のある連絡事項も書きますが、ひとつのエピソードを具体的に伝えてくださった場合、そのことに対するお礼を書きましょう。「また書こう!」と、次につながります。

2 子育ての基本姿勢への敬意は保護者の励みに

忙しい中でも、子どものことを優先するこの保護者の子育ての基本姿勢に敬意を表したいと思います。表現のしかたはC児の立場に立った書き方ですが、「幸せですね」の言葉は、保護者の励みでありうれしく感じることでしょう。

3 保護者から学ぶ謙虚さを持って

「子どもの最善の利益」のためにと、保育所保育指針の第一章、総則を重く受け止めて保育をします。しかし、時に意識が薄れることもあるでしょう。保護者から学ぶ謙虚さを記述して自戒したいものです。

（滋賀短期大学／特任教授・古橋紗人子）

川原佐公先生の 保護者にも伝えよう 発育・発達メモ

手首を使う遊びはスプーン使いへつながる

乳児は5か月以降、把握反応が発達してきて能動的に玩具を扱い、目と手、手と耳の協応ができるようになります。8か月ごろには、握っている指を意識的に離し、玩具を床に落とすことに興味を持ちます。さらにC児のように握っているスプーンに湯を入れ、手首を使ってこぼすことがおもしろくなります。まさに今、発達しつつある機能を使って楽しんでいるのです。やめさせようとするといやがるのも無理はありません。この手首を返す操作は、食事のときのスプーンの扱いに大切な運動なのです。湯ぶねにつかまり立ちをさせて遊ばせた保護者に拍手ですね。

0歳児 2月

具体的なテーマ

A児（12か月）…父親が早く帰ってきてくれたので、豆まきをしました！

0歳児の連絡帳は、家庭と園が連携しながら24時間体制で見守っている例を示しています。

<生活欄（左側）のマークについて>
（哺乳瓶マーク）：ミルク　オ：オムツ交換　↓：睡眠　便：排便

A児（12か月）　2月4日（月）　天候（晴れ）

時刻	生活（食事・睡眠等）
19:00	みんなで豆まきして、Aも巻きずしを、少し食べました
20:00	パパとお兄ちゃんとちゃぷちゃぷ、おふろ
21:00	（ミルク）母乳を飲みながら眠る
22:00	↓
23:00	↓
24:00	目覚める
1:00	（ミルク）母乳を飲みながらまた眠る
2:00	↓
3:00	↓
4:00	↓
5:00	目覚める
6:00	（ミルク）母乳
7:00	朝食少し　便
8:00	
9:00	登園　オ
10:00	茶・おやつ　室内遊び　ハイハイ遊具
11:00	オ　食事　オ
12:00	↓
13:00	↓
14:00	目覚める　おやつ
15:00	
16:00	
17:00	降園　（ミルク）母乳を少し飲んでお兄ちゃんと遊ぶ
18:00	
20:00	

家庭でのようす

昨日の夕食　巻きずし、うどん入りすまし汁	今日の朝食　雑炊
食欲　有・（普）・無	食欲　有・普・無　少し
便のようす（無・下痢・軟・普・硬）①　7:45（普）②　：（　）③　：（　）	
入浴　無・（有）（だれと入りましたか 父・兄）	検温　7:30（36.6℃）　きげん　良い

家庭からの連絡

夕方、夫が早く帰ってきてくれたので、豆まきをしました！　お兄ちゃんが豆を投げては拾っていると、Aもまねして、拾っては口に入れようとしていました。園で作ってもらった鬼のお面をかぶせたら、すぐに取ってしまい、最後には夫がかぶっていました。
はしゃぎすぎたので、夜はぐっすり眠ってくれました。
今朝は早く起きています！　今日も1日よろしくお願いします！

保育園でのようす

	午前のおやつ	給食（授乳・離乳食）	午後のおやつ
食欲	有・（普）・無	（有）・普・無	（有）・普・無
	ビスケット	白身魚の煮付け、軟飯、豆腐のみそ汁、（リンゴ）	ソフトパン、リンゴ、牛乳

便のようす（無・下痢・軟・普・硬）①　：（　）②　：（　）③　：（　）

検温　①　9:30（36.5℃）　②　15:50（36.6℃）　きげん　良い

家庭への連絡

豆まき楽しそうですね！　[1]壁面飾りの鬼やお多福を見て「アーアー、ムー」と、パパ、ママ、お兄ちゃん、みんなで豆まきして楽しかったと、お話ししてくれているようでした。
廊下のハイハイ遊具を登ったり、伝い歩きをしたりして、よく遊んだので、[2]昼食の途中で眠たくなり、いつもより早く眠りました。リンゴは、目覚めてから食べました。寝起きもきげん良く過ごしました。

書き方のポイント

1 家庭での出来事からの園でのエピソードを伝えて、家族の絆《きずな》の深まりに

まずは、豆まきの楽しさを共感しましょう。そのうえで、壁面飾りでのエピソードを伝えることにより、保護者は昨夜の楽しさを思い出し、家族の絆やA児の成長した姿をほほ笑ましく思うことでしょう。

2 家庭での理想的な生活リズムを褒め、園での柔軟な対応を伝えよう

連絡帳は、時間・紙面とも限りのある中での記述です。簡潔に伝えられるような言葉を添えたいものです。ここでは、「早寝・早起き・運動」の大切さを絵に描いたような、理想的な生活リズムを褒めて励ましましょう。
また、食事や睡眠時間がズレても、柔軟に対応していることを伝え、安心してもらいましょう。

（滋賀短期大学／特任教授・古橋紗人子）

川原佐公先生の
保護者にも伝えよう
発育・発達メモ

父親の育児参加は母親を安定させる

日本の伝統行事がだんだん廃《すた》れる中、園では大切に伝承しようとしています。節分は1年の罪やけがれをおはらいして、清らかな心と体で新たな1年を迎えるまさに節目の行事です。鬼の面をかぶった父親に豆をまく行事を取り入れている家庭が少なくなっている現代に、このように団らんの姿をうかがえることは、園としてもうれしいです。父親が育児に参加している家庭では、母親が精神的に安定し、おおらかに子どもに対応しますから、子どもも幸せな気持ちになり、すこやかに成長するものです。父親の育児参加を評価しましょう。

0歳児 2月

具体的なテーマ

B児（12か月）…少し目を離したすきに、イスの上に立って落ちかけ、危うく床に頭をぶつけてしまうところでした。

0歳児の連絡帳は、家庭と園が連携しながら24時間体制で見守っている例を示しています。

<生活欄（左側）のマークについて>

：ミルク　オ：オムツ交換　↓：睡眠　便：排便

B児（12か月）　2月20日（水）　天候（くもり）

時刻	生活（食事・睡眠等）
19:00	ママとおふろ 幼児食へ移行
20:00	便 オ 絵本を見る
21:00	↓
22:00	
23:00	
24:00	夜泣き
1:00	ミルク50ml
2:00	飲みながら寝る ↓
3:00	
4:00	
5:00	
6:00	
7:00	朝食
8:00	登園 オ
9:00	おせんべい 便 オ
10:00	マット遊び すべり台
11:00	食事 ミルク100ml
12:00	↓
13:00	
14:00	
15:00	便 オ おやつ
16:00	ミルク120ml ↓
17:00	
18:00	降園
20:00	

家庭でのようす

昨日の夕食　シチュー、軟らかドリア	今日の朝食　パン、野菜ジュース
食欲　（有）・普・無	食欲　（有）・普・無

便のようす（無・下痢・軟・普・硬）　①20:00（普）　②　：　（　）　③　：　（　）

入浴　無・（有）（だれと入りましたか　母　）　検温 19:00（36.7℃）　きげん　良い

家庭からの連絡

昨日は、もうびっくり大変でした。夜ごはんをママとふたりで食べようと、先に座らせ、お皿を持っていこうと振り向くと、イスの上に立って落ちかけ、服をつかんだので直撃はしなかったのですが、危うく床に頭をぶつけてしまうところでした。ベルトをいやがったので、緩めにしたのが悪かったようです。皆さんは、どうしているんでしょうか？

保育園でのようす

	午前のおやつ	給食（授乳・離乳食）	午後のおやつ
食欲	（有）・普・無	（有）・普・無	（有）・普・無
	おせんべい	クリームシチュー、ツナサラダ	パンケーキ、牛乳

便のようす（無・下痢・軟・普・硬）　①9:00（軟）　②14:50（普）　③　：　（　）

検温　①11:50（36.6℃）　②13:50（36.8℃）　きげん　良い

家庭への連絡

[1]それは、びっくりされましたね。でもとっさに出たお母さんの行動のおかげで、大事にいたらなくてよかったです。ほかにも、テーブル付きイスから落ちたということを聞きます。[2]この時期の子どもは、好奇心も出てきて動けるものなら動こうと必死のようです。全部用意してから、座らせてそばにつくほうがいいかもしれませんね。[3]もう少しするとベルトにも慣れたり、食事はこうしてするものとわかったりしてくるので、それまで気をつけたほうがいいでしょう。

書き方のポイント♡

1 母親の「ヒヤリ・ハット」した気持ちに共感し、とっさの行動をたたえよう

ちょっとしたタイミングで転倒していたところですので、母親の「ヒヤリ・ハット」した気持ちをまず、受け止めています。そのうえで、とっさに出た「母親の行動」をたたえる思いを込めて、安心した気持ちに共感していることが温かく伝わってきます。

2 発達過程をわかりやすく伝えよう

母親は、ベルトの締め方が緩かったからかと具体的に反省していますので、ここでは、B児の発達過程をわかりやすく、子どもの立場になった書き方をしています。大変わかりやすいと思います。

3 母親への励ましのメッセージを

母子ふたりでの食事。母親の孤軍奮闘する子育ての大変さが伝わってきます。この担任は、そこで子育ての見通しを書き、「もう少しの間、がんばりましょう」と、母親への励ましのメッセージが伝わってきます。

（滋賀短期大学／特任教授・古橋紗人子）

川原佐公先生の 保護者にも伝えよう 発育・発達メモ

座っている姿勢から立ち上がる発達特徴

0歳児も後半になると、全身のバランスが良くなり、床の上では、ひとりで立ったり、立った姿勢から座ったりできるようになります。まだひとり歩きができない子どもも大人に片手を持ってもらうと歩けることがあります。何よりも大きな運動の発達特徴は、座った姿勢から手をついて立ち上がる。ひとりで床から直接立ち上がる。つまり中腰になることができるということです。かなりの平衡感覚や筋力がついたといえます。この時期に転落事故が多いのも、不安定な場所で立ち上がろうとするからです。B児も要注意の時期です。

0歳児　2月

具体的なテーマ
C児（12か月）…今日は、朝はパパが送って行きます。（…パパと別れるとき泣いてしまったことにもふれて）

0歳児の連絡帳は、家庭と園が連携しながら24時間体制で見守っている例を示しています。

＜生活欄（左側）のマークについて＞
（哺乳瓶）：ミルク　オ：オムツ交換　↓：睡眠　便：排便

C児（12か月）　2月22日（金）　天候（くもり）

時刻	生活（食事・睡眠等）
19:00	幼児食へ移行・茶　オ
20:00	おふろ
	ミルク120ml 飲みながら寝る ↓
21:00	
22:00	
23:00	
24:00	
1:00	
2:00	
3:00	
4:00	
5:00	
6:00	目覚める　オ
7:00	朝食　オ 便
8:00	オ
9:00	登園 手押し車を押して、ごきげん
10:00	オ ↓
11:00	食事・茶 おかずをおかわりしました
12:00	オ ↓
13:00	
14:00	
15:00	おやつ・茶　オ
16:00	茶　オ
17:00	降園　オ 便
18:00	おやつ・茶

家庭でのようす

昨日の夕食	筑前煮、マカロニサラダ、豆腐とワカメのみそ汁	今日の朝食	ジャムサンド、牛乳、ブロッコリー
食欲	(有)・普・無	食欲	(有)・普・無

便のようす（無・下痢・軟・普・硬）①　7:00（軟）②17:30（軟）③　：（　）

入浴	無・(有)（だれと入りましたか　母　）	検温	8:00（36.6℃）	きげん	良い

家庭からの連絡

今日は私が出張なので、朝はパパが送って行きます。引き続き今日もウンチが軟らかめでしたので、牛乳は今日もやめておいてください。食欲はもりもりで、お姉ちゃんのおかずまで横から取って食べていました。よろしくお願いします。

保育園でのようす

	午前のおやつ	給食（授乳・離乳食）	午後のおやつ
食欲	有・普・無	(有)・普・無	有・(普)・無
		ご飯、牛肉と大豆のトマトソース煮、キュウリの酢の物、リンゴ	蒸しパン

便のようす（無・下痢・軟・普・硬）①　：（　）②　：（　）③　：（　）

検温　① 12：00（36.5℃）　② 16：00（36.4℃）　きげん　良い

家庭への連絡

久しぶりにお父さんと登園されたからでしょう、離れるとき「エ～ン」と少し涙が出ましたが、[1]すぐに大好きな手押し車のところまでハイハイで行って遊び始めていました。園では便は出ていませんが、今日も[2]牛乳はやめてお茶を飲みました。園でも食欲おう盛です。おかずのおかわりもしましたよ。ホールから大きいクラスの子どもたちの[3]ひな祭りの歌が聞こえると、体を上下に揺らしてごきげんなCちゃん。気分は幼児さんのようです。大きくなりましたね。

書き方のポイント

1 泣き別れたときはその後のようすを必ず書こう

朝、泣き別れたときは、その後のようすを書くことが原則です。保護者は心配していますので、C児の活発な姿の記述は、安心感と送って来られた保護者の励みにもなります。

2 体調の変化は簡潔に、留意したことを具体的に

体調の変化については、簡潔に記したうえで、留意したことなどを具体的に書きましょう。ここでは、「牛乳をやめてお茶を飲んだが食欲おう盛」なことです。

3 発達過程でのハッとするようすを保護者に伝えて喜びを共感

保育所保育の特性は、養護と教育の一体ですが12か月児の表現から、ハッとするような感性を感じることがあります。まさに保育所ならではの環境が育てる過程と考えます。保護者に伝えて成長の喜びを共感しましょう。

（滋賀短期大学／特任教授・古橋紗人子）

川原佐公先生の 保護者にも伝えよう 発育・発達メモ

父親との愛着関係が形成されている姿

十月十日おなかに子どもを宿し、出産の苦しみを経てわが子に対面した母親の、子どもへのいとおしさは、筆舌に尽くせないものがあります。子どもも母親に全面的に依存し、両者の愛着関係は他人の介入を許せないほど強くなります。子どもが最初に言う言葉が「ママ」であることもうなずけます。それに比べて父親は、顔をのぞいただけでも泣かれることもあり、なかなか絆《きずな》が結ばれないものです。C児は、朝、父親に送ってもらいきげん良く登園しました。別れるとき「エ～ン」と泣いていますが、これは父親との愛着関係ができている証《あかし》です。母親も喜んでいることでしょう。

0歳児　3月

具体的なテーマ

A児（13か月）…お兄ちゃんが遊んでいる玩具を欲しがり、大げんかでした。園では、そんなことしていませんか？

0歳児の連絡帳は、家庭と園が連携しながら24時間体制で見守っている例を示しています。

<生活欄（左側）のマークについて>
（ミルクのマーク）：ミルク　オ：オムツ交換　↓：睡眠　便：排便

A児（13か月）　3月22日（金）　天候（晴れ）

時刻	生活（食事・睡眠等）
	ママとお兄ちゃんとちゃぷちゃぷおふろ
19:00	ジャガイモをたくさん食べました！
20:00	お兄ちゃんと遊ぶ
21:00	便
22:00	（ミルク）母乳を飲みながら眠る
23:00	↓
24:00	↓
1:00	↓
2:00	↓
3:00	目覚める
4:00	（ミルク）母乳を飲みながら眠る
5:00	↓
6:00	目覚める
7:00	朝食　便
8:00	
9:00	登園　オ
10:00	茶30ml、おやつ　室内遊び
11:00	お散歩　オ　食事
12:00	便　少し　↓
13:00	↓
14:00	目覚める　オ
15:00	おやつ
16:00	降園
17:00	お兄ちゃんと遊ぶ
18:00	
20:00	

家庭でのようす

昨日の夕食　ご飯、みそ汁、鶏とジャガイモの煮物	今日の朝食　野菜雑炊
食欲　(有)・普・無	食欲　有・(普)・無
便のようす（無・下痢・軟・普・硬）　①21:00（普）　②7:30（普）　③　：　（　）	
入浴　無・(有)（だれと入りましたか　母・兄）	検温　7:45（36.8℃）　きげん　良い

家庭からの連絡

夕方、お兄ちゃんが遊んでいる玩具を欲しがりました。いつもなら貸してくれるお兄ちゃんですが、[1]大事にしている玩具だったからか渡してくれなかったので、大げんかでした。床に転がり足をバタバタ…。もー大変でした。

園ではお友達にそんなことしていませんか？

ちょっと心配になりました。最近特にひどくて、びっくりです。

保育園でのようす

	午前のおやつ	給食（授乳・離乳食）	午後のおやつ
食欲	有・(普)・無	(有)・普・無	(有)・普・無
	ビスケット	ご飯、みそ汁、筑前煮、オレンジ	フレンチトースト、牛乳（少し残しました）

便のようす（無・下痢・軟・普・硬）　①11:50（普）　②　：　（　）　③　：　（　）

検温　①　9:40（36.7℃）　②　16:00（36.6℃）　きげん　良い

家庭への連絡

お兄ちゃんは、泣かれて困ったでしょうね。

午睡前、Aちゃんが遊んでいたボールを[2]お友達に触られ、床に寝そべり泣いて怒っていたので「触られるのがイヤだったんだね」と抱き上げると、すぐに涙も止まり、ボールを持って布団に入りました。

園では、お友達の物を欲しがってトラブルになるようなことはないので、ご心配なさらないでくださいね。[3]変わったことがあれば、そのつどお知らせしますね。

書き方のポイント

1 発達過程のひとつの段階、きょうだいがいるからこその体験、「社会性の芽生え」につながることを伝えよう

保護者は園でのようすを心配していますが、**2**を伝えたうえでA児の思いどおりにならないこともあると知る「よい機会」だと話し合いましょう。きょうだいがいるからこそ体験できる「社会性の芽生え」につながることを伝えましょう。

2 子どもの気持ちに共感する言葉と対応を具体的に伝えよう

担任は、A児のことをよく理解している文章です。その証拠に、A児の気持ちに共感する言葉を添えて抱き上げています。"すぐに涙も止まり、ボールを持って…"と、姿を具体的に伝える書き方は、見習いたいものです。

3 保護者の気持ちをくんでのひと言を

最後のこの1行によって安心します。紙面に限りはありますが、日中、子どもを見ていない保護者の気持ちになって書きましょう。

（滋賀短期大学／特任教授・古橋紗人子）

川原佐公先生の

保護者にも伝えよう　発育・発達メモ

物に関心を持ち出すことが認識を広める

乳児は無能ではありませんが、生まれて6か月ぐらいまでは、身の回りの世話をしてくれる大人を頼りにしないと、自分では何もできません。したがってまず、人間に関心を持ちます。自分を見守ってくれる母親だけを見つめ、笑顔を向け、あらゆるベビーサインで気持ちを伝達しようとします。しかし6か月を過ぎますと、人以外におもしろいものがあると注視するようになり、玩具などの物に関心を持つようになります。気に入った玩具を欲しがったり、だだをこねたりするのは、認識が広がった証拠であり、正常な発達なのです。

0歳児 3月

具体的なテーマ

B児（13か月）…私の手を放し、パパのほうへ歩いて行こうとしましたが、床にドンとしりもちをついてしまいました。

0歳児の連絡帳は、家庭と園が連携しながら24時間体制で見守っている例を示しています。

＜生活欄（左側）のマークについて＞
🍼：ミルク ［オ］：オムツ交換 ↓：睡眠 ［便］：排便

B児（13か月） 3月11日（月） 天候（くもり）

時刻	生活（食事・睡眠等）
19:00	パパとおふろ 食事
20:00	［便］［オ］
21:00	絵本を見る ↓
22:00	↓
23:00	↓
24:00	↓
1:00	↓
2:00	↓
3:00	
4:00	🍼ミルク60ml ↓
5:00	↓
6:00	↓
7:00	朝食
8:00	登園 ［オ］ おせんべい
9:00	［便］［オ］ ↓
10:00	すべり台 布もぐり
11:00	食事 🍼ミルク60ml
12:00	絵本『はくしゅぱちぱち』を見ながらパチパチして喜んでいます
13:00	↓
14:00	すべり台 おやつ
15:00	［便］［オ］ 🍼ミルク120ml
16:00	お気に入りのマラカスで遊ぶ
17:00	降園
18:00	

家庭でのようす

昨日の夕食 ジャガイモと豚肉の煮物、ご飯、麩のみそ汁	今日の朝食 シリアルコーン
食欲 (有)・普・無	食欲 (有)・普・無

便のようす （無・下痢・軟・普・硬） ①20:00（ 普 ） ② ：（ ） ③ ：（ ）

入浴 無・(有)（だれと入りましたか 父 ） 検温 6:36（36.8℃） きげん 良い

家庭からの連絡

昨日、私と遊んでいるところへ、パパが帰ってきました。「Bちゃん、なにしてるの?」というパパの声を聞くと、私の手を放し、パパのほうへ歩いて行こうとしました。しかし、「あっ」と思った瞬間、床にドンとしりもちをついてしまいました。もう歩きそうです。保育園でもこんなことしていますか? パパは「歩こう♪歩こう♪」とBの手を持ち、ぐるぐる回ってます。

保育園でのようす

	午前のおやつ	給食（授乳・離乳食）	午後のおやつ
食欲	(有)・普・無	(有)・普・無	(有)・普・無
	おせんべい	マカロニサラダ、みそ汁（豆腐、ネギ）	バナナ

便のようす （無・下痢・軟・普・硬） ①15:00（ 普 ） ② ：（ ） ③ ：（ ）

検温 ① 9:40（36.6℃） ② 14:50（36.8℃） きげん 良い

家庭への連絡

Bちゃん、パパの声を聞いて思わず歩こうとしたんですね。愛情いっぱいのまなざしで、ご両親が見つめていらっしゃるようすが、目に浮かびます。
[1]園では「すべり台」でよく遊び、伝い歩きや手を放しては、しりもちをついています。安全面に気をつけながらBちゃんのことを見守っています。[2]パパさん、本当に楽しそうですね。「はじめの一歩」は焦らず、そのときがくるのを待ちましょう。

書き方のポイント

1 親心を受け止めて、安全面の配慮を伝えよう

母親の記述からは、もうすぐ歩く気配のあるわが子に対して、うれしさと危なさへの不安の入り混じった複雑な気持ちが伝わってきます。特に日中、園での動きに対して「こんなことしていますか?」と、さりげなく質問しています。親心を敏感に受け止めて、安全面に気をつけている、という一文を書くことにより保護者に安心感を与えるのです。

2 「はう」ことの大切さを伝えよう

人間がほかの動物と違う特徴に二足歩行があると考えれば、保護者が「はじめの一歩」を待ち望む気持ちは当然でしょう。一方、保育者は、歩行前の「はう」ことの大切さを学んでいます。この担任は、連絡帳では「焦らず、そのときがくるのを待ちましょう」と簡潔に記述していますが、お迎えのときなどに、その理由を詳しく伝えていることと思います。

（滋賀短期大学／特任教授・古橋紗人子）

川原佐公先生の
保護者にも伝えよう 発育・発達メモ

しりもちを繰り返しつつ歩行へ

人間の赤ちゃんは、進化の過程で遺伝子の中に直立歩行が刷り込まれているのでしょうね。正常に育てられている子どもは、上向き寝の姿勢から寝返りを打ち、頭を上げてハイハイをしだします。11か月ごろになるとハイハイの途中でつかまることのできる物があると、立ち上がって伝い歩きを始めます。しかし、頭が重くてバランス機能も弱く、すぐにドスンとしりもちをついてしまいます。投げ座りの姿勢から物につかまりつつ、じわっと立ち上がる運動が、足腰、背筋の筋肉を作り、歩行の基礎になります。しりもちは大事な歩行のプロセスです。

0歳児 3月

具体的なテーマ

C児（13か月）…家では歩くとみんなが相手をするので、まねして手をたたきながら歩いています。

0歳児の連絡帳は、家庭と園が連携しながら24時間体制で見守っている例を示しています。

＜生活欄（左側）のマークについて＞
（哺乳瓶）：ミルク　[オ]：オムツ交換　↓：睡眠　[便]：排便

C児（13か月）　3月15日（金）　天候（晴れ）

時刻	生活（食事・睡眠等）
19:00	食事・茶 [オ]
20:00	おふろ [オ] ミルク200ml ↓
21:00	↓
22:00	↓
23:00	↓
24:00	↓
1:00	↓
2:00	↓
3:00	↓
4:00	↓
5:00	↓
6:00	↓ 起こす [オ]
7:00	[オ][便] 朝食・茶
8:00	[オ]
9:00	登園 [オ][便] 保育室の中をあんよで探索
10:00	茶 1歳児の保育室へおじゃまします
11:00	[オ] 食事・茶
12:00	[オ] ↓
13:00	↓
14:00	[オ]
15:00	おやつ・茶
16:00	茶・降園 [オ]
17:00	
18:00	おやつ・茶

家庭でのようす

昨日の夕食　野菜炒め、豆腐とワカメのみそ汁	今日の朝食　パン
食欲　有・(普)・無	食欲　有・(普)・無
便のようす（無・下痢・軟・普・硬）①　7:00（普）②　：（　）③　：（　）	
入浴　無・(有)（だれと入りましたか　母・姉）	検温　8:00（36.7℃）　きげん　良い

家庭からの連絡

家では歩くとみんなが拍手をするので、まねして手をたたきながら歩いています。でも、すぐにバランスを崩すのでヒヤヒヤしますが、きげん良く歩いています。

今日は用事で仕事を休んでいますので、夕方早めに迎えに行きます。何かあったら携帯に連絡してください。お願いします。

保育園でのようす

	午前のおやつ	給食（授乳・離乳食）	午後のおやつ
食欲	有・普・無	有・(普)・無	有・(普)・無
		じゃこご飯、鶏の紅茶煮、コールスローサラダ、みそ汁	フルーツヨーグルト

便のようす（無・下痢・軟・普・硬）①　9:15（普）②　：（　）③　：（　）

検温　①　12:00（36.5℃）　②　16:00（37.1℃）　きげん　良い

家庭への連絡

今朝の朝食のところが、[1]パンだけになっていますが、いかがでしたか？[2]ご家族に囲まれて楽しそうに歩くCちゃんの姿が目に浮かびます。園でも歩くのが楽しいようで、歩いてはしりもちをついて休憩し、また歩いて…と繰り返していました。まだ、バランスが取りにくいようですので、[3]周囲を広いスペースにしてぶつからないように注意して見ています。今日は1歳児の保育室へ遊びに行きました。保育室にあるブロックを両手に持って、カチャカチャ打ち鳴らしていましたよ。

書き方のポイント

1 日ごろのようすからかんがみた聞き方を

日ごろ、朝食をしっかり食べているC児の家庭だから書ける、「いかがでしたか？」といったストレートな聞き方がさわやかです。保護者によっては連絡帳には書かずに、直接反応をうかがいながら聞くほうがよい場合もあります。

2 家庭での温かいかかわりでの育ちを話題にするきっかけに

子どもの動作、一挙手一投足に関心を持ち、褒めて拍手をする温かい雰囲気の中で育つC児は、この時期から「自己肯定感」が培われて情緒の安定した子どもに成長することでしょう、ということを、機会を見つけて、書いたりお話ししたりできるとよいと思います。

3 保護者の安全面での不安に適切に答えて信頼に

バランスを崩すのでヒヤヒヤします…と、保護者が安全面に不安を抱いているときには、どんなことでも適切に答えることが信頼につながります。ここでは、具体的に環境整備のしかたと、保育者は注意して見ていることが端的に書かれています。

（滋賀短期大学／特任教授・古橋紗人子）

川原佐公先生の

保護者にも伝えよう 発育・発達メモ

自己肯定感〈自尊感情〉をはぐくむ

自分はこれでいいんだという自己を肯定する感情は、他人から肯定されることで育っていきます。C児は誕生月を過ぎ、人間としての第一歩である直立歩行が始まりました。乳児が両手を上げ、一歩一歩、歩きだす姿は感動的であり、家族が思わず拍手を送ります。温かいまなざし、優しい拍手は子どもにもわかるらしく、まねて手をたたこうとしています。子どもは達成感を感じ、それを褒められることで自己肯定感ははぐくまれていきます。自己肯定感は、社会生活を送る中で挫折したり、落ち込んだりしたとき、自分を立て直す力の根本になります。子どもをおおいに褒めましょう。

1 歳児の連絡帳 書き方のポイント

川原佐公

1歳児の連絡帳を書くにあたってのポイントを３つにまとめました。
プロの保育者として常に意識しながら、家庭と園を結ぶ連絡帳を書きましょう。

1 保護者の不安や緊張を肯定的に受け止め励ます

1歳児は好奇心旺盛《おうせい》で探索活動が盛んになり、保護者をイライラさせます。発達の考え方を伝え和らげます。

1歳児は獲得した歩行をここぞとばかり使い、手当たり次第に物を触ったり、試したりするいたずら盛りです。保護者のいらだちを当然のことと受け止め、共感してねぎらいの言葉をかけつつ、手指の操作、物と物と人との三項関係、言葉などの人として大切な能力を身につけている過程であることを伝え、心を和らげるようにします。

2 幼児食を手づかみで食べられる喜びを共感し合う

1歳児は離乳食から幼児食に移行。食具を使えず手づかみで食べますが、自分で食べる意欲を認めましょう。

離乳食から初期幼児食に変わるに伴って、スプーンを使う前段階として、手づかみで食べようとしますが、床や机を汚すので、家庭では1歳児に保護者が食べさせる傾向があります。自分で食べようとする意欲の意義、咀《そ》しゃくの大切さを伝えたり、食べやすい献立、かたづけ方などを知らせたりして、自分で食べた喜びを共感し合いましょう。

3 子どもの甘えや依存と自立の葛藤を受容してもらう

母親や保育者への愛着や依存の気持ちが深まる時期ですが、自分でしたい自立の気持ちも芽生え葛藤します。

母親との愛着関係が深まり、母子分離が難しい時期です。保育所での具体的なスキンシップのしかたを伝え、家庭でも十分に楽しんでもらうようにします。社会性の基礎となるからです。一方、自分のことは自分でしたい自我が目覚めてきますので、葛藤からだだをこねることがあります。子どもの気持ちを代弁し理解してもらいます。

本書の1歳児の連絡帳の見方

毎月３人、合計36人の子どもの連絡帳の例を紹介しています。月齢順ではありませんが、その月々の子どものようすも読み取りましょう。

※子どもの名前は、36人すべて異なる子どもなので、アルファベット2文字で表しています。

各ページ①～⑥の順で見るとわかりやすいです。

1歳児　4月

具体的なテーマ
EB児（1歳2か月）…まだ手づかみで食べています。早くスプーンでじょうずに食べられるといいのですが…。

EB児（1歳2か月）　4月12日（木）　天候（晴れ）

家庭での生活

きげん	良い	家庭でのようす ごはんは、まだ手づかみで食べています。早くスプーンでじょうずに食べられるといいのですが…。 ふたり目なのに甘えん坊な気がします。ふたり目ということでみんなにかわいがられて育ちました。なので、すごくわがままでがんこです。すみません。
外傷	なし	
睡眠	21：00～6：45	
前日の夕食	うどん、バナナ	
本日の朝食	パン、ヨーグルト	
朝の体温	36.5℃	
排せつ	なし	

園での生活

おやつ（午前）	牛乳、ビスケット	園でのようす みんなにかわいがられてEBちゃんも幸せですね。 1 この時期は、好きなものをまずはおなかいっぱい食べることが大切だと、私たちは思っています。 2 自我が芽生える時期なのでお母さんも大変でしょうが、これも成長過程のひとつです。温かく見守っていきましょう。 今日は、パンを手に持ち自分でぱくぱく食べてくれました。ロールパンもクリームシチューもお代わりをして大満足でした。
給食	ロールパン、クリームシチュー、温野菜サラダ	
おやつ（午後）	カボチャクッキー、飲むヨーグルト	
睡眠	10：25～11：45 13：50～15：25	
検温	午睡前　36.8℃ 夕方　36.9℃	
排せつ	16：00（普通便）	

保護者より…翌朝のメッセージ

少しずつ慣れてきているようでうれしいです。ごはんと睡眠ができていれば安心です。
食べることが大好きです。いつも昼食のお代わりありがとうございます。

書き方のポイント

1 食事に対する保育者の思いや考えを伝えよう

EB児は、離乳食の完了期を迎えるころの子どもです。1歳2か月というこの時期の食事を進める際の保育者の考え方や思いを知らせ、保護者と共有していくことは食育活動のひとつとなることでしょう。

2 子どもと保護者のストレス予防となるように

自己主張が出てきて自分で食べたがるだけに、食べこぼしの後始末が大変なときです。子ども自身も「ジブンで」の気持ちとは裏腹に、まだひとりでは十分にできないためストレスを抱えています。この一文は、親子でイライラが生じて悪循環にならないための予防策となるでしょう。

（四天王寺大学／非常勤講師・藤本員子）

川原佐公先生の　保護者にも伝えよう　発育・発達メモ

ひとりで食べられる喜びに共感して

乳児の摂食行動は、脳神経細胞の発達とともに、乳を吸う動作から、やがて固形の食べ物を口に入れてかみ、飲み込むという複雑な行動ができるようになります。１歳2か月ごろは、歯が上下左右それぞれ４本生えてきますが、まだ奥歯が生えていないために、十分にかみ砕くことはできませんが、前歯でかみ切り、奥歯の歯茎に食べ物を移動させて、咀しゃくできるようになっています。そのために自分の手でつかみ、適量を口に入れる手づかみ食べがいちばん食べやすいのです。この時期、手づかみでも自分で食べられる喜びを十分に共感しましょう。

46

① 具体的なテーマ

保護者からの連絡したい内容です。こんなときにどう対応するかの参考になります。

② 保護者からの家庭のようすです。

③ 保育者からの応答です。保護者から連絡帳にこたえて、園での子どものようすを伝えましょう。

④ 保護者から翌朝のメッセージです。保護者→保育者→保護者のやりとりがうかがえます。

⑤ 書き方のポイント

④の保護者への応答に解説を加えています。書き方のポイントが詳しくわかります。

⑥ 発育・発達メモ

①の保護者からの心配や不安やうれしかったことに関連しています。保育者が発育・発達を理解し、保護者に伝えていきましょう。

書き方のポイント（1歳児）、ほか
監修・執筆　四天王寺大学／非常勤講師・藤本員子

1歳児 4月

具体的なテーマ

EB児（1歳2か月）…まだ手づかみで食べています。早くスプーンでじょうずに食べられるといいのですが…。

EB児（1歳2か月）　4月12日（木）　天候（晴れ）

家庭での生活

きげん	良い
外傷	なし
睡眠	21:00～6:45
前日の夕食	うどん、バナナ
本日の朝食	パン、ヨーグルト
朝の体温	36.5℃
排せつ	なし

家庭でのようす

ごはんは、まだ手づかみで食べています。早くスプーンでじょうずに食べられるといいのですが…。

ふたり目なのに甘えん坊な気がします。ふたり目ということでみんなにかわいがられて育ちました。なので、すごくわがままでがんこです。すみません。

園での生活

おやつ（午前）	牛乳、ビスケット
給食	ロールパン、クリームシチュー、温野菜サラダ
おやつ（午後）	カボチャクッキー、飲むヨーグルト
睡眠	10:25～11:45 13:50～15:25
検温	午睡前　36.8℃ 夕方　36.9℃
排せつ	16:00（普通便）

園でのようす

みんなにかわいがられてEBちゃんも幸せですね。1この時期は、好きなものをまずはおなかいっぱい食べることが大切だと、私たちは思っています。2自我が芽生える時期なのでお母さんも大変でしょうが、これも成長過程のひとつです。温かく見守っていきましょう。

今日は、パンを手に持ち自分でぱくぱく食べてくれました。ロールパンもクリームシチューもお代わりをして大満足でした。

保護者より…翌朝のメッセージ

少しずつ慣れてきているようでうれしいです。ごはんと睡眠ができていれば安心です。

食べることが大好きです。いつも昼食のお代わりありがとうございます。

書き方のポイント

1 食事に対する保育者の思いや考えを伝えよう

EB児は、離乳食の完了期を迎えるころの子どもです。1歳2か月というこの時期の食事を進める際の保育者の考え方や思いを知らせ、保護者と共有していくことは食育活動のひとつとなることでしょう。

2 子どもと保護者のストレス予防となるように

自己主張が出てきて自分で食べたがるだけに、食べこぼしの後始末が大変なときです。子ども自身も「ジブンで」の気持ちとは裏腹に、まだひとりでは十分にできないためストレスを抱えています。この一文は、親子でイライラが生じて悪循環にならないための予防策となるでしょう。

（四天王寺大学／非常勤講師・藤本員子）

川原佐公先生の 保護者にも伝えよう 発育・発達メモ

ひとりで食べられる喜びに共感して

乳児の摂食行動は、脳神経細胞の発達とともに、乳を吸う動作から、やがて固形の食べ物を口に入れてかみ、飲み込むという複雑な行動ができるようになります。1歳2か月ごろは、歯が上下左右それぞれ4本生えてきますが、まだ奥歯が生えていないために、十分にかみ砕くことはできませんが、前歯でかみ切り、奥歯の歯茎に食べ物を移動させて、咀しゃくできるようになっています。そのために自分の手でつかみ、適量を口に入れる手づかみ食べがいちばん食べやすいのです。この時期、手づかみでも自分で食べられる喜びを十分に共感しましょう。

1 歳児　4 月

具体的なテーマ

ND児（1歳7か月）…「保育園行く？」と聞くと、「うん」。でも、朝は大泣きです。

ND児（1歳7か月）　4月18日（水）　天候（くもり）

家庭での生活

きげん	良い
外傷	なし
睡眠	21：30～7：15
前日の夕食	ご飯、みそ汁、野菜炒め、キュウリとワカメの酢の物
本日の朝食	パン、ソーセージ、スナップエンドウ、ゆで卵、トマト、牛乳
朝の体温	36.4℃
排せつ	18：00（普通便）

家庭でのようす

「保育園行く?」と聞くと「うん」とうなずきます。「保育園好き?」も「うん」。でも朝は大泣きですね。
[3]給食もあんまり進まないようで…。家では、「自分でできるかな～?」と言うと、いちばんにかってに食べています。スプーンやフォークも使いますが、食べているうちに手づかみになっています。

園での生活

おやつ（午前）	リンゴ８分の1個、牛乳100ml
給食	ご飯、みそ汁（お茶わんに半分）、サワラの塩焼き小1切、切り干しダイコン小皿に半分
おやつ（午後）	ニンジンケーキ、牛乳100ml
睡眠	13：00～14：45
検温	午睡前　37.0℃ 夕方　37.1℃
排せつ	なし

園でのようす

[1]朝は泣きながらも周りのようすをしっかり見ているようでしたよ。少しずつ慣れてくると思います。NDちゃんの気持ちを受け止めながらスキンシップを十分に取るようにしています。
[2]今日は遊びも食事も保育者のひざの上です。お手玉でキャッチボールのように遊ぶとニコッと笑っていたNDちゃん。[3]昨日まで食べなかったご飯も全量食べてくれました。

保護者より…翌朝のメッセージ

ご飯を食べてくれてほっとしました。でも、ずっとだっこしてもらっているようですみません。家では、けっこう気が強くて突然お姉ちゃんをたたくことがあるので、もうすぐ本来の姿が出てくるのではないかと思います。それはそれで心配なんですが…。

書き方のポイント

1 ポジティブな書き方で保護者の不安を和らげよう

「泣く」ことに対して保護者は「うちの子はだいじょうぶかな」と、どうしてもナーバスになりがちです。保育者のポジティブな書き方が保護者の不安を和らげます。

2 具体的なスキンシップのしかたを伝えることが保育者の信頼に

「先生はちゃんと見てくれているのか」保護者の不安をこの一文が払拭します。どのようにスキンシップを取っているかが具体的に伝わり、保育者への信頼感も増すことでしょう。

3 マイナスな内容はプラスになったときに

「給食もあまり進まないようで…」と心配は尽きません。マイナス内容がプラスになったときに書けば、保護者も安心です。また、いつからご飯を食べるようになったかのND児の育児記録にもなります。

（四天王寺大学／非常勤講師・藤本員子）

川原佐公先生の 保護者にも伝えよう 発育・発達メモ

家庭と園とで子どもの姿が変わってもあたりまえ

子どもにとって家庭とは、自分のありのままの姿をさらけだして、心のままを受け止めてもらえる唯一の安らぎの場です。その子どもの性格がむき出しになっても守られ、許される人間関係があります。

1歳児は、やっと歩きだし、周囲のものが見えだしたところですので、まだまだ不安がいっぱいです。そんな1歳児が、突然温かい家庭から見知らぬ環境にほうり込まれるのですから、不安と緊張で泣きだすのはあたりまえです。家では気が強く元気な子どもでも、園では甘えたで泣き虫。それは環境が変われば出てくる、同じ子どもの両面の姿なのです。肯定的に受け止め、保護者と共育てをしていきましょう。

1歳児　4月

具体的なテーマ

RF児（1歳11か月）…夜、寝る時間になっても「あそぶ！」と言ってなかなか寝ようとしません。

RF児（1歳11か月）　4月26日（木）　天候（雨）

家庭での生活

きげん	良い
外傷	なし
睡眠	21：40～6：20
前日の夕食	ご飯、スープ、納豆、肉豆腐
本日の朝食	パン、オムレツ、リンゴ、牛乳（少し）
朝の体温	36.7℃
排せつ	8：00（普通便）

家庭でのようす

最近、夜寝る時間になっても「あそぶ！」と言ってなかなか寝ようとせず、就寝時間が遅くなっています。公園で遊ばせたり早めに就寝に誘ったり、眠くなるまで待ったりいろいろ試していますが、なかなかうまくいかず…。それでも毎朝元気に登園できているのでまだいいのですが…。

園での生活

おやつ（午前）	チーズ、牛乳100ml
給食	ご飯、ミートローフ、サラダ、ホウレンソウのみそ汁
おやつ（午後）	ホットケーキ、牛乳100ml
睡眠	12:50～14:40
検温	午睡前　36.9℃ 夕方　36.6℃
排せつ	12:30（普通便）

園でのようす

1 お母さんも毎日努力してくださっているのですね。ここのところ雨続きで存分に遊べなかったこともあるのかもしれませんね。園でもできるだけ体を動かす遊びをしますね。また、2 おうちでのようすを教えてください。

3 今日もRF君は大好きなボールを的に当てたり、転がして手をたたいたりして喜んでいました。

保護者より…翌朝のメッセージ

そうですね、あまりカリカリしないようにRFと向かい合いたいと思います。
今日は、仕事で遅くなりますので、夫が迎えに行きます。よろしくお願いします。

書き方のポイント

1 子育てへのねぎらいの言葉と園での対応を知らせ安心感を

なかなか寝ない子どもに対して、あの手この手と試行錯誤されている保護者へのねぎらいでもあり、共感の言葉ともなっています。眠れない原因や園での対応などをこのように知らせていくと、通じ合える喜びとともに安心感にもつながることでしょう。

2 継続的なかかわりや情報交換を重ねる手始めとなる一文を

夜更かしの子どもが増え、「早寝早起きが大事」という認識が社会全体で崩れているように思える中、この一文が相談・助言の手始めとなります。
共に子どもを育てていくためには、継続的なかかわりや情報交換を重ねることが必要でしょう。

3 園での子どもの姿が目に浮かんでくるように書こう

保護者にとって知りたいのは、今日の園での自分の子どものようすです。その場の情景や友達のようすなども入れ、保護者にわが子の姿が目に浮かんでくるようにするといいですね。

（四天王寺大学／非常勤講師・藤本員子）

川原佐公先生の
保護者にも伝えよう
発育・発達メモ

就寝儀礼は1歳児の特徴であり一過性の発達的問題です

睡眠時間がどのくらい必要かは、個人差がありますが、1～3歳児では11～13時間です。
父親の帰りが遅く、母親も働いており、一家団らんの時間の遅い家庭では、子どもはもっとふれあいたい思いが強くなり、寝る時間が遅くなりがちです。活動意欲満々の子どもを無理やり押さえつけて寝させるのではなく、「もっと遊びたいね、お母(父)さんと遊びましょう」と気持ちを受け止め、寝床で絵本を読んだり手遊びをしたり、一定の行動を就寝儀礼として行ないます。継続していくことによって安眠できるようになります。

具体的なテーマ

LK児（1歳2か月）…歩く歩数も増えてきたのでうれしそうです。昨夜、転んでおでこをぶつけてしまいました。

LK児（1歳2か月）　5月11日（金）　天候（晴れ）

家庭での生活

きげん	良い
外傷	あり（おでこ）
睡眠	20:40～6:00
前日の夕食	ご飯、野菜スープ、鶏肉炒め、ヨーグルト
本日の朝食	パン、チーズ、コンソメスープ
朝の体温	36.5℃
排せつ	なし

家庭でのようす

最近になって歩く歩数も増えてきたので、LKもとてもうれしそうです。でも、食事のときだけは、驚くほど速いハイハイですが…。

昨夜、転んでおでこをぶつけています。とうとうやってしまいました。変わりなくしていますが、ようすを見てください。

園での生活

おやつ（午前）	牛乳、じゃこ
給食	ご飯、サーモンマヨネーズ焼き、がんもどきの煮物、コールスローサラダ、カボチャと麩のみそ汁
おやつ（午後）	蒸しパン
睡眠	12:45～14:30
検温	午睡前　37.0℃ 夕方　36.7℃
排せつ	10:30（普通便）

園でのようす

[1]昨夜は大変だったのですね。驚かれたことでしょう。[1]LK君は痛がるようすもなく、1日きげん良く過ごしていましたよ。園でも[2]給食の準備をしているとうれしそうにハイハイで来ています。手を洗った後は、保育者に手を引いてもらい、得意げに歩いていましたよ。

今日は、マットのお山を登って遊びました。[3]何度も山を登っては、おしりから滑り下りて「キャッキャッ」と大喜びでした。

保護者より…翌朝のメッセージ

家のソファにも上っていますので、慣れたのかもしれません。これからますます動き回ってご迷惑をおかけすると思いますが、よろしくお願いします。

書き方のポイント

1 保護者の気持ちはていねいに受け止めよう

おでこや頭をぶつけた場合のいちばんの心配は、頭の内部に障害が起きなかったかどうかということにあります。「ようすを見てください」という保護者の気持ちを、ていねいに受け止めていくことは、信頼関係を築いていくことからも大切です。

2 園での家庭と同じようすを伝えることが、成長の喜びの共有に

少しずつ歩行に慣れてきたものの、気がはやるときはまだまだハイハイのLK児。園での同様の姿を伝えていくことで、子どもの成長を喜ぶ気持ちを共有していることを、保護者に伝えることができるでしょう。

3 家庭でアクシデントがあった後は、子どもの元気なようすを知らせよう

子どもが今日、園でどのように過ごしたかということは、保護者にとって常に気がかりなものです。元気に遊んでいるようすを具体的に知らせてもらえると、うれしさとともに安心感にもつながることでしょう。

（四天王寺大学／非常勤講師・藤本員子）

川原佐公先生の

保護者にも伝えよう 発育・発達メモ

転んだりしりもちをついたりしてバランス感覚が育つ

直立歩行を始めた1歳児は、うれしくて両足を広げ、肩を揺すってたどたどしく歩きますが、まだまだバランスを取ることが難しくて、ちょっとした段差でもつまずいて転びます。その前段階のハイハイでも、気持ちはせいているのに手足が追いつかずつんのめって顔からぶつかることが起こります。LK児はとっさに手が出ないので、おでこを打ってしまいますが、これらのアクシデントは、経験を重ねることによって、バランス感覚が育ったり、こらえる筋肉がついたりします。必要な成長の贈り物です。かばいすぎたり禁止をしたりしないで、見守りましょう。

具体的なテーマ

RM児（1歳5か月）…最近、歯みがきをいやがらなくなってきました。

RM児（1歳5か月）　5月16日（水）　天候（晴れ）

家庭での生活

きげん	良い
外傷	なし
睡眠	22:00～7:30
前日の夕食	ご飯、みそ汁、卵焼き、野菜の豚肉巻き
本日の朝食	パン、バナナ、ヨーグルト
朝の体温	36.7℃
排せつ	8:00（普通便）

家庭でのようす

せきが出るので食べにくそうですが、よろしくお願いします。

最近、歯みがきをいやがらなくなってきました。褒めるとうれしそうにし、ぬいぐるみの口を歯ブラシでゴシゴシしています。

園での生活

おやつ（午前）	チーズ
給食	鶏肉のネギ塩焼き、トマトサラダ、ご飯、モロヘイヤのスープ
おやつ（午後）	レーズンクッキー
睡眠	12:40～14:20
検温	午睡前　36.6℃ 夕方　36.7℃
排せつ	なし

園でのようす

園では[1]せきはあまり出ていませんが、鼻水がよく出ています。食欲はありますよ。早くよくなるといいですね。

歯みがきですが[2]楽しそうにできているようでよかったです。[3]乳歯8本が生えそろう時期ですのでていねいに歯みがきをして大切にしていきたいです。

今日はテラスで遊びました。シャボン玉をうれしそうに追いかけたり、パチンと割ったりしていましたよ。

保護者より…翌朝のメッセージ

シャボン玉遊びは、楽しそうですね。また、家でもやってみます。本日の夕方、受診予定です。

書き方のポイント

1 体調のすぐれない子どものようすは、具体的に知らせよう

休むほどではないものの、体調のすぐれない子どもを長時間預けて働く保護者の気持ちに寄り添いましょう。園でのようすを具体的に知らせることは、保護者への支援につながるとともに、受診時の参考にもなります。

2 保護者への共感は子育てへの応援歌

1歳半ばになると頭の中でイメージしたものを、ものを使って見たてて遊ぶようになります。身につけさせにくい歯みがき習慣を、楽しくさせている保護者への共感は子育てへの応援歌です。

3 子どもの発達の専門知識を伝えることは保育者の役割のひとつ

子どもの歯は1歳半ごろまでに8本前後生えていて、虫歯予防の大切な時期に入ります。子どもの発達に関する専門的知識を保護者に伝えることも保育者の役割のひとつです。連絡帳に書き切れなかった乳歯の大切さを、プリントなどにまとめて後日配布するのもいいですね。

（四天王寺大学／非常勤講師・藤本員子）

川原佐公先生の

保護者にも伝えよう 発育・発達メモ

乳歯を守る歯みがき

いろいろなところで、乳歯の大切さを言ってきましたが、まだまだ保護者の中には、乳歯はいずれ生え変わるからと、虫歯に無関心の方がおられます。乳歯は、健康な状態を保っていると、しぜんに根が吸収されて、ポロっと抜け落ちます。その抜け跡から永久歯が生えてきますので、歯並びがよいかっこうになります。ところが、乳歯が虫歯になると、根が吸収されず、永久歯の生えてくる道筋がないので、ゆがんで生えたり、埋もれ歯になったりしてしまいます。乳歯の歯みがきの大切さを、保護者にきっちり伝えましょう。

1歳児 5月

具体的なテーマ

FS児（1歳6か月）…夕食を終えるとパワーアップして、重い荷物をあちこち運びながら歩いています。

FS児（1歳6か月） 5月10日（木） 天候（晴れ）

家庭での生活

きげん	良い
外傷	なし
睡眠	21：30～6：30
前日の夕食	カレー、サラダ、イチゴ
本日の朝食	おにぎり、牛乳、イチゴ
朝の体温	36.5℃
排せつ	16：00（普通便）

家庭でのようす

夕食を終えると、パワーアップするFSです。重い荷物をいろいろなところから探してきてあちこち運びながら歩いています。宅配便のお兄さんのようです。

園での生活

おやつ（午前）	牛乳、バナナ
給食	ご飯、アジの塩焼き、酢の物、さつま汁
おやつ（午後）	ピーチヨーグルト、ビスケット
睡眠	12:45～14:30
検温	午睡前　36.7℃ 夕方　36.8℃
排せつ	なし

園でのようす

保育園でも夕方の荷物整理のときに、[1]友達や自分のカバンをロッカーから出してきて「どうぞ」と渡しに来てくれます。「お荷物ありがとう」と言って受け取ると照れ笑いをして、また次の荷物を持ってきてくれます。

今日は、スポンジボールを使って遊びました。ボールが転がってくると[2]うれしそうにコロコロとボールを転がし、追いかけて急いで取りに行っては、また転がして遊んでいました。

保護者より…翌朝のメッセージ

家でいつも兄のKがボールを投げたり、けったりしているのでボールは大好きです。ボール以外のものも投げるのが問題なのですが……。

書き方のポイント

1 いろいろな体験が、順調な発達を促すことを伝えよう

園でのようすを伝えることで保護者に共感しています。このような見たてやつもり遊びは子どもの目にした生活の再現です。いろいろな体験が、やがて始まるごっこ遊びの豊かさにつながることも伝えましょう。

2 子どもの姿が見えてくるような書き方で、安心感と信頼感を高めよう

園で元気に遊ぶわが子のようすを知ることは保護者にとってもうれしいものです。その子自身が見えてくるような書き方をされていると、よく見てもらっていると安心感も増し、信頼関係もより高まることでしょう。

（四天王寺大学／非常勤講師・藤本員子）

川原佐公先生の 保護者にも伝えよう 発育・発達メモ

自分の力を試すのがうれしい1歳児

1歳児も後半になると、バランスを取るのが巧みになって、転ばず歩けるようになります。その過程が過ぎると、手ぶらで歩くのではなく、重たい物を持ってバランスを取りながら歩くことに興味を持つようになります。重い物を運んでいる姿を保護者や保育者に見られ、「わーすごいね」と評価されたり「ありがとう」とお礼を言われたりすると、それが人のために役だつことだとわかり、目的を持った行為として得意になってがんばります。安全に注意しながら認めるようにしましょう。

具体的なテーマ

YT児（2歳）…排便、昨日、初めて出る前に知らせてくれてトイレで成功しました。

YT児（2歳）　6月11日（月）　天候（晴れ）

家庭での生活

きげん	良い
外傷	なし
睡眠	21：15～6：50
前日の夕食	ご飯、ワカメスープ、ギョウザ、野菜炒め
本日の朝食	玄米食パン、野菜ジュース、バナナ、サラダ
朝の体温	36.2℃
排せつ	20：00（普通便）

家庭でのようす

三輪車を押したりお気に入りの車に乗ったりするなどして、休みは家でゆっくり過ごしました。最近よく食べるようになり、排便も毎日です。昨日初めて出る前に知らせてくれてトイレで成功しました。この調子でいてほしいものです。

掃除機をかけているのを見て、自分でモップを持ってきてじょうずに手伝ってくれます。

園での生活

おやつ（午前）	リンゴ8分の1個、牛乳90ml
給食	ご飯、カレイの生姜煮1.5切、マカロニとブロッコリーの炒め物、のっぺい汁1杯
おやつ（午後）	しっとりマドレーヌ1切、牛乳90ml
睡眠	12：45～14：45
検温	午睡前　36.7℃ 夕方　36.9℃
排せつ	なし

園でのようす

園で排便はほとんどしませんが、[1]お母さんが意識してトイレに連れて行ってくださるからでしょうね。掃除機を見てモップを持ってくるなんて、[2]ずいぶん見通しが持てるようになってきたのですね。園でも戸外に出る前には必ず帽子をかぶろうとしています。

最近は、じっくり遊ぶことが増えました。今日は[3]積み木を6個も積み上げていたので「高いね～」と言ったらにっこり笑っていました。倒れても何度も挑戦していましたよ。

保護者より…翌朝のメッセージ

このまま、おしっこも言ってくれるようになればうれしいので、がんばってみます。昨夜はお兄ちゃんがお絵描きしている横でおとなしくしているなと思っていたら、自分の口の周りにお絵描きしていてびっくりしました。口紅を塗っているつもりだったのかな？

書き方のポイント

1 保護者のたゆまぬ努力を褒め、子育てへの意欲を高めよう

排便は尿に比べて回数も少なく、1日のうちで排せつする時間帯もだいたい決まっているので、排尿より早く成功しやすいものです。とはいえ、保護者のたゆまぬ努力があればこそですね。連絡帳を見て、保護者の子育てへの意欲もいっそう高まることでしょう。

2 子どもの行動を通して、保育指導へつなげよう

大人の生活をよく見ていてまねたがる時期です。見たて、つもり、世話遊びにつながっていく大切な遊びであることを、保護者に知らせましょう。保育指導につながります。

3 子どもの情報はこまやかに伝え、意思疎通を積み重ねよう

2歳ごろには手指の操作性も増して積み木を3つ以上積み、崩れると自分から積み直すようになります。園での子どもの情報をこまやかに伝えていきましょう。相互の意思疎通を積み重ねることも、共育てです。

（四天王寺大学／非常勤講師・藤本員子）

川原佐公先生の

保護者にも伝えよう 発育・発達メモ

排便の自立のチャンスを見逃さないで

便ができるまでのしくみを少し述べます。食べ物を口に入れてかむと、唾液のアミラーゼがでんぷんをブドウ糖、果糖、ガラクトースに分解しつつ胃へ送ります。胃液のリパーゼが脂肪をグリセリン、脂肪液に分解し、ドロドロの消化がゆにして、十二指腸へ送ります。小腸では腸液、膵液、胆汁などが混じり合い消化が行なわれ、栄養分が吸収されて、直腸で便となります。食べかすが直腸にたまると神経が大脳へ伝え、直腸のぜん動運動が強まって、便意を催します。排尿よりも感じやすく、子どもはしぐさや言葉で伝えますので、そのチャンスを見逃さないでトイレに連れて行くと排便できます。1歳は排便の自立の適期なのです。

具体的なテーマ

KB児（2歳1か月）…「イヤ！」「ジブンデー」の主張がはっきりしてきて、助かる反面、手間がかかるようにもなってきました。

KB児（2歳1か月）　6月26日（火）　天候（晴れ）

家庭での生活

きげん	良い
外傷	なし
睡眠	21：30～6：15
前日の夕食	ギョウザ、焼き鶏、トウモロコシ、フライドチキン
本日の朝食	コーンフレーク、ミカン
朝の体温	36.8℃
排せつ	7：00ごろ（少し）

家庭でのようす

玄関で靴を履かせようとしたら「イヤ！」。自転車のシートベルトをしようとすると「ジブンデー」と言います。ずいぶん、わかってきたようです。すごく主張がはっきりしてきて、助かる反面、手間がかかるようにもなってきました。

園での生活

おやつ（午前）	果物（リンゴ）10分の1個
給食	ご飯、肉じゃが、ブロッコリーのゴマ酢和え、ダイコンとマイタケのみそ汁
おやつ（午後）	ホットケーキ、じゃこ、牛乳
睡眠	12：35～14：50
検温	午睡前　36.5℃ 夕方　36.7℃
排せつ	12：10（普通便）

園でのようす

自己主張が盛んな時期になってお母さんも1大変ですね。成長過程なので温かく見守ってあげてください。2私たちもゆったりと向き合うようにしています。困ったことがあったら、いつでもおっしゃってくださいね。

今日、遊戯室で遊んでいたら、マットの上に3大の字で気持ち良さそうに寝転んでいました。

保護者より…翌朝のメッセージ

はい。ありがとうございます。みんな、そうですよね。「大きな気持ち」でかかわるようにがんばります。

書き方のポイント♡

1 子どもの反抗の大変さを受け止め、成長の過程であることを伝えよう

子どもの反抗はやっかいなものですが、子どもの発達を振り返るきっかけともなります。大変さを受け止めながら、成長のプロセスであると伝えることで保護者の気持ちも和らぐことでしょう。

2 自己主張の強い時期の子どもへの園での対応を知らせ、保護者支援を

保育者にとっても、自己主張や反抗的な行動をするこの時期の子どもたちへのかかわりは大変です。園での向き合い方を知らせつつ、保育の専門職として「いつでもご相談ください」と手を差し伸べていくことは保護者支援の基本です。

3 子どものほほ笑ましい姿を伝え、保護者に安らぎを

自分でやりたいという気持ちに反してうまくいかないことも多いです。自己主張まっただ中のこの時期、子どもなりに日々がんばっているのでしょう。息抜きでもしているのでしょうか？　この姿に、保護者もホッとされることでしょう。

（四天王寺大学／非常勤講師・藤本員子）

川原佐公先生の

保護者にも伝えよう

発育・発達メモ

自立の自己主張が反抗に見える時期

1歳児クラスの子どもの中には、早くも2歳の発達段階の姿を見せる子どもがいます。ごはんもひとりで食べられ、走ることもできる。おしっこだってトイレでできる。大人に依存しなければ生きていけなかった時代から、自立へ一歩踏み出した誇らしげな主張が、「ジブンデー」なのです。しかし保護者はつい介助しようと手を出したり、「ダメ」と行動規制をしたりしてしまいます。この大人の干渉や指示に対して「イヤ」と反発するのですが、子どもは自我の目覚めを反抗の姿で訴えているのです。大きな気持ちで受け止めていきましょう。

具体的なテーマ

WL児（2歳2か月）…少しイライラしていました。雨で散歩に行けなかったのが残念だったのでしょうか？

WL児（2歳2か月）　6月18日（月）　天候（くもり）

家庭での生活

きげん	悪い
外傷	なし
睡眠	21：15～6：50
前日の夕食	親子丼、みそ汁
本日の朝食	パン、牛乳、卵焼き
朝の体温	36.4℃
排せつ	なし

家庭でのようす

家に帰ってからも、少しイライラしていました。すぐに大泣きしたり、イィ～ッとなったりでした。外遊びがいちばん好きなのですが、雨で散歩に行けなかったのが、残念だったのでしょうか？

園での生活

おやつ（午前）	リンゴ8分の1個、牛乳100ml
給食	ご飯、みそ汁（お茶わんに半分）白身魚の天ぷら小1切、ゴマ風味煮びたし
おやつ（午後）	ニンジンケーキ、牛乳100ml
睡眠	13：15～14：45
検温	午睡前　36.0℃ 夕方　37.0℃
排せつ	軟便少量

園でのようす

1 戸外に出られなくていやだったのでしょうね。

これからは梅雨の時期で雨も多くなるので、2 部屋でもしっかり楽しめるように工夫していこうと思っています。

今日は待望の散歩に行きました。カタツムリを見つけて知らせてくれたので、3「よく見つけたね」と言うと、照れくさそうにニコッとしていましたよ。

保護者より…翌朝のメッセージ

外好きなWLは雨が降ると大変です。最近はバスやトラックにも興味があり大好きなんです。電車を見られたときは、大感動ですよ。

書き方のポイント

1 具体的なようすを伝え、相互理解を深めよう

帰宅後もイラつくわが子を見て、保護者はどこか一抹の不安を感じておられるようです。その日のWL児のようすが具体的に書かれていると、相互理解がより図れるでしょう。

2 子どもを特定した書き方が、保護者の信頼に

だれにでも当てはまる抽象的な書き方になっていないでしょうか。「活発なWL君も楽しめるように」のひと言を入れると、保育者がよく子どもを見てくれていると保護者の信頼もいっそう深まることでしょう。

3 子どもの発見や驚きは見逃さず、しっかり伝えよう

散歩途上でのWL児のようすが目に浮かびます。「子どもの発見や驚きを見逃さず受け止めて」いる保育者のかかわりは、保護者にとってうれしく「カタツムリ見つけたの?」と親子の会話も弾むでしょう。

（四天王寺大学／非常勤講師・藤本員子）

川原佐公先生の 保護者にも伝えよう 発育・発達メモ

雨の日の遊びを工夫して気分の開放を！

雨のため毎日室内に閉じ込められ、戸外遊びで気分の発散ができない梅雨期は、エネルギーのおうせいな1歳児にとっては、イライラすることが多くなります。それを予測して、園では屋内で体を十分に動かして遊べる環境づくりをしたり、雨の小降りのときにレインコートを着たり、雨靴を履いたりして園庭に出て、水たまりを歩いたり、葉っぱの雨のしずくを弾いたり、さまざまな体験をさせようと計画して、気分の開放を図っています。そうしたことを事前に保護者に伝えておくことが、保護者も同じ思いになっていただくためにも大切だと思います。

1歳児 7月

具体的なテーマ

NF児（1歳6か月）…初めてのおかずや、見てイヤだと思ったものは、頑として食べません。

NF児（1歳6か月） 7月11日（水） 天候（晴れ）

家庭での生活

きげん	良い
外傷	なし
睡眠	21：30～6：40
前日の夕食	オムライス、スープ、スイカ
本日の朝食	パン、バナナ、牛乳
朝の体温	36.2℃
排せつ	19：00ごろ（普通便）

家庭でのようす

食べたいときに「バナ(ナ)、アムアム」と食べるまねをして催促します。

ただ、最近、初めてのおかずや、見てイヤだと思ったものは、頑として食べず、ご飯とお豆腐の汁物ばかりで気になっています。

園での生活

おやつ（午前）	牛乳、ラスク2枚
給食	そうめん、トマト、ミニゼリー
おやつ（午後）	ピザトースト、飲むヨーグルト
睡眠	12：10～15：00
検温	午睡前　36.8℃ 夕方　36.9℃
排せつ	なし

園でのようす

バナナを催促するときの姿、かわいいですね。

園でも見ただけで[1]イヤということもありますが、保育者が食べるまねをしたり、お友達がおいしそうに食べているのを見ていたりしていると少しですが、口をつけてくれます。口に運んでくれたときには、「おいしいね」と言葉を添えています。[2]お気に入りの味だとお代わりもしてくれますよ。

[3]味覚もはっきりしてきたので好き嫌いが出てきたのでしょうね。また、暑さで食欲も落ちているのかもしれませんね。

保護者より…翌朝のメッセージ

家でも食べるまねをしてみましたが、私の口に入れようとして結局食べてくれませんでした。

でも、園でいろいろな物を食べているのなら安心しました。

書き方のポイント

1 具体的な食事介助の働きかけを伝え、参考にしてもらおう

離乳食から普通食に移行し始めるこの時期は個人差も大きく、「イヤ!」の自己主張も出てきて困っている保護者が多いものです。園での具体的な食事介助の働きかけを伝えることも参考になります。

2 食事を巡るトラブルはおおらかに伝え、安心感につなげよう

食欲にムラがあり、え好みも激しく、自己中心的なときです。食事を巡るトラブルも増えますが、年齢が進むにつれて減っていきます。おおらかに伝えていくと、安心感につながることでしょう。

3 食事行動を多角的にとらえる視点を提供しよう

子どもの食べ物への好みと味覚の関連性は深く、これまでの食体験の積み重ねが好き嫌いの有無を形成していきます。また、暑さのせいもあるなど、食事行動を多角的にとらえる視点を提供することも必要でしょう。

（四天王寺大学／非常勤講師・藤本員子）

川原佐公先生の 保護者にも伝えよう 発育・発達メモ

食べ物の味や舌触りに好みが出てきます

1歳の中ごろになりますと、甘い、辛い、酸っぱい、塩気などの味覚を判断する舌などにある味蕾《みらい》が目覚め、味が少しずつわかるようになります。家庭での日ごろの味付けに影響されやすいのですが、味の濃い家の調理に慣れてくると、薄味をもの足りなくいやがったり、甘口の味を好む家庭では、甘い物をえり好みしたりします。保護者とよく話し合い、食べやすい物、気に入っている味は何か、なぜかを見極め、食べず嫌いにならないように注意していきましょう。また舌触りがいやなことがあります。切り方を工夫して食べやすくしたり、とろみをつけてのど越しをよくしたりして、少しでも食べられると褒めましょう。

1歳児 7月

具体的なテーマ

KS児（1歳7か月）…家庭菜園で、プチトマトを収穫するとその場で「がぶり」とおいしそうに食べていました。

KS児（1歳7か月）　7月26日（木）　天候（晴れ）

家庭での生活

きげん	良い
外傷	なし
睡眠	21:30～6:15
前日の夕食	鶏肉団子、トマト、豆腐、ご飯、ヨーグルト
本日の朝食	ジャムパン、バナナ、ヨーグルト、牛乳
朝の体温	36.9℃
排せつ	なし

家庭でのようす

　自宅の家庭菜園で、プチトマトを収穫するとその場で「がぶり」と食べていました。
　Tシャツにトマト汁がしたたり落ちましたが、おいしそうに食べていてうれしかったです。中玉なのに5つも食べました。
　好き嫌いなく、このまま何でも食べてほしいです。

園での生活

おやつ（午前）	じゃこ、牛乳100ml
給食	夏野菜カレー、チーズ、切り干しダイコンサラダ、パイナップル
おやつ（午後）	きなこ団子
睡眠	12:35～14:45
検温	午睡前　37.3℃ 夕方　37.0℃
排せつ	12:10（普通便）

園でのようす

　とても[1]おいしそうに食べているKS君の姿が目に浮かびます。[2]おうちで野菜を育てるなど自然物に触れる機会をつくっておられるなんて、すてきですね。[3]成長の中で好き嫌いも出てくると思いますが、今は園の給食もしっかりと食べています。またようすをお伝えしていきますね。
　今日はプールで大好きなカップを両手に持ち、すくっては流しの繰り返しを楽しんでいました。流した水が体にかかると大喜びでした。

保護者より…翌朝のメッセージ

水遊びは本当に好きですね。
今日も1日よろしくお願いします。

書き方のポイント

1 保護者の気持ちに寄り添い、心の通い合いを

保護者と保育者との意思の疎通の積み重ねで信頼関係は築かれていきます。わが子の姿を見て喜ぶ保護者の気持ちに寄り添いましょう。心の通い合いが感じられます。

2 家庭における食育の推進に声援を

保育所保育指針における食育の基本に「子どもが生活と遊びの中で、意欲を持って食にかかわる体験を積み重ね、食べることを楽しみ…」とあります。食育の実施には家庭との連携が欠かせません。家庭菜園をされている保護者への声援にもなることでしょう。

3 食事についての悩みには、個別に支援しよう

離乳食の完了期を迎える1歳半を過ぎるころから、子どもの食事についての悩みが出てくることが多いものです。保育者のこれまでの経験や培ってきた知識などから、保護者へ個別支援の手を差し伸べようとしています。

（四天王寺大学／非常勤講師・藤本員子）

川原佐公先生の
保護者にも伝えよう
発育・発達メモ

野菜の収穫体験が野菜好きな子に

　最近は、野菜や果物の旬がわからない人が多くなっています。家庭における食育の推進は、望ましい食習慣や知識の習得ですが、保護者が旬を知らないと、子どもに食に関する正しい情報提供ができません。野菜などが実際にどのように育つのか、世話をし実物に触り、においをかぐという体験学習にお勧めなのが、自宅での菜園活動です。ベランダにプランターを並べ、キュウリやトマトを作ると、無農薬の点では安心で、旬で栄養価の高いおいしいものが味わえるので、野菜の好きな子どもに育ちます。家庭で食材が話題になることが、食育の基本です。家庭での菜園活動を推進しましょう。

具体的なテーマ

MJ児（2歳2か月）…靴を履いたり脱いだり、自分でやってくれるのですが、時間のかかること…。遮らないようにガマンしています。

MJ児（2歳2か月）　7月17日（火）　天候（晴れ）

家庭での生活

きげん	良い
外傷	なし
睡眠	22：00～6：45
前日の夕食	ご飯、切り干しダイコン、ハムステーキ、ブロッコリーサラダ
本日の朝食	バナナ、リンゴジュース50ml、ロールパン、牛乳
朝の体温	36.2℃
排せつ	8：10ごろ（普通便）

家庭でのようす

最近、玄関で靴を履いたり脱いだり、自分でやってくれるのですが、時間のかかること…。遮って私がすると、せっかく「自分でやる」気持ちの芽を押さえてしまうだろうとガマンして待っています。親もそうしながら成長していくのですね。

園での生活

おやつ（午前）	スティック野菜（ジャガイモ）
給食	ご飯、煮込みハンバーグ、トマトサラダ、豆腐のみそ汁
おやつ（午後）	フルーツヨーグルト、牛乳100ml
睡眠	13：10～14：30
検温	午睡前　36.5℃ 夕方　36.7℃
排せつ	12：30（普通便）

園でのようす

自己主張の激しくなるこの時期、[1]「ジブンデ…」の気持ちに付き合うのは大変なことですね。その忍耐が親子共に育ててくれるのでしょうね。

沐浴前に服を自分で脱ごうとがんばっていましたが、汗で服がからみつき苦戦していました。[2]一生懸命な姿をそばで励ましながら見守っていると、MJちゃんは脱いだ瞬間、とても満足そうな笑顔になりました。

保護者より…翌朝のメッセージ

暑い日が続くでしょうから汗で苦戦することがたくさんありそうですよね…。今日もよろしくお願いします。

書き方のポイント

1 子育ての大変さを理解し、保護者の心の支えとなろう

子育ての大変さを理解し受け止めてくれる保育者の存在は、保護者にとって大きな心の支えでしょう。このような保護者との共感が子育てへの意欲を高めていくことになります。

2 子どもの気持ちを受け止めて接しているようすを、さりげなく伝えよう

自我の育ちとともに、大人の手を借りずに自分でやってみようとするMJ児。そんな子どもの気持ちをしっかりと受け止めてかかわっている保育者の姿をさりげなく伝えています。保護者の信頼もいっそう増すことでしょう。

（四天王寺大学／非常勤講師・藤本員子）

川原佐公先生の
保護者にも伝えよう 発育・発達メモ

「ジブンデ」は自立への出発

未熟な状態で生まれた人間の赤ちゃんは、身の回りの世話いっさいを大人に頼らなくては生きていけません。将来、社会の中で生活していくためには、基本的な生活習慣を身につけ、ひとりで生きていく自立が不可欠ですが、それを見通して援助をしていく、それがしつけなのです。子どもは少しでも身の回りの始末ができだすと大人に頼らずに自分でしたくなります。大切な自我の目覚めであり、自立への成長の姿なので、喜んでいいことなのですが、時間がかかり、反抗的な態度を取る子どもに、保護者はイライラします。保育者は発達の姿や対応のしかたを保護者に伝えましょう。

1歳児　8月

具体的なテーマ

RK児（1歳6か月）…夜、なかなか寝ようとしません。ベッドから脱出し、連れ戻しては…の繰り返しで、最終的には泣いてしまいます。

RK児（1歳6か月）　8月16日（木）　天候（晴れ）

家庭での生活

きげん	良い
外傷	なし
睡眠	22:30～7:00
前日の夕食	ご飯、スープ、チキントマト煮、ポテトサラダ
本日の朝食	ご飯、みそ汁、冷奴
朝の体温	36.8℃
排せつ	19:00（普通便）

家庭でのようす

　最近、なかなか夜も寝ようとしないで遊びたいようです。きげんは良いのですが寝かしつけようとするとベッドから脱走し、連れ戻してもまた…の繰り返し。そして最終的には泣くという状態です。

　戸外に出ると泣きやむのですが…よほど寝たくないのでしょうかね。

園での生活

おやつ（午前）	牛乳100ml、バナナ4分の1本
給食	ご飯、みそ汁、サワラのムニエル、ナスの揚げ浸し
おやつ（午後）	牛乳100ml、ベジタブルクッキー
睡眠	12:30～14:50
検温	午睡前　36.9℃ 夕方　37.0℃
排せつ	なし

園でのようす

　早く寝かさなければと思う[1]お母さんの気持ちとはうらはらで、大変ですね。[2]絵本を見終わったら寝るというパターンを決めて、毎日繰り返すとリズムができるかもしれませんね。[2]部屋を暗く静かにするのも効果があるそうです。気長にいろいろ試してくださいね。お母さんがんばって！

　今日は、菜園に夏野菜を見に行き、プチトマトをひとつ取って帰ってきました。[3]大事そうに握っていましたよ。

保護者より…翌朝のメッセージ

　応援ありがとうございます。「10時半まで起きている1歳児なんてありえない！」と思っていましたが、寝てくれないものだなと痛感しています。毎日こつこつ気長にがんばってみます。

　園からの帰り道、畑の作物を指さして「おっ!?」と言っていました。

書き方のポイント

1 保護者の気持ちに共感し、安心感をはぐくもう

寝かしつけようと、あの手この手で奮闘するお母さん。その大変さをていねいに受け止めています。保育者の共感によって、保護者は通じ合える喜びや安心感をはぐくんでいくことでしょう。

2 保育者の培ってきた知識を伝えよう

子どもが眠るに際してなんらかの段取りをすることを「入眠儀式」といいますが、そのいくつかを具体的に紹介しています。子どもを寝かしつける手段として利用していただきましょう。保育者の培ってきた知識を持って行なう保護者への援助活動のひとつです。

3 子どものようすをこまやかに書き表そう

この一文で、保育者の目がRK児に注がれていたことがわかります。その時々の子どものようすをこまやかに伝えていくことが、保育者と保護者の意思の疎通を図り、信頼関係を築いていくことにつながるでしょう。

（四天王寺大学／非常勤講師・藤本員子）

川原佐公先生の　保護者にも伝えよう　発育・発達メモ

入眠儀式で、よい眠りの条件反射を

　1歳半ばを過ぎますと、外界のさまざまなものに興味を持って、見たり、聞いたり、触ったり、感覚諸器官、運動機能を使って活発な探索操作を始めたりします。体も感情もとてもハイテンションになっていますので、なかなか眠るモードになれないのです。高ぶっている感情を静めて、落ち着かせる特定の儀式を試すようにしてみましょう。例えば静かな歌に合わせて手のひらをなでるタッチング遊び、そばについて首や肩、ひじの力を抜くリラクゼーションをするなど、心地良い気分にさせると安定するものです。毎日繰り返し、入眠儀式にしましょう。

1歳児 8月

具体的なテーマ

NL児（1歳7か月）…断乳をして5か月がたちますが、いまだにおっぱいを触ることに落ち着きを感じているようで止められません…。

NL児（1歳7か月）　8月7日（火）　天候（晴れ）

家庭での生活

きげん	良い
外傷	なし
睡眠	21：45～6：50
前日の夕食	ご飯、ハンバーグ、スパゲティーサラダ、みそ汁
本日の朝食	パン、ヨーグルト、牛乳
朝の体温	36.7℃
排せつ	18：00ごろ（普通便）

家庭でのようす

夕方は、大好きなアニメのDVDやお人形さん遊びをして過ごしました。断乳をして5か月がたちますが、いまだに私のおっぱいを触ることに落ち着きを感じているようで止められません…。

ここ数日、寝つくときやいっしょにいると触りに来るので「NLちゃん！」と言うと触るのをやめます。自分と闘っているNLです。

園での生活

おやつ（午前）	牛乳、ビスケット2枚
給食	冷麺、トマト
おやつ（午後）	プリン、牛乳
睡眠	12：45～14：30
検温	午睡前　36.8℃ 夕方　36.9℃
排せつ	なし

園でのようす

NLちゃん、一生懸命におっぱいをがまんしているのですね。[1]あと少しでさよならできそうですね。

園では、[2]いつもと変わりなくきげん良く過ごしています。プール遊びの用意をしているとうれしそうに窓にくっついてそのようすを見ていました。「入るよ」と言うと自分のロッカーから水着を出してきます。プールに入ると大はしゃぎで保育者に水をかけて喜んでいます。

保護者より…翌朝のメッセージ

帰りもプールバッグは自分で持つと言って自転車置き場までうれしそうに持っていました。断乳は、親子共々もう少しがんばります。残業で遅くなっていましたが、今日からしばらくは、早くお迎えに行けそうです。

書き方のポイント

1 無理することのないように、ほかの方法も提案しよう

「断乳」はママ側から終わりにするニュアンスが強く、現在は無理せずゆっくりでもいいのではとする「卒乳」の考えが主流です。触るのをがまんさせるだけでなく、ママとのほかのふれあい方も提案していきたいものですね。

2 子どものようすが目に浮かぶ書き方で子育ての楽しさを共感しよう

この文だけにとどまれば、だれにでも当てはまる書き方になります。でもすぐに、NL児のことを具体的に述べているので園でのようすが目に浮かびます。子育ての楽しさを保護者と共感し合えるよいきっかけにもなることでしょう。

（四天王寺大学／非常勤講師・藤本員子）

川原佐公先生の　保護者にも伝えよう　発育・発達メモ

母親の乳房に接するだけで満足は禁物

乳児も5、6か月になると、体が大きくなり、乳腺の働きが弱くなり母乳の出が悪くなった母親のお乳だけでは、栄養不足になります。そこで、離乳食に移っていきますが、それと同時に母乳の回数が少なくなり、やがて卒乳を迎えます。

ところが、子どもは母親に抱かれ乳房に接触することへの欲求が断ち切れず、乳が出ようと出まいと、甘えの手段として乳房をまさぐりにこようとします。いつまでもその行為を許していると、それだけで満足し、食欲がなくなったり、遊ぶ意欲がなくなったりします。卒乳はきっぱりとしましょう。

1歳児 8月

具体的なテーマ

JZ児（2歳1か月）…先日の予防接種で大泣きして以来、私の姿が見えないと泣きだして、ひとりで遊べません。

JZ児（2歳1か月）　8月2日（木）　天候（晴れ）

家庭での生活

きげん	良くない
外傷	なし
睡眠	21：30～6：30
前日の夕食	ご飯、ワカメのみそ汁、ハンバーグ、カボチャの煮物
本日の朝食	ミルクパン、野菜スープ、ヨーグルト、バナナ
朝の体温	36.3℃
排せつ	なし

家庭でのようす

先日は、予防接種に行き、大泣きでした。それからは私の姿が見えないと泣きだして、ひとりでは遊べません。食欲はあり体調はよいのですが…。

どのようにすればよいのか困っています。

園での生活

おやつ（午前）	昆布、乳酸菌飲料
給食	ご飯、みそ汁、ひじきの煮物、オレンジ
おやつ（午後）	白玉団子（きなこ）
睡眠	12:40～14:30
検温	午睡前　36.7℃ 夕方　36.5℃
排せつ	12:20（普通便）

園でのようす

1とても不安な思いをしたのでしょうね。しばらくは大変でしょうが、気持ちが落ち着けばお母さんと離れることができるようになると思います。2だっこやおんぶなどスキンシップを十分に取るのが、安心感につながるようです。

園でもJZちゃんは3お気に入りの保育者以外に抱かれるのをいやがりますが、遊び始めると平気で楽しんでいます。

保護者より…翌朝のメッセージ

昨日家に帰ってからだっこをしたり、おんぶをしたりしていました。赤ちゃんに返ったつもりでがんばります。

ちょっと重いですけどね。

書き方のポイント

1 保育者の思いを伝えることが、子育てのアドバイスに

恐れや不安などを体験したときに、子どもはその崩れた感情を立て直してもらおうと母親など特定の人にくっつきます。保育者はそんなとき、最大限にしっかりとなぐさめてあげてほしいと願います。その思いがこの表現となったのでしょう。

2 保護者へのアドバイスはさりげなく

保育に関する知識や技術をもとに、保護者に助言などをするのは保育者の業務のひとつです。でもその助言を取捨選択し決定するのは、保護者自身です。さりげないアドバイスなので、保護者も受け入れやすいでしょう。

3 愛情豊かな保育者のかかわりを知らせよう

子どもの心が不安定なときは、このように特定の保育者が愛情豊かに優しくかかわり、よりどころとなることが必要です。園でのこのような姿を知らせることも、保護者のわが子への理解の一助になることでしょう。

（四天王寺大学／非常勤講師・藤本員子）

川原佐公先生の
保護者にも伝えよう
発育・発達メモ

事前に説明して恐怖心を少なくする

おだやかな家庭環境の中で温かい母親の慈しみを受け、何の不安もなく過ごしていた子どもが、ある日、前ぶれもなく突然体に痛みが襲ってくるのですから、子どもにとってはショックというほかありません。恐怖心が残ってしまって、保護者の庇護《ひご》を強く求めるようになります。小さい子どもだから言葉で言ってもわからないだろう、と思いがちですが、1歳になると説得している保護者の思いは察しますので、「今から注射するよ。少しチクッと痛いけれど、手を握っていてあげるから、がまんしてね」と声をかけておくことが恐怖心を小さくします。

具体的なテーマ

EG児(1歳6か月)…食後のおやつ、「あけて」とおねだり、ママにしかられて大泣きでした。ブロックをお茶わんに入れて「どうぞ」と遊んでいました。

EG児(1歳6か月)　9月14日(金)　天候(晴れ)

家庭での生活

きげん	良い
外傷	なし
睡眠	20:30～7:10
前日の夕食	すき焼き、ご飯、パイン
本日の朝食	コーンフレーク、牛乳
朝の体温	35.8℃
排せつ	7:30ごろ

家庭でのようす

食後だというのにお菓子を持ってきて「あけて」「おふろに入るからダメよ」と言うと、「いや!」「じゃあ、パインの缶詰を開けようか」とパパ。「はい!ないないする」とダッシュでお菓子を戸棚に入れに行きました。パインをパパにもらって食べた後、またスナック菓子を持ってきて「あけて」。ママにしかられて大泣きでした。

園での生活

おやつ(午前)	バナナ3分の1本、牛乳90ml
給食	ご飯、鶏肉のトマト煮、カラフルサラダ、コンソメスープ
おやつ(午後)	黒糖わらびもち、牛乳100ml
睡眠	12:30～14:50
検温	午睡前　36.5℃ 夕方　37.2℃
排せつ	12:20(普通便)

園でのようす

[1]お母さんも大変ですね。食後のスナック菓子をよほど食べたかったのでしょうか。園でもおやつは大好きで、おやつの準備を始めるといつもいそいそとお手伝いしてくれます。[2]おしぼりやエプロンをテーブルに並べてくれます。

今日は砂場で遊びました。[3]棒切れや葉っぱをカップに入れて、お友達に「どうぞ」と言って渡していました。

保護者より…翌朝のメッセージ

家でもおもちゃのお茶わんにブロックをいっぱい入れて、パパに「どうぞ」と言いながら渡しています。パパが「ありがとう」と食べるまねを始めると、うれしそうににこっと笑っています。

書き方のポイント

1 保護者の気持ちを推し量りながら、受け止めよう

パパ、ママ、子どもの三人三様の思いが交錯して当事者同士は大変でしょうが、ほほ笑ましい家庭の一場面です。保護者の気持ちを推し量りながら、まずは受け止めていくことが大切でしょう。

2 発達の過程は、具体的に伝えよう

2歳ごろになると、周りの大人の動きを模倣し始めます。このように具体的に書くと、手伝いのようすがよりリアルに保護者に伝わるでしょう。

3 遊びのようすを知らせ、双方の子ども理解に

園での遊びの場面を一部切り取って保護者に伝えたことで、翌朝の連絡帳に「家でもこんなことがありました」と教えてくれました。子どものようすを知らせ合うことも双方の子ども理解につながり、保護者支援に欠かせません。

(四天王寺大学／非常勤講師・藤本員子)

川原佐公先生の

保護者にも伝えよう

発育・発達メモ

1歳のふり遊びからごっこへ

1歳児は、物の性質を確かめるような探索的な遊びを積み重ねて、物と名前を知っていくと、次の段階として、今ここにない物を頭の中に想起し、別の物に当てはめる(象徴機能)「見たて遊び」が始まります。さらに自分自身を別のだれかに見たてる「ふり遊び」(だれかの行動の模倣から始まる)を行ないます。この時期の遊びには必ず伝えたい相手が必要ですし、見たてたりふりをしたりしている事柄を共有してもらえる状況が、ごっこ遊びへ発展させる条件です。保護者がブロックを食べ物と理解し、応答したことが大切なごっこなのです。

具体的なテーマ

LT児（1歳7か月）…ママとのおふろを誘うと「ぜったいにイヤ！」「じゃあ、パパとね」と話し、パパと入りましたが大号泣。

LT児（1歳7か月） 9月12日（水） 天候（雨）

家庭での生活

きげん	良い
外傷	なし
睡眠	21：40～6：30
前日の夕食	ハヤシライス、エビフライ
本日の朝食	おにぎり（ゴマ・ワカメ）、パン、モモ
朝の体温	36.2 ℃
排せつ	なし

家庭でのようす

「ママとおふろに入ろうね」と誘うと「イヤ!」「ぜったいイヤ!」と転げ回ったので、「じゃあ、パパとね」と話し、帰宅後のパパと入りました。おふろに入っている間中、大号泣でしたが、上がるとうそみたいにケロッとして「おふろイヤー」と演技力満点で再現してくれました。

毎日おもしろいです。

園での生活

おやつ（午前）	リンゴ8分の１個、牛乳90ml
給食	ご飯、赤だし汁、タラの梅風味天ぷら、マカロニサラダ
おやつ（午後）	わらびもち、牛乳90ml
睡眠	12：10～14：50
検温	午睡前　36.2℃ 夕方　36.1℃
排せつ	15：30（普通便）

園でのようす

[1]毎日大変でしょうが、それをおもしろがっているお母さんがすてきです。[2]園でも好きな遊びをしていると、トイレに誘っても「イヤイヤ」と言うときがあります。[3]そういうときは少し時間をずらして、また誘うようにしています。少しずらすことで、また気分が変わってすぐに行くことも多いです。

今日はホールでリズム遊びやトンネルくぐりをして遊びました。音楽がかかるとすぐに体を動かして楽しんでいましたよ。

保護者より…翌朝のメッセージ

「イヤ」ってやっぱり言うんですね。でも、強引にしないでLTの気持ちに寄り添ってくださりありがとうございます！　歯みがきや着替えなどもいやがることがよくありますが、家でも少し待つなどして、誘っていきたいと思います。

書き方のポイント♡

1 保護者が余裕を持って子育てできるような一文を

子どもの「だだこね」をイライラすることなく、おもしろいと受け止めるお母さん。忙しい生活をしている保護者がいつもこのように余裕を持って子どもに対応していくことの難しさを保育者は知っています。この一文は保護者自身が子育てへの自信を持つことへの働きかけになることでしょう。

2 保護者の子ども理解につなげよう

連絡帳は「子どもの育ちを確かめ合うもの」でもあります。園での子どものようすを具体的に知らせましょう。家庭での姿と重ね合わせ、今はこのような発達の時期なのだと保護者の子ども理解につながることでしょう。

3 保護者自身に気づきを促す書き方を

保育者のかかわりを具体的に書くことで、保護者は「イヤイヤが出たら、このようにすればいいのだ」と気づいてくれます。教えるよりも気づいてもらえることのほうが、効果的な支援になることでしょう。

（四天王寺大学／非常勤講師・藤本員子）

川原佐公先生の

保護者にも伝えよう 発育・発達メモ

「イヤ」と言えるようになったことを受け止める

全面的に母親などの大人に依存しなければ生きていけなかった段階から、手づかみしながらひとりでごはんが食べられるようになり、好きな所へ歩いて行けるようになると、子どもは自分の存在、自分以外の人の存在に気づくようになります。自我意識の目覚めなのです。そうなると「指示をしないで、自分でするから!」とばかり、「イヤ」を連発するようになります。LT児の母親は、LT児の主張を受け止めて、無理やりおふろに入れず父親に託したのは賢明な応対でしたね。「毎日おもしろいです」と言われる母親に、子育ての余裕がうかがえます。それを評価する保育者もすてきですね。

1歳児　9月

具体的なテーマ

RW児（2歳1か月）…スーパーでは私のまねをして、何でも持ちたがり、両腕いっぱいに持っては落とし、持っては落とし…迷惑なRWです。

RW児（2歳1か月）　9月21日（金）　天候（晴れ）

家庭での生活

きげん	良い	**家庭でのようす** お兄ちゃんとふたりで買い物に行こうと準備していると、自分の上着を指さし「ぼくもいく!」をアピールします。スーパーでは私のまねをして、何でも持ちたがり、両腕いっぱいに商品を持っては落とし、持っては落とし…本当に迷惑なRWです。
外傷	なし	
睡眠	21:50～6:55	
前日の夕食	ご飯、みそ汁（豆腐、ジャガイモ）、カニクリームコロッケ	
本日の朝食	そぼろとじゃこご飯	
朝の体温	36.5℃	
排せつ	7:00ごろ（少し）	

園での生活

おやつ（午前）	果物（バナナ）4分の1本　完食	**園でのようす** 1 何でもまねしてみたい、RW君ですね。 2 お母さんといっしょのことをしたいのでしょうね。それだけお母さんに目が向いている証拠ですね。 今日RW君は、しっぽ（タオル）取りゲームで、お友達のタオルをうまく取ったので、しめしめ…という顔をしていましたよ。
給食	ご飯、ジャガイモと豚肉の揚げ煮、コマツナサラダ、ダイコンとちくわのみそ汁、※ご飯お代わりしました。	
おやつ（午後）	ホウレンソウのクッキー3枚	
睡眠	12:35～14:50	
検温	午睡前　36.5℃ 夕方　36.7℃	
排せつ	12:10（普通便）	

保護者より…翌朝のメッセージ

そうなんですか。お兄ちゃんのすることには興味津々で同じことをします。お兄ちゃんの持っているものが「ほしい!」も多いです。

書き方のポイント

1 いろいろな体験をしてもらえるよう、働きかけよう

大人のすることをじっと見ていて、子どもは模倣します。日常生活の再現が、「ごっこ遊び」への原動力になります。できるだけいろいろな体験を家庭でもしていただけるように働きかけましょう。

2 子どもの気持ちを代弁し、子育てが楽しいと感じられる働きかけを

子どもの気持ちを代弁することで、保護者のわが子に向けるまなざしも変わっていくことでしょう。保護者が子育てを楽しいと感じるような働きかけをすることは、子育て支援の基本です。

（四天王寺大学／非常勤講師・藤本員子）

川原佐公先生の　保護者にも伝えよう　発育・発達メモ

模倣は発達の原動力

1歳児は直立歩行ができ、行きたい所へひとりで行き、生活習慣が自立しだすと、身近にあこがれている兄姉や、保護者の模倣を始めます。それは自分の能力を試すことでもあり、同じことをしながら今の自分より成長したい意欲の現れでもあります。自分はできると思って手出ししても、落としたり失敗したり、大人から見るとむだなあがきに感じることであっても、子どもにとっては大切な体験であり、自分の能力の実力を知って磨いていく貴重な機会でもあります。どんどん模倣する子どものほうが、成長発達が早いといえます。

具体的なテーマ

FY児（1歳8か月）…ひとりでおしゃべりするようになり、何を言っているのかわからないのですが、聞いているとおもしろいです。

FY児（1歳8か月）　10月5日（金）　天候（晴れ）

家庭での生活

きげん	良い	**家庭でのようす** 身体計測をしていただきありがとうございます。先月から身長が伸びていないようですが、こんなものなのでしょうか。 最近、ひとりでおしゃべりをよくするようになってきました。何を言っているのかわからないのですが、聞いているとおもしろいです。
外傷	なし	
睡眠	20:30～7:10	
前日の夕食	ご飯、煮魚、おひたし	
本日の朝食	パン、バナナ、牛乳	
朝の体温	36.7℃	
排せつ	7:15（普通便）	

園での生活

おやつ（午前）	オレンジ、牛乳90ml	**園でのようす** 一般的にどの子どもも[1]体重の増えているときは、身長の伸びが小さいように思います。食欲もあり活発に遊んでいるので安心しているのですが、早い機会にもう一度測り直してみますね。 [2]お母さんのおっしゃるように言葉もたくさん出てきましたね。園では玩具で遊びながら、ひとりで話をしていますよ。「そうね。○○ね」とFYちゃんの気持ちを言葉に置き換えて、保育者が受け止めいっしょに遊んでいます。
給食	麦ご飯、鶏肉のゴマ焼き、チンゲンサイのおかか和え、エノキのみそ汁	
おやつ（午後）	プリンケーキ、牛乳90ml	
睡眠	12:30～14:50	
検温	午睡前　36.7℃ 夕方　36.5℃	
排せつ	12:10（普通便）	

保護者より…翌朝のメッセージ

ありがとうございました。家ではお風呂に入った後、寝かせてオムツを替えるのが大変です。これからもどんどん言葉が増え、話をしてくれるのが楽しみです。園にいると大きい子といっしょにいるので、言葉も覚えていくのでしょうね。

書き方のポイント

1 身体計測の評価のしかたを伝え、不安解消につなげよう

発育の評価は、体重と身長など総合的に判断してすることをさりげなく伝えています。身体計測の結果はわが子の成長を客観的に見ることができるので、保護者にとって気になるものです。その不安を前向きに受け止めていくことは、園への信頼を高めることでしょう。

2 保育者のかかわり方を参考にしてもらおう

成長の喜びを共感し合うとともに、FY児の園でのようすや保育者のかかわり方を参考にしてもらうことは保護者支援のひとつです。

外言（外言語）が増えてくるこの時期に、自分の行為を言語化しイメージを共有してもらえる体験が子どもの力をどのようにはぐくむかなど、発達に共通することについては、園便りやクラス便りなどに明記していきましょう。

子どもの姿を伝えるだけで細かい説明がなくても理解していただけます。

（四天王寺大学／非常勤講師・藤本員子）

川原佐公先生の 保護者にも伝えよう 発育・発達メモ

子どものつぶやきに耳を傾ける大切さ

子どもは遊びに没頭しているときは、黙って集中しているようですが、よく観察していると「シュー」「バーン」などと擬音でつぶやいたり、「コエネ、コウチテネ」と考えを言葉にしたりする「外言」を聞き取ることができます。この外言がいちばん盛んになるのは4歳ですが、次第に頭の中で考える「内言（内言語）」に移行し、それが5歳以後の思考になります。つまり、子どものつぶやきは、遊びながら考え、行動を明確にし、自己コントロールの力になる基盤といえます。心の動きを読み取るうえでも、耳を傾けることが大切になります。

具体的なテーマ

MB児（2歳1か月）…同じ年齢のいとこと久しぶりに遊びました。玩具を取ったMBが泣いたTDちゃんを慰めていて、思わず笑ってしまいました。

MB児（2歳1か月）　10月10日（水）　天候（晴れ）

家庭での生活

きげん	良い
外傷	なし
睡眠	21：30～6：30
前日の夕食	ご飯、豆腐ハンバーグ、ひじきの煮付け、みそ汁
本日の朝食	食パン、目玉焼き、オレンジ
朝の体温	36.8 ℃
排せつ	なし

家庭でのようす

同じ年齢のいとこが久しぶりに遊びに来ました。MBもいとこのTDちゃんも初めはお互いのママから離れなかったのですが、時間がたつとそれぞれが玩具で遊び始めました。そのうち、玩具の取り合いに！ 玩具を取ったのはMBだったのに、泣いているTDちゃんを見て「いいこ、いいこ」します。思わず笑ってしまいました。

園での生活

おやつ（午前）	じゃこ、牛乳
給食	ご飯、サバの煮付け、麩のみそ汁、きんぴらゴボウ、キャベツのおかか和え
おやつ（午後）	コーンフレーク、牛乳
睡眠	12：40～14：50
検温	午睡前　37.0℃ 夕方　37.2℃
排せつ	あり（普通便）

園でのようす

[1]子どもって本当におもしろいですね。[2]この時期は、友達への関心が出てきます。MB君には、TDちゃんが遊んでいるようすが楽しそうに見えて、ついその玩具を取ってしまったのかもしれませんね。

[3]園ではそんなとき、保育者が友達との間に入って「かして」「どうぞ」など言葉を使ってのかかわり方を伝えるようにしています。

保護者より…翌朝のメッセージ

そういう年齢なんですね。大人にとっては何とも不可解な行動ですが、友達とのかかわりを深めてくれるのはうれしいことです。MBのようすを見守っていきたいと思います。

書き方のポイント

1 コミュニケーションが深まる書き方を

大人から見て矛盾した子どもの姿に、思わず笑いを誘われる保護者。そんな保護者の気持ちを温かく受け止めて、共感し合いましょう。このような日々のコミュニケーションの積み重ねが、保護者支援の基本となります。

2 保育者視点で子どもの姿を伝え、子どもへの理解を深めてもらおう

この時期の発達の特徴とともに、なぜそのような行動を取ったのかを、子どもの気持ちに寄り添った保育者の視点から保護者に知らせています。保護者に、子どもへの理解を深めてもらえる一助となることでしょう。

3 園でのかかわり方が子育ての参考に

保育者が子どもにどうかかわっているかを伝えて、子育ての参考にしていただきましょう。保護者の子育て力を高めることにつながります。

（四天王寺大学／非常勤講師・藤本員子）

川原佐公先生の　保護者にも伝えよう　発育・発達メモ

向社会的行動の芽生え

久しぶりに家で会ったいとこのTD児とMB児は、いっしょに玩具で遊び始めましたが、いつも家で自分の玩具を独占していたMB児は、TD児の玩具を取ってしまいました。TD児が泣きだしたのを見たMB児は、助けを必要としているTD児を見て心痛を少なくしたい願望から、自分が原因になったにもかかわらず、TD児を慰めようと、向社会的行動を取ります。2歳児らしい思いやりの育ちを見極めている保護者は、その場面を笑って見ています。

子どもは多様な人間関係を経験することで、生きる力を培っていきます。よい記録の連絡帳ですね。

具体的なテーマ

KG児（2歳2か月）…玩具を次々と出してかたづけようとしません。がまんして「ママ悲しいヨ」と泣くと、すぐにかたづけてびっくりしました。

KG児（2歳2か月）　10月5日（金）　天候（くもり）

家庭での生活

きげん	良い
外傷	なし
睡眠	22:30～7:00
前日の夕食	ご飯、みそ汁、焼き魚、酢の物、ミカン
本日の朝食	おにぎり、スープ
朝の体温	36.6 ℃
排せつ	なし

家庭でのようす

家に帰ってからも玩具を次々と出してかたづけようとしません。私もグッとがまんをして「え～ん、ママ悲しいョ」と泣いて違うアプローチを試みました。すると、すぐにかたづけ始めました。

私もビックリです。一昨日、しかりすぎたことを反省しながら、私も少し成長できたように思います。

園での生活

おやつ（午前）	バナナ、牛乳
給食	ハヤシライス、ワカメスープ、マカロニサラダ
おやつ（午後）	リンゴゼリー
睡眠	12:55～13:10
検温	午睡前　37.0℃ 夕方　36.8℃
排せつ	なし

園でのようす

[1]大好きなママが泣いたので驚いたのでしょうね。1歳児がひとりでかたづけることは、まだまだ難しいですね。[2]大人がいっしょにしながら少しずつ子どもに分担させると比較的スムーズにかたづけてくれますよ。園では棚やカゴに、収納する玩具の写真をはるなどしています。

今日は、お楽しみ会でピエロが手品を見せてくれました。[3]ちょっと怖くて保育者にだっこされながら見ていました。

保護者より…翌朝のメッセージ

だっこされながら見てるなんてKGらしいですね。
今日もよろしくお願いします。

書き方のポイント

1 子どもの最善の利益を守れるような書き方に

2歳を過ぎたKG児にとって、お母さんは明確に愛着の対象“特別の人”になっています。子どもの気持ちを代弁して伝えることは、子どもの最善の利益を守ることにつながることでしょう。

2 子どもの性質に合ったかたづけの提案を

子どもはやりたいことがいっぱいあるのが正常な姿です。玩具を次々と出して遊びを作っていきます。子どもは本来、かたづけのエネルギーがなく、苦手なものだという ことに気づいてもらいながら、かたづけ方の提案をしていきましょう。

3 保護者の立場に立って書こう

お楽しみ会でのKG児の姿が目に浮かびます。いちばん知りたいことは、わが子の園でのようすです。保護者の立場に立って、具体的に書くようにしましょう。

（四天王寺大学／非常勤講師・藤本員子）

川原佐公先生の

保護者にも伝えよう 発育・発達メモ

かたづけやすい環境づくり

1歳のひとり遊びは、自分の興味をみずから展開させ、追求するという主体性の発達に欠くことのできない活動です。ひとり遊びに集中している子どもはイメージが育っている最中ですので、じゃまされず、じっくり楽しめる環境が大切です。遊びが終わればエネルギーを使い果たし、かたづけは無理なのです。ですから、かたづけやすい環境をつくり、遊びの延長としてかたづけられるよう、カゴ・箱に入れる玩具のラベルをはったり、透明な容器を用意し、入れる玩具が見えるようにしたりすると、興味を持ってかたづけるでしょう。

具体的なテーマ

YH児（2歳1か月）…リンゴを食べながら「アップルプル〜」と言っていました。祖母が「天才！」と喜んでいましたがどこで覚えたんでしょうね？

YH児（2歳1か月）　11月15日（木）　天候（晴れ）

家庭での生活

きげん	普通
外傷	なし
睡眠	21：30〜7：00
前日の夕食	ご飯、クリームシチュー、ホウレンソウのゴマ和え
本日の朝食	スティックパン、野菜スープ、ヨーグルト
朝の体温	36.9℃
排せつ	なし

家庭でのようす

いつもは、「パパ」「ママ」と呼びますが、時々「おとうしゃん」「おかあしゃん」と呼んでくれます。大きくなったな〜と感じます。

昨日、リンゴを食べながら「アップルプル〜」と言っていました。祖母が「天才！」と喜んでいましたがどこで覚えたんでしょうね？

園での生活

おやつ（午前）	クッキー、牛乳100ml
給食	キーマカレー、リンゴ6分の1個、しょうゆフレンチサラダ
おやつ（午後）	お好み焼き、牛乳100ml
睡眠	12：40〜14：50
検温	午睡前　37.0℃ 夕方　36.3℃
排せつ	12：10（普通便）

園でのようす

先日、給食にリンゴが出たときに、お父さんがイギリス人の[1]FNちゃんがリンゴを持って「アップル！」と言っているのを聞いて、みんなで「アップル！　アップル！」と大合唱になりました。きっとそのときに、覚えたのでしょうね。

[2]毎日の生活の中でいろいろな言葉を身につけていきます。これからも[3]YHちゃんの成長が楽しみですね。

保護者より…翌朝のメッセージ

そうでしたか、ももぐみさんは国際的ですね。最近はおしゃべりがよくわかるようになってきました。YHの言葉がうれしかったり、ドキッとしたりと毎日が楽しいです。

書き方のポイント

1 保育場面を共有し、コミュニケーションを深めよう

言葉の獲得をしていく時期です。母国語ではないFN児の発音が子どもたちの興味を刺激し、模倣が始まりました。その場の状況が具体的に述べられていると保育場面を共有でき、保護者とのコミュニケーションを取りやすくなることでしょう。

2 言語の発達過程を明文化して伝えよう

2歳を過ぎると、語彙《ごい》数が急速に増えていきます。保護者にあらためて明文化して知らせることも、専門職としての保育者の役割でしょう。

3 “子育ては楽しい”と感じるような働きかけを

子どもの成長を喜ぶ気持ちを共感し合うことは、保護者の子育てへの意欲につながります。このように“子育ては楽しい”と感じるような働きかけをすることは、保護者支援の基本です。

（四天王寺大学／
非常勤講師・藤本員子）

川原佐公先生の

保護者にも伝えよう 発育・発達メモ

言葉の獲得は模倣から自発的使用へ

言葉は生後10か月ごろより、音声の模倣が活発となり、1歳2か月ごろから模倣的に発した語は、即座に自発的にも使用することができるようになります。母国語以外の言葉に関しては、母国語の名詞が特定の物と結び付いて、意識化していることで使用できるので、2歳になると可能です。YH児は、リンゴという言葉が実際のリンゴと結び付いて、イメージできているので、アップルという外国語による名称表現が獲得できたのです。日本でも幼児期の英語教育が加速化していますが、まずは、基本の母国語をしっかり身につけることが大切です。

1 歳児 11月

具体的なテーマ

DR児（2歳4か月）…最近、弟にやきもちをやくようになり、だっこしていると間に入ってきたり、たたいたりひっかいたりして困っています。

DR児（2歳4か月）　11月7日（水）　天候（晴れ）

家庭での生活

きげん	良い
外傷	なし
睡眠	21：20～7：00
前日の夕食	ご飯、豆腐とワカメのみそ汁、ダイコンの煮物
本日の朝食	ハムチーズパン、バナナ、牛乳
朝の体温	36.7℃
排せつ	あり（普通便）

家庭でのようす

園庭にたくさんトンボが飛んでいるのに驚きました。トンボを追いかけているDRのようすが目に浮かびます。『とんぼのめがね』の歌をいつもうたっています。

最近、弟にやきもちをやくようになりだっこしていると間に入ってきたり、たたいたりひっかいたりして困っています。

園での生活

おやつ（午前）	クッキー、牛乳100ml
給食	十五穀ご飯、サトイモのみそシチュー、牛肉と細切り野菜のサラダ
おやつ（午後）	サツマイモのおからドーナツ、牛乳100ml
睡眠	12：45～14：20
検温	午睡前　36.8℃ 夕方　36.6℃
排せつ	なし

園でのようす

[1]DR君のやきもち、お母さんも大変ですね。まだまだ甘えたい時期のDR君です。[2]2歳になるとちょっとした大人の言葉や表情を理解できるようになってきます。毎日忙しく大変だと思いますが、[3]DR君とのかかわりも大切にしてくださるとうれしいです。

今日はお散歩に行き「ダンプ」、「バス」、「タクシー」と通過する車の名前を言って大喜びでした。

保護者より…翌朝のメッセージ

そうなんです。絵本を読んだり電車で遊んだり、ひざに乗せてお歌をうたったり、DRとの時間を優先にしています。また、弟の授乳のときはだっこしないといけないことを話して伝えるようにしています。でも、5分もたたないうちに間に入ってきます。なかなか難しいですが、がんばってみます。

書き方のポイント

1 困っていることをいつでも話せる雰囲気をつくろう

まず、子育て中の保護者の大変さを受け止めましょう。自分の困っていることをいつでも気兼ねなく話すことができ、それを理解し共感してくれる保育者が身近にいる。それだけで大きな保護者支援となることでしょう。

2 子どもの混乱した感情を知ってもらおう

子どもも2歳を超えると、大人のちょっとした言葉や表情から微妙な感情を理解できるようになるし、子どもも自分の思いを持つようになります。初めてお兄ちゃんになった子どもが、混乱した感情を抱えて、赤ちゃんを否定した行動を取るのは珍しいことではないことを知っていただくのも保護者への保育指導のひとつでしょう。

3 保育者の思いを押しつけず、選択できる書き方を

「～してください」と保育者の思いを押しつけていません。どのように子どもにかかわるのかを選び、決定するのは保護者自身です。この姿勢は、対人援助職としての保育者の基本です。

（四天王寺大学／非常勤講師・藤本員子）

川原佐公先生の 保護者にも伝えよう 発育・発達メモ

自分だけを愛してほしい気持ちを受け止めて

1歳児は、母親との愛着関係が強くなり、子どもが望んでいる愛し方を要求する時期です。母親が自分だけを抱き締める存在であってほしい、自分だけを見つめてほしい、こうした思いの強くなる時期に、次の子どもが生まれると、そんなはずではなかった、母親を取られるように思い、母親と赤ちゃんの間に分け入ろうとしたり、存在否定のためにたたいたり、ひっかいたりします。母親は危険でもあるので、強くしかったりしがちですが、「お乳を飲ませたら、だっこしてあげるから待っててね」と、気持ちを受け止め、時々手を握るなどして待つことをわからせていきましょう。

1歳児 11月

具体的なテーマ

LW児（2歳6か月）…いつもずっとひとり言のようによく話しています。姉とも話しながら遊んでいますが、玩具の取り合いですぐに大泣きに。

LW児（2歳6か月）　11月15日（木）　天候（晴れ）

家庭での生活

きげん	良い
外傷	なし
睡眠	21：00～7：15
前日の夕食	ご飯、ハンバーグ、ポテトサラダ
本日の朝食	パン、スープ、ヨーグルト
朝の体温	36.6℃
排せつ	7:40（普通便）

家庭でのようす

いつもずっとしゃべり続けているLW。ひとり言のようによく話しています。

姉とも話しながら遊んでいるかと思えば、玩具の取り合いですぐに大泣きなんです。

園での生活

おやつ（午前）	牛乳100ml、バナナ4分の1本
給食	松風焼き、おからサラダ、切り干しダイコンのみそ汁
おやつ（午後）	ホットケーキ小1枚、牛乳100ml
睡眠	12:40～15:00
検温	午睡前　36.7℃ 夕方　36.6℃
排せつ	12:20（普通便）

園でのようす

保育園でもおしゃべりが大好きですよ。人形遊びの最中に[1]「LWちゃん、ごはん食べようか」と声をかけると「いそがしいの、まっててね」。その口ぶりに思わず笑ってしまいました。

お姉ちゃんはLWちゃんが気になるようで、[2]保育室の前を通るたびに手を振り、ようすを見ています。LWちゃんも園庭でお姉ちゃんの姿を見つけるといちもくさんで駆け寄り、仲よく遊んでいます。とてもほほ笑ましいですよ。

保護者より…翌朝のメッセージ

Lwらしい返事のしかたですね。姉といつもいっしょだったせいか、言葉も早かったです。園では仲よくしているのですね。安心しました。仲のよい姉妹でいてほしいと思っています。

書き方のポイント

1 家庭でのようすとリンクする場面を伝え、保育を共有しよう

おしゃべり大好きなLW児の一面が、この文面から伝わってきます。おしゃまな子どもの言葉に笑いを誘われる保育者の姿も重なり、保護者もその日の保育の一場面を共有できることでしょう。

2 きょうだいの園の中でのようすを知らせよう

きょうだいで通園している場合は、このように園の中での互いのようすをさりげなく知らせていくことは大切です。保護者が連絡帳に期待していることは、目の届かないところでの子どもたちのようすを知ることです。1、2のように、言葉や場面を具体的に書くことで、保護者はわが子に注がれている保育者の温かいまなざしを感じ、安心するとともに「園」への信頼感もいっそう増すことでしょう。

（四天王寺大学／非常勤講師・藤本員子）

川原佐公先生の 保護者にも伝えよう 発育・発達メモ

きょうだい関係が言葉を促す

子どものことを英語ではインファント（infant）と呼びますが、「これは話せないもの（unable to speak）」という意味から出ているそうです。乳幼児期は言葉をわがものとすべく、苦闘している時期なのです。言葉は音声を用いた人とのやりとりですが、まず人々との豊かなかかわり、感情を交わし合い経験を分かち合うことができる発達が前提になります。LW児の言葉の発達には、お姉ちゃんの思いやりや優しいかかわり、交流が大きく影響していることがわかります。

ひとり言（外言《がいげん》）は発達のバロメーターです。

1歳児 12月

具体的なテーマ

NZ児（2歳2か月）…おにぎりの絵本がお気に入りです。手を伸ばして、おにぎりを自分の口もとへ…。大きな口を開けて「ア～ン」としています。

NZ児（2歳2か月）　12月5日（水）　天候（くもり）

家庭での生活

きげん	良い
外傷	なし
睡眠	22：00～7：30
前日の夕食	ご飯、八宝菜、モヤシの和え物、みそ汁
本日の朝食	おにぎり、卵焼き、みそ汁
朝の体温	36.8℃
排せつ	なし

家庭でのようす

NZのお気に入り絵本は、おにぎりの絵本です。持ってくる絵本はいつも決まってこれ！手を伸ばして、おにぎりを自分の口もとへ…。そして、大きな口を開けて「ア～ン」としています。寝る前にはパパにも何度も「ア～ン」とさせていました。おかげでパパはぐったりでした。

園での生活

おやつ（午前）	ビスケット、牛乳
給食	中華丼、ワカメスープ、春雨サラダ
おやつ（午後）	ひと口ドーナツ
睡眠	12：40～14：40
検温	午睡前　36.9℃ 夕方　36.4℃
排せつ	なし

園でのようす

NZ君が大きな口を開けて[1]「ア～ン」としている姿が目に浮かびます。園では、[2]絵本などに食べ物が出てくると、保育者が必ず「どうぞ！」と言って、子どもたちひとりひとりとのやりとりを楽しんでいます。子どもたちはそんな遊びが大好きで、「ア～ン」「おいしい？」と、[3]友達とのかかわりにも広がっているんですよ。

保護者より…翌朝のメッセージ

園でそんなやりとりを楽しんでいたんですね。パパには、“おなかいっぱいになるまで”NZに付き合ってもらおうと思います（笑）。

書き方のポイント

1 家庭でのようすに共感しよう

日々、子どもと接している保育者であればこそ園でのNZ児の姿と重なります。家庭でのようすを教えてくれる保護者に、子どもを見ているとおもしろいという気持ちを共感し合うことは、子育てを楽しいと感じることへの働きかけになるでしょう。

2 園での遊びを紹介しよう

園での遊びを紹介することは、専門職としての保育者の役割です。2歳を過ぎると“見たて”や“つもり”の遊びができるようになります。子どもの想像力を豊かにはぐくむ内的発達につながることも伝えましょう。

3 社会性の発達にあらためて気づいてもらえる書き方を

社会性の発達には、笑い合ったり、やりとりを楽しんだりするなど、周りの大人や子ども同士との心を通わせる遊びが大きな意味を持ってきます。あらためて気づいてもらうことも、保護者の養育力の向上に資することでしょう。

（四天王寺大学／非常勤講師・藤本員子）

川原佐公先生の

保護者にも伝えよう 発育・発達メモ

見たて遊びは、想像力ができたあかし

1歳児は、「もの」の性質を確かめる探索的な遊びが大半で、触ったり、たたいたり、投げたりといった行動が多いのですが、後半になると、今ここにないものを頭の中に想起し、別のものにあてはめる見たてや、つもり遊びが始まります。絵本に描かれているおにぎりを、本物ではありませんが食べ物と見たて、「アーン」と食べるつもりになってやりとりを楽しんでいるようすが見られます。保護者が子どもの発達の姿として認識し、連絡帳に書いて伝えることによって、保育者に受け止めてもらい、共育ての喜びを実感できるのでしょうね。

1歳児 12月

具体的なテーマ

TS児（2歳6か月）…このごろ「こっこっこれは一」という吃音が気になります。保育園ではどうですか？

TS児（2歳6か月）　12月13日（木）　天候（くもり）

家庭での生活

きげん	良い
外傷	特になし
睡眠	21：10〜6：30
前日の夕食	ご飯、モヤシ炒め、ソーセージ、豆腐のみそ汁
本日の朝食	ご飯、サケ、イモのみそ汁
朝の体温	36.3℃
排せつ	あり（普通便）

家庭でのようす

このごろ「こっこっこれは一」という吃音《きつおん》が気になります。

保育園ではどうですか？　あまり気にしないほうがいいのかなと思いつつも、つい言い直しをさせてしまいます。

園での生活

おやつ（午前）	牛乳、クラッカー
給食	鶏肉と高野豆腐の卵とじ丼、根菜のおかか煮、なめこのみそ汁
おやつ（午後）	牛乳、お好み焼き
睡眠	12：50〜15：05
検温	午睡前　36.5℃ 夕方　36.4℃
排せつ	なし

園でのようす

[1]TS君はいろいろなことをたくさんお話ししたいという気持ちが先走ってしまうのでしょうね。[2]今日の散歩中も何度かその場面があったのですが、普通に話しているときのほうが多いように思います。[3]もう少しようすを見守り、それでも気になれば保健師さんを紹介しますので、相談してはいかがでしょうか。

保護者より…翌朝のメッセージ

最近少し多い気がして、でも言い直しはやめたほうがいいですよね。また家でもようすを見てみますね。

書き方のポイント

1 言葉の発達過程を伝えよう

言葉を獲得し始め、飛躍的に単語数が増えるこの時期は、他者に自分の思いを伝え、共感し合いたいという思いが育ってきます。でも、思っていることと言葉にすることは別の能力なので、吃音に見えることもあるでしょう。もし「気になる」と感じたら、その理由を探り、理由の見えてこないときには先輩や同僚など複数の目で見て、考えることも必要でしょう。

2 保護者の問い合わせには、保育者の見方をていねいに答えよう

「保育園ではどうですか？」という保護者からの問い合わせにていねいに答えています。吃音があることを認識しながらも、TS児に対する保育者の見方をさり気なく伝えています。

3 必要に応じて専門機関を紹介できることを伝えよう

保護者の気がかりなことに対して、必要に応じて専門機関を紹介しましょう。利用するかどうかを、選択・決定していくのは保護者自身です。保育所におけるソーシャルワークのあり方を理解しているからこそその書き方でしょう。

（四天王寺大学／非常勤講師・藤本員子）

川原佐公先生の

保護者にも伝えよう 発育・発達メモ

吃音は気にしないでよく聞き取りましょう

話し始めの語頭音が連発される「繰り返し」は、吃音の中でもいちばん軽いものです。ひと口にいうと障害ではありません。言葉による伝達意欲が高まってきた3歳前後に多く現れます。話したいことがいっぱいあり、思いが高まるのにすぐに言葉が出てこず、焦って声に出そうとするので、「こっこっ」とつまずいてしまいます。聞き手はゆったりとした姿勢で「ゆっくりでいいよ。聞いているからね」と手を握ったり、手を肩に置いたりして落ち着かせ、「うん、うん」と相づちを打ちます。決して「それからどうしたの」などとせかさない、本人に吃音を意識させないことが大切です。

具体的なテーマ

YB児（2歳7か月）…最近はおふろで自分で洗いたがり、手伝おうとすると「YBちゃんがする」と怒ります。

YB児（2歳7か月）　12月6日（木）　天候（晴れ）

家庭での生活

きげん	良い
外傷	なし
睡眠	21:30～7:00
前日の夕食	ご飯、みそ汁、煮魚、野菜炒め
本日の朝食	食パン、ポトフ、ヨーグルト、牛乳
朝の体温	36.2℃
排せつ	8:00（普通便）

家庭でのようす

最近はおふろで自分で洗いたがり、私が手伝おうとすると「YBちゃんがする」と怒ります。でもしあげはしないといけないので、最後に洗ってあげたのですが、また「YBちゃんが!!」と大泣きしてしまいました。

園での生活

おやつ（午前）	リンゴ8分の1個、牛乳100ml
給食	ご飯、みそ汁、サワラの西京焼き、切り干しダイコンの煮物
おやつ（午後）	ポパイケーキ（ホウレンソウのケーキ）、牛乳100ml
睡眠	13:00～14:45
検温	午睡前　36.5℃ 夕方　36.2℃
排せつ	なし

園でのようす

1だんだん自分でしたいという気持ちが強くなってきて、成長しているなと感じますね。今日も園庭に出かける前に、靴を履くときも「YBちゃんが！！」と言い自分で履こうと一生懸命でした。

2やりにくそうなところでは「よいしょよいしょ」と声をかけながらそっと手を添えてみたら、受け入れてくれたようでホッとしました。履き終わって「できたね」と言うと、とても満足げな顔で笑っていましたよ。

保護者より…翌朝のメッセージ

そうですか。そんなふうにすなおにさせてくれたらいいのですが…少し私には難しいです。これからいろいろ考えて試してみようかと思います。自分でしたいという気持ちも成長だと思ってしばらくは忍耐でがんばってみます。

書き方のポイント

1 ねぎらいのひと言を付け加えよう

保護者に対して保育に関する指導を行なうのは保育者の役割です。発達面の考え方からいえばこのようなコメントになるのでしょうが、さらに、自己主張を始めたわが子を持て余しぎみの保護者へ「大変ですね」などのねぎらいのひと言を付け加えることも保護者支援につながるでしょう。

2 保育者のかかわり方をさりげなく伝えよう

保育場面のひとコマを取り上げ、YB児への保育者のかかわり方をさりげなく保護者に知らせています。“自分で”の気持ちが出てきたら手を出さずに見守ってさせてみることが自立の芽生えをはぐくみます。子どもへのかかわり方として、できたときはおおいに褒めて自信につなげていく。できないところはさりげなく手伝うなどをていねいに伝え、子育ての参考にしていただきましょう。

（四天王寺大学／非常勤講師・藤本員子）

川原佐公先生の

保護者にも伝えよう

発育・発達メモ

2歳児の発達に視野を広げて対応

1歳児クラスの子どもも、12月ごろになると2歳後半に入り、2歳児の発達と同じ課題にぶつかり、それが「自分で」という自我の目覚めからくる自己主張の姿です。身の回りの簡単な始末がひとりでできるようになってくると、保護者に依存していた自分は別の存在なのだという自意識が芽生え、それを確かめるかのように何でも自分でしようとします。しかしかえって手のかかる結果になることが多く、保護者の葛藤が始まります。その気持ちを受け止めつつ、成長の過程であることを知らせ、根気よく待つことを、保護者に伝えましょう。

具体的なテーマ

JN児（1歳11か月）…家に帰るときげんが悪く、夕食中に眠ってしまいます。その後、おふろに入ると目がさえるようで、なかなか眠ろうとしません。

JN児（1歳11か月）　1月10日（木）　天候（雨）

家庭での生活

きげん	良い
外傷	なし
睡眠	22:00～8:00
前日の夕食	ご飯、サケ、鶏の煮物、ひじき
本日の朝食	ピザ、牛乳
朝の体温	36.9℃
排せつ	8:30（普通便）

家庭でのようす

最近、家に帰るときげんが悪く、夕ごはん中に眠ってしまいます。その後におふろに入ると目がさえるようで、ベッドに入ってからも歩き回って、なかなか眠ろうとしない日が続いています。

園ではお昼寝のとき、どんなようすですか？

園での生活

おやつ（午前）	リンゴ、牛乳100ml
給食	すき焼き丼、すまし汁、ひじきとチーズのサラダ
おやつ（午後）	紅茶のラスク、牛乳100ml
睡眠	13:05～14:50
検温	午睡前　36.5℃ 夕方　36.6℃
排せつ	なし

園でのようす

園では[1]着替えを終えて「おやすみ」と声をかけるとベッドにすぐ横になっていますよ。保育者がそばにいないとたまにベッドの上に座ったり、歩き回ったりすることもありますが。ほとんどは静かに寝ています。

帰ったら、[2]食事の前におふろに入るのもいいかもしれませんね。

今日はお部屋でリズム遊びや新聞紙遊びを楽しみました。

保護者より…翌朝のメッセージ

帰ってすぐにおふろ、そしてごはんにしました。眠りにつくのが早かったような気がします。しばらく続けてみたいと思います。早起きするとゆっくりごはんも食べられるので、きげんもいつもより良かったです。早寝早起きがんばります!!

書き方のポイント

1 入眠儀式の大切さを伝えよう

ヒトの生体時計は1日25時間で、子どもも大人同様に夜更かし・朝寝坊のほうが楽にできるようになっています。だから「寝かしつける」ことがしつけのひとつになります。眠るまでの段取りを決め、それを毎日繰り返すという「入眠儀式」の大切さを伝えましょう。

2 押しつけがましくならない書き方を

体温は目が覚める直前から上がり始め、体温が下がり始めると眠りにつきやすくなります。眠る直前におふろに入ると、せっかく下がり始めた体温が上がってしまいます。また本来寝ているときに休んでいる交感神経系も、熱いおふろの後では、活動が高まるので、眠るまでに数時間はおきたいものです。「…いいかもしれませんね」という書き方は、押しつけがましくないので、保護者も受け入れやすいことでしょう。

（四天王寺大学／非常勤講師・藤本員子）

川原佐公先生の
保護者にも伝えよう
発育・発達メモ

入浴で体をほぐしリラックス

外気が冷えてくると、体温をむやみに放出せず、エネルギーを出して体を保護するために、筋肉が緊張します。小さな体の1歳児にはかなり負担になりますので、疲れて眠たくなってしまいます。家に帰るとホッとして、甘えが出ると同時に押さえていた感情が不機嫌という姿で表現されます。夕ごはん中に眠ってしまうのは、「小さな体でがんばってきたのね」と受け止めてほしい証拠です。食事の前におふろに入り、体を温めてリラックスすることで、元気になったJN児は、夕食も食べられ、入眠も早かったのでしょうね。よかった。

具体的なテーマ

KM児（2歳1か月）…帰宅途中に「すべりだいをした」「○○ちゃんとあそんだ」など、園でのことをいろいろ話してくれるようになりました。

KM児（2歳1か月）　1月17日（木）　天候（晴れ）

家庭での生活

きげん	良い
外傷	なし
睡眠	21：40～6：40
前日の夕食	うどん、おでん（ゴボウ天、こんにゃく、牛すじ、ジャガイモ、少しずつ）
本日の朝食	おでん（がんもどき）、おにぎり、トマト
朝の体温	36.8℃
排せつ	20：30（普通便）

家庭でのようす

帰宅途中に「すべりだいをした」「○○ちゃんとあそんだ」「○○ちゃんとてをつないだ」など園でのことをいろいろ話してくれるようになりました。

園での生活

おやつ（午前）	昆布、バナナ、牛乳
給食	サンドウィッチ、リンゴサラダ、チキンスープ、ミニポテト
おやつ（午後）	蒸かしイモ、牛乳
睡眠	12：25～14：40
検温	午睡前　37.1℃ 夕方　37.1℃
排せつ	15：30（普通便）

園でのようす

KMちゃんは[1]本当におしゃべりじょうずになりましたね。今日もジャンパーを着ているとき、「ママにかってもらった」「パパにだっこしてもらった」など話してくれました。

今日はお散歩で公園に行くと、寒くても元気にすべり台や砂場で遊んでいました。[2]保育者が「帰るよ」と言うと、仲よしのRちゃんに「かえるよ」と伝えているKMちゃんでした。

保護者より…翌朝のメッセージ

公園で楽しく遊んでいるようすが目に浮かびます。昨日は「カレーがたべたい」と言うので、カレーライスを食べました。

書き方のポイント

1 子どもの言動は小さなことも伝え合おう

園生活のひとコマをこのように実際の話し言葉を入れて伝えると、語《ご》彙《い》が増えてきたことへの喜びを、保護者と共感している保育者の思いがいっそう伝わることでしょう。日々の子どもの言動をどんな小さなことでも伝え合っていくことは、保護者の子ども理解を助けることにもつながります。

2 声を出して笑えるような遊びの大切さも伝えよう

2歳前後から言葉がどんどん増えていきます。毎日の生活の中で、「こんな言葉いつ覚えたの？」と驚かされることもたびたびです。ふっと耳に入った言葉をすぐ使っているKM児に、“言葉は、総合力として育つ”といわれているのを思い出しました。いろいろな力が育つ中で、脳が発達し、言葉を獲得していきます。全身運動をしっかりとし、楽しく声を出して笑うような遊びを多くすることの大切さなども専門職の視点から発信しましょう。

（四天王寺大学／非常勤講師・藤本員子）

川原佐公先生の

保護者にも伝えよう

発育・発達メモ

体験したことを記憶し言葉にする力

「○○ちゃんとあそんだ」「○○ちゃんとてをつないだ」とうれしそうに話すわが子を、保護者は単なるコミュニケーションとしてだけではなく、自分が体験したことを記憶し、過去形で言葉に置き換えて話している力の育ちに感激し、誇らしげに保育者に報告しておられます。保護者には園での出来事、園では「パパにだっこしてもらった」と、家庭でのうれしかった事柄を保育者に伝えているKM児の成長を、家庭と園の双方で連絡し合い、確認している連絡帳は、すばらしい役割を果たしていますね。これからも活用しましょう。

1歳児 1月

具体的なテーマ

EH児（2歳5か月）…最近、遊んだ後のかたづけをしないどころか、わざとおもちゃを出すなどします。試されているのだと思います。

EH児（2歳5か月） 1月10日（木） 天候（晴れ）

家庭での生活

きげん	良い
外傷	なし
睡眠	21:00～7:00
前日の夕食	ハヤシライス、ハムサラダ、コンソメスープ
本日の朝食	おにぎり、焼きザケ、ワカメのみそ汁
朝の体温	36.6 ℃
排せつ	なし

家庭でのようす

最近のEHは、遊んだ後のかたづけをまったくしなくて困っています。かたづけるどころか、わざとおもちゃを出したり、私の顔を見ながらニヤニヤしたり、しかっても言うことを聞いてくれなかったり…。

EHに試されているのだと思います。

園での生活

おやつ（午前）	煮干し、牛乳
給食	ご飯、サワラの塩焼き、あげとコマツナの炒め物、紅白なます、豆腐のみそ汁
おやつ（午後）	サツマイモ蒸しパン、牛乳
睡眠	12:50～14:30
検温	午睡前 36.8℃ 夕方 36.8℃
排せつ	あり（普通便）

園でのようす

EH君は[1]お母さんがどういう反応をするのか見ているのかもしれませんね。「じょうずにおかたづけをするところを見たいな」と誘いかけると、気持ちを切り替えてくれるかもしれません。園でも[2]「～してほしいな」と、こちらの気持ちを言葉で伝えていくと、案外うまくいくことが多いんですよ。

今日はブロックで遊びました。遊んだ後は最後までかたづけをがんばってくれました。「じょうずにおかたづけできたね！」と[3]褒められると、とてもうれしそうにしていましたよ。

保護者より…翌朝のメッセージ

「ママにじょうずにおかたづけするところを見せてほしいな」と何度か言うと、びっくりするほど、すなおにかたづけをしてくれました！ 私も意地になって「おかたづけ！ おかたづけ！」と言いすぎたのかもしれません。久しぶりにEHのことを褒めたような気がします。

書き方のポイント♡

1 保護者が子どもの姿を客観的かつ、肯定的に見られるように

自律性が育ってくるこの時期は、大人の言うことに対して、わざと反対のことを言ったり、したりします。子どもの姿を困ったことと否定的にとらえている保護者に、客観的に自分自身を見つめ直すきっかけとなることでしょう。

2 命令形を使わない子どもの接し方を具体的に伝えよう

自我が育ち、自己主張し始めるころの子どもは、大人の命令形の言葉は大嫌いです。このように日常の保育の中での子どもへの接し方を具体的に知ってもらうことは、保護者に対する保育指導の一環です。

3 子どもをいっぱい褒めて、自己肯定感を育てることの大切さを知ってもらおう

子育てで大事なことは、子どもに自信を持たせることです。自信は自己肯定感につながります。他者と比較したり自分の弱いところを認識したりしていないこの時期に、いっぱい褒めて“自分大好き”の気持ちを育てることの大切さを保護者に伝えていきましょう。

（四天王寺大学／非常勤講師・藤本員子）

川原佐公先生の

保護者にも伝えよう 発育・発達メモ

遊び込んだことを認めることが大切

２歳の中ごろになると虚構の世界を楽しむようになり、“つもり·ふり遊び”などを始めます。イメージの赴くまま次々と玩具を引っ張り出し、部屋の中は玩具だらけになります。足の踏み場もない散らかしように、保護者はつい「かたづけなさい」と言いたくなります。しかし、それだけ十分に遊び込んだ姿でもあるので、「よく遊んだね。楽しかったね」と認めることが大切です。その保護者の情感を待っているのです。EH児のかたづける力を信じて、「かたづけを見せてほしいな」と寄り添うと、すなおにかたづけることができましたね。保育者の言葉にすなおな保護者も進歩です。

1歳児 2月

具体的なテーマ

LG児（1歳11か月）…最近、同じ年くらいの子どもにすごく興味があるみたいで、外で会うと追いかけていってしまいます（笑）。

LG児（1歳11か月）　2月1日（金）　天候（くもり）

家庭での生活

きげん	良い
外傷	なし
睡眠	20:30～7:00
前日の夕食	メンチカツ、ご飯を少しだけ
本日の朝食	ヨーグルト、コロッケひと口
朝の体温	36.7℃
排せつ	7:30（普通便）

家庭でのようす

最近、同じ年くらいの子どもにすごく興味があるみたいで、家の外で会うと追いかけていってしまうことが多いです（笑）。お友達と遊べるようになってきたのでしょうか？

園での生活

おやつ（午前）	リンゴ8分の1個、牛乳100ml
給食	鬼退治ハヤシライス、塩昆布入り野菜サラダ、ゼリー
おやつ（午後）	あられ、ジャムパン、牛乳100ml
睡眠	12:10～13:45
検温	午睡前　36.8℃ 夕方　37.0℃
排せつ	15:00（普通便）

園でのようす

[1]園でも友達にだんだん興味を持ってきて、同じことをする姿が増えてきました。今日は発表会のリハーサルをしました。[2]今まで友達となかなか手をつなぐことができなかったLGちゃんでしたが、「あ～ぶくたった」のわらべうたでは[2]保育者が声をかけると笑顔で手をつなぎ、遊びだしたのですよ。[3]成長したなと、わたしたちもうれしく思いました。

保護者より…翌朝のメッセージ

家でも「あ～ぶくたった」と歌うと首を振って踊ってくれます。

書き方のポイント

1 保護者からの言葉にはていねいにこたえよう

園でも同様の姿がありますよと、まずは保護者の書かれたことにはていねいにやりとりしましょう。共感し合うことで、通じ合える喜びや安心感につながります。

2 できるようになったことを書くと、成長の記録に

「できなかった」というマイナスの内容も、「できた」というプラスになったときに書くようにすると、ありのままの子どもの成長記録となります。

3 子どもへの愛情、成長を喜ぶ気持ちは率直に

保育者は、子育てのパートナーです。子どもへの愛情や成長を喜ぶ気持ちを率直に保護者に伝えていくことは、信頼感を深めるためにも大切でしょう。

（四天王寺大学／非常勤講師・藤本員子）

川原佐公先生の

保護者にも伝えよう

発育・発達メモ

自分以外の存在を意識して求める

乳児期は、母親と自分の同一視の世界ですが、だんだんと母親と自分は別人格であることを自覚しだし、自己主張が始まります。「じぶんで」と何でもしたがり、「じぶんの」と物を取り込んだりします。この自我の目覚めが乳児期の大切な発達の節ですが、成長するにつれて、集団生活の中では同じような子どもの存在に気づいていきます。場所や玩具の取り合い、トラブルとともに、まねっこのおもしろさ、手をつなぐ経験などから友達と遊ぶ楽しさがわかってきます。大切な成長の段階を保護者と共に喜んでいる姿がいいですね。

具体的なテーマ

DT児（2歳8か月）…絵本の絵と同じ色のクレヨンを手に持って「いっしょ！」と言っています。

DT児（2歳8か月）　2月13日（水）　天候（晴れ）

家庭での生活

きげん	良い
外傷	なし
睡眠	21：00～7：15
前日の夕食	ご飯、ハンバーグ、ポテトサラダ
本日の朝食	パン、スープ、ヨーグルト
朝の体温	36.5℃
排せつ	7：40（普通便）

家庭でのようす

絵本の絵と同じ色のクレヨンを手に持って「いっしょ！」と言っています。いろいろな色に興味を持って覚えようとしているようです。

園での生活

おやつ（午前）	牛乳100ml、バナナ4分の1本
給食	ご飯、サバの塩焼き、納豆の和え物、けんちん汁
おやつ（午後）	ホットケーキ小1枚、牛乳100ml
睡眠	12：40～15：00
検温	午睡前　36.5℃ 夕方　36.6℃
排せつ	12：10（普通便）

園でのようす

保育園でも[1]絵本を見ながら「アカ！」などと色の名前を言ったり、玩具の色を教えてくれたりします。

また、保育者が話しかけるとその言葉をまねるなど、[2]幅広く、いろいろ興味が広がっているようですね。

保護者より…翌朝のメッセージ

そうですか。園でもいろいろ興味が広がってお話ししているのですね。もっとお話しじょうずになるよう、たくさん話しかけるようにしますね。

書き方のポイント

1 家庭でのようすに通じる園でのようすを具体的に伝えよう

3歳近くなると、記憶力の発達とともに身の回りのものの名前や言葉の意味もわかってきて使うようになります。DT児も身近にある色に興味、関心を持ち出したようです。園での子どもの姿を具体的に書くことで保護者の思いに共感していることが伝わるでしょう。

2 子どもの言葉の発達に気づいてもらえるように

個人差は大きいものの2歳から3歳ごろにかけて言葉が急速に発達します。言葉の獲得とともに外の世界が見えてきて、いろいろなことに目が向くのでしょう。そのことを保護者に気づいてもらうことも、保育指導の一環です。

（四天王寺大学／非常勤講師・藤本員子）

川原佐公先生の 保護者にも伝えよう 発育・発達メモ

色や形を弁別できるようになる

1歳児も2月ごろには2歳後半を迎える子どもが多くなります。言葉や認識が急激に発達し、大きい小さい、長い短いが弁別でき、言葉で言うこともできます。色彩も赤、青、黄の名前がわかり、言葉で言うようになります。初めは「これは赤い色です」と名前を知らせます。次は「この中から赤い色を取ってください」と指示して、間違わずに取ると褒めます。名前と色が結び付くと「これは何色ですか」という問いに「アカ」と言えるようになります。物の名前を覚える3段階のプロセスです。DT児は、色の名前が言える3段階目です。

具体的なテーマ

JS児（2歳9か月）…家でもトイレでおしっこをするようになりましたが、自分から「おしっこ」と言ってくれるのは少ないです。

JS児（2歳9か月）　2月21日（木）　天候（晴れ）

家庭での生活

きげん	良い
外傷	なし
睡眠	21：30～7：15
前日の夕食	ひじきご飯、豚肉炒め、モズク酢、サトイモの煮物
本日の朝食	食パン、牛乳、カボチャ、豆腐、野菜ジュース、トマト
朝の体温	36.5℃
排せつ	あり（普通便）

家庭でのようす

家でもトイレでおしっこをするようになり、外出時以外はオムツなしです。でも、まだ自分から「おしっこ」と言ってくれるのは少ないです。

園での生活

おやつ（午前）	スティック野菜、牛乳100ml
給食	ご飯、サケの変わり焼き、コマツナとコーンの和え物、さつま汁
おやつ（午後）	ドーナツ、牛乳100ml
睡眠	13:20～15:05
検温	午睡前　36.5℃ 夕方　36.7℃
排せつ	あり（普通便）

園でのようす

園でもずいぶん[1]タイミングが合うようになり、「でた～」とJSちゃんもうれしそうにしています。最近は「しー行く？」と聞くと、「しー」と言って自分でズボンを下ろそうとしています。[2]JSちゃんがひとりでトイレに行くようになるのも、もう少しですね。[3]焦らず、やりとりを楽しみながら進めていきましょうね。

保護者より…翌朝のメッセージ

そうですね、あまり焦らずようすを見ていこうと思います。
今日は夕方、早めにお迎えに行きますのでよろしくお願いします。

書き方のポイント

1 成功体験を具体的に知らせ、子どもの育ちを共有しよう

トイレでの排尿機会が多くなるにつれて子どももタイミングを意識するようになり、成功するとやはりうれしいのです。言葉の理解も進み、保育者の誘いかけで行動できるようになっています。園でのこのような子どもの姿を具体的に知らせることで子どもの育ちを共有でき、保護者支援につながります。

2 子どもの成長を共に喜ぼう

保育者は子育てする保護者のよきパートナーです。子どもの成長を共に喜び合う姿勢は、保護者の信頼感をいっそう得ることでしょう。

3 子どもの発達課題に的確なアドバイスを

子どもが自分の意思で排せつできるようになるのは2～3歳のころですが、JS児もまさにこの時期です。この時期の子どもの発達課題は、自分で自分をコントロールする力を身につけること。排せつ指導はその第1歩ともいえます。その視点からも、このアドバイスは適切でしょう。

（四天王寺大学／非常勤講師・藤本員子）

川原佐公先生の 保護者にも伝えよう 発育・発達メモ

排せつの自立ももうすぐですね

2歳9か月のJS児は、直立歩行ができ、走ることも可能でしょう。脳の神経支配が、頭から腰、足の先まで通ってきた姿です。排せつの機能は、腎臓で作られた尿が膀胱《ぼうこう》に送られ、一定時間膀胱が膨らみ、膀胱の出口の括約筋《かつやくきん》を締めて、尿をためておくことができるようになる神経の働きによります。そして尿が充満した感覚が脳に伝わり、おしっこがしたいという信号が送られます。JS児はまだ自分から「おしっこ」と言えることが少ないですが、保育者が「しー行く?」と聞くと、「しー」と言ってズボンを下ろそうとしています。排せつの意味が十分わかっている姿です。自立ももうすぐですね。

具体的なテーマ

FR児（2歳5か月）…「FRちゃんも！」と言って、何でも同じことをやりたいようです。

FR児（2歳5か月）　3月14日（木）　天候（晴れ）

家庭での生活

きげん	良い
外傷	なし
睡眠	21:30～7:40
前日の夕食	カレーライス、サラダ、リンゴ
本日の朝食	パン、つくね団子、のり、プリン
朝の体温	36.5℃
排せつ	7:50（普通便）

家庭でのようす

「FRちゃんも!!」と言って、何でも同じことをやりたいようです。お兄ちゃんが「おしっこ」と言うと自分も「おしっこ」と言うのですが、出ないんですよね。それに、人の持っている物は欲しがるのに、自分の物は「イヤッ!」と言って渡しません。本当に困ったものです。

園での生活

おやつ（午前）	ヨーグルト、牛乳100ml
給食	ご飯、肉じゃが、なめたけ和え、豆腐のみそ汁
おやつ（午後）	蒸しパン、牛乳100ml
睡眠	13:25～14:40
検温	午睡前　36.7℃ 夕方　36.5℃
排せつ	12:40（普通便）

園でのようす

[1]自我が出てきて、お母さんも対応が難しくなってきましたね。このような時期はだれでもあります。自分と違う他者を意識するようになり、成長してきたのですね。園でもFRちゃんは、[2]友達のしていることをまねたり、「おいで～」と誘って、友達といっしょに遊んだりすることが多くなってきました。大人の思うようにいかないこともありますが、そんなとき[3]「～してほしいなぁ」とお願いすると気持ちを切り替えてくれることもあります。しばらく温かくいっしょに見守っていきましょうね。

保護者より…翌朝のメッセージ

そうですね、しばらくようすを見てみます。
少しかぜぎみですが、朝から食欲おう盛です。

書き方のポイント

1 保育の専門知識を伝え、養育力向上のお手伝いを

まずは保護者の思いを受け止めましょう。保育に関する専門的知識を持って養育力の向上に資することは、保護者支援の基本です。

2 子どもの育ちが確かめ合える連絡帳に

何でも同じことをやりたがる園でのFR児の姿を具体的に知らせています。連絡帳は「子どもの育ちを確かめ合うもの」でもあります。わが子に注がれている保育者のまなざしを感じ、保護者も安心されることでしょう。

3 子どもの対応に気づいてもらえる書き方が子育て支援に

保育者のかかわりを具体的に書くと、保護者もそういう対応もあるのか、と気づいてくれることでしょう。“教える”というよりは気づいてもらえるように書くことも、効果的な子育て支援になります。

（四天王寺大学／非常勤講師・藤本員子）

川原佐公先生の 保護者にも伝えよう 発育・発達メモ

模倣によって行為の意味を知っていく

ひとりで自在に好きな所へ動き回れるようになり、探索活動も盛んになりますが、周囲の物や人に対する関心、興味も深くなり、特に好きな兄弟姉妹と同じことがしたくて、模倣行為が増えてきます。自分も同じ行為をすることによって、まねている人物と同じレベルに見られたい、そしてできるんだという自信につなげたい、わからないことでも、模倣することで意味を知ろうと探っているのです。このころの子どもは実によく周りのことを見ていて、巧みに模倣します。後の知的発達や遊びだす力の原動力が模倣といえます。

1 歳児 3月

具体的なテーマ

UY児（2歳9か月）…昨日お迎えに行ったとき、2歳児のおにいちゃんと遊んでいて帰るのをいやがりました。寂しい気持ちもしますが、うれしいです。

UY児（2歳9か月）　3月8日（金）　天候（晴れ）

家庭での生活

きげん	良い
外傷	すり傷
睡眠	20：30～6：45
前日の夕食	白身魚、野菜の天ぷら、ご飯、みそ汁
本日の朝食	パン、牛乳、卵焼き
朝の体温	36.6℃
排せつ	7:20（普通便）

家庭でのようす

昨日お迎えに行ったとき、2歳児のおにいちゃんといっしょに遊んでいて帰るのをいやがりました。今までだと顔を見ると飛んで来たのに、ちょっと寂しい気もしますが、UYも入園してから数年、おにいちゃんになったなとうれしいです。

もうすぐあひる組になります。家でも時間はかかりますが、ひとりで靴を履いたり、ご飯を食べたりするようになってきました。

園での生活

おやつ（午前）	リンゴ8分の1個、牛乳100ml
給食	キノコの炊き込みご飯、みそ汁、ナンキン煮
おやつ（午後）	お好み焼き、牛乳100ml
睡眠	12:50～14:35
検温	午睡前　36.7℃ 夕方　36.6℃
排せつ	なし

園でのようす

[1] 進級を控え、あひる組との交流をよく持つようにしています。最初は保育者から離れなかったのですが、最近はすっかり慣れてあひる組で楽しそうに遊んでいます。

2歳児をまねて、[2] ひとりで靴を履いたり、食事も「UYくんが」と言いながら食べたりしています。この時期、お母さんも大変でしょうが、がんばってください。

保育者たちに「UYくんおにいちゃんだね」と褒められご満悦です。

保護者より…翌朝のメッセージ

UYは本当にお兄ちゃんになれそうです。今年の秋には2番目の子どもを出産します。昨日UYに「ママのおなかに赤ちゃんいるよ」と伝えました。ついこの間までUYに手がかかったので心配でしたが、少し安心しました。これからもよろしくお願いします。

書き方のポイント

1 保護者が不安に感じた子どもの行動の理由を伝えよう

進級に向けて何かと気になる3月です。2歳児クラスと交流しているわが子のようすがわかれば、保護者も安心されることでしょう。文の書き出しに、「大きくなりましたね」など保護者に共感するひと言があってもよいかもしれませんね。

2 お母さんの気持ちに共感し、エールを送ろう

2歳後半になると「○○が」とか「じぶんでする」などの言葉を使い、強く自己主張し始めます。この時期は、子どもの要求を先取りしない大人の姿勢が大切です。UY児は園でも家庭でも同じような姿が現れています。「家でも時間はかかりますが」とあるように、“待つ”ことのできるお母さんの姿勢を共有し、エールを送るのも子育て支援の一環でしょう。

（四天王寺大学／非常勤講師・藤本員子）

川原佐公先生の

保護者にも伝えよう 発育・発達メモ

年上の子どもを慕うのは成長の証《あかし》

3月は、1歳児クラスとして過ごす最後の月です。次年度への進級に向けて、スムーズに移行できるよう、2歳児クラスでおにいちゃんと遊ぶよう交流をする機会をつくるのですが、1歳児は新たな体験を始めようとしています。子どもは小さいながらも成長への意欲を持ち、自分より大きい年齢の子どもにあこがれを持つものですから、うれしくて、おもしろくて、保護者のお迎えより、おにいちゃんとの遊びを優先する姿が見られるのです。保護者にとってはちょっぴり寂しい思いがしますが、成長の証と して喜んでおられますから、共感しましょう。

具体的なテーマ

GN児（2歳10か月）…一度言ったら絶対に曲げず、時間をかけて話すようにしますが、なかなかわかってもらえません。

GN児（2歳10か月）　3月14日（木）　天候（晴れ）

家庭での生活

きげん	良い
外傷	なし
睡眠	21：30～6：30
前日の夕食	焼きそば、サラダ
本日の朝食	おにぎり、ウィンナー
朝の体温	36.5℃
排せつ	あり（普通便）

家庭でのようす

自分でやりたかった！ こうしたかった！ と大泣きしています。一度言ったら絶対に曲げず、時間をかけて話すようにしますが、なかなかわかってもらえません。見かねてお姉ちゃんが説得に入ると、意外とすなおに聞き入れることが多く、すぐにニコニコ、気分が変わるようです。

園での生活

おやつ（午前）	牛乳、バナナ
給食	ご飯、筑前煮、ホウレンソウのゴマ和え、みそ汁
おやつ（午後）	蒸しパン、飲むヨーグルト
睡眠	12：30～14：40
検温	午睡前　36.8℃ 夕方　36.9℃
排せつ	なし

園でのようす

[1]時間をかけて話すなどGN君の気持ちを大切にしようとされているのに、GN君になかなかわかってもらえないのはつらいですね。自己主張し始めるこの時期は、[2]大人の言うとおりになりたくない気持ちが強いので本当に大変ですね。でも、[3]お姉ちゃんだとGN君もすなおに聞き入れるとのこと、お姉ちゃんの助けを借りながら気長に付き合ってあげてください。今日は、おままごとで「らっしゃい、らっしゃーい、なにしますかー？ ポテトあるよ」など、元気いっぱいで、「じゃあ、ハンバーガーとポテトください」と注文をすると、なぜかおにぎりが出てきて大笑いになりました。

保護者より…翌朝のメッセージ

自己主張も大事にしないと、ということはわかっているのですが、つらいときもありますね。お姉ちゃんが入って気持ちをそらしてくれることは本当にありがたいと思っています。

書き方のポイント

1 保護者のつらさを受け止めよう

大人の目から見ると“反抗”しているように見えるこの時期、保護者なりに一生懸命かかわろうとしておられるその姿勢を認め、まずは保護者のつらさを受け止めています。

2 子どもの気持ちを代弁しつつ、子育ての大変さに寄り添おう

まだひとりでできないことが多いものの、自我が拡大し「自分でやりたい」という自主性は育っています。だから、「大人の言うとおりになりたくない」のです。保育者は子どもの心の代弁者としてそのことを保護者に伝えながらも、子育ての大変さに寄り添っています。

3 保護者の気持ちが楽になれる一文を

子どもは親に反抗しようと思っているわけではなく、単に「自分のことは自分で決めたい」だけです。「させたい」「してほしい」という思いの少ないお姉ちゃんのほうがGN児には抵抗感なくすなおに受け入れられるのでしょう。「自立のための抵抗期」もいつまでも続くわけではありません。この一文で保護者の気持ちもいくぶんか楽になることでしょう。

（四天王寺大学／非常勤講師・藤本員子）

川原佐公先生の　保護者にも伝えよう　発育・発達メモ

自分を支える自尊心の育ち

1歳児も満2歳を超えると、ひとりで食事ができたり、トイレで排せつしたり、靴を履こうとしたりと、身の回りのことが少しずつできるようになり、それが自信となって「ジブンデ」と主張し始めます。自我が芽生え、だれにも譲ることのできない自分という心の世界を持つようになるからです。保護者の言っていることはわかっていても、聞き入れたくないと「一度言ったら絶対に曲げず」反抗的な態度に現れてきます。保護者が時間をかけて自尊心を大事に認めていることは、すばらしいことです。それでも譲らないので、お姉ちゃんの出番になりますが、子ども同士の視線で通じ合うものがあるのでしょうね。

2歳児の連絡帳 書き方のポイント

川原佐公

２歳児の連絡帳を書くにあたってのポイントを３つにまとめました。
プロの保育者として常に意識しながら、家庭と園を結ぶ連絡帳を書きましょう。

1 子どもの意志を尊重し、自我の確立の援助を

主張や反抗が強くなり困惑している保護者に、具体的な対応を示し、発達の理解と尊重姿勢を持ってもらいましょう。

2歳になると歩行も習熟し、生活のしかたにも見通しを持ってきます。自我が芽生え、何でも「自分でする」と自己主張したり、指示されたことに「イヤ」と反抗したりする姿が見られるようになります。そんな子どもに保護者はいらだちますが、共感しつつ自立の過程を支える対応のしかたを伝え、安堵感と信頼関係を築いていきます。

2 ほほ笑ましいエピソードで友達とのトラブルの悩み解消

子ども同士のかかわりから自己主張によるトラブルが増えますが、かわいい仲直りを伝えて、悩みを解きましょう。

身のこなしや言葉使いも2歳なりに自由になって、人間関係が広がり友達を求めるようになります。まだ遊びのルールがわからず、友達の玩具を取ったり、かみついたりしてトラブルが起こりがちなので、保護者同士の情報から悩む記録が目だってきます。保護者の思いを受け止めながら、泣いた友達の頭をなでたようすなどを伝えて、悩みを解消しましょう。

3 簡単な手伝いをしたり家庭での成長の喜びを共感する

母親の模倣や手伝いをしたり、家庭での成長の姿を書いてくださる保護者の喜びに共感したり、対応を認めたりしましょう。

母子の愛着関係が深まり、あこがれの母親の模倣で手伝いをするようになると、ありがた迷惑な反面、こんなこともできるようになったと、子どもの成長がうれしくもあり、そのようすを連絡帳に書いてこられる保護者が見られます。子どもの成長を温かく受け止められる余裕の証《あかし》ですが、その思いを認めたり褒めたりし、保護者にエールを送りましょう。

本書の 2歳児の連絡帳の見方

毎月６人、合計72人の子どもの連絡帳の例を紹介しています。それぞれの月齢での子どものようすからの保護者とのやりとりを読み取りましょう。（月齢順にはなっていません）

※子どもの名前は、72人すべて異なる子どもなので、アルファベット2文字で表しています。

各ページ①～⑤の順で見るとわかりやすいです。

2歳児 4月

具体的なテーマ

YJ児（3歳0か月）…まだ慣れていないのか、毎朝泣いていると聞きました。

RG児（2歳6か月）…からのお弁当箱を見せて、「たべたぁ～」と毎日言います。

YJ児（3歳0か月）　4月6日（金）　天候（雨）

保護者より

新しいお部屋にまだ慣れていないのか、毎朝泣いていると聞きました。今朝はきげんが良かったのですが、また今、なかなか着替えてくれなくて、困っています。今日は、妹が熱のため休むことがわかっているからか、テレビの前に座ったまま、動こうとしません…。

保育園より

今朝は、お母さんと離れた後も、少し泣いていましたが、「外へ行こう！！」と誘うと、しだいにきげんも直り、戸外に走って出て行きました。[1]初めてお母さんと離れるのですから、泣きたくなるのはあたりまえですよね。でも、泣いている声も、日を追うごとに小さくなってきています。

今朝は、着替えに困られたようですね。なかなか着替えが進まないようでしたら、そのままの姿で登園してください。[2]こちらで着替えをしますので、だいじょうぶですよ。YJ君が「保育園が楽しいな」と思えるようになるまで焦らず気長にようすを見ていきましょうね。

RG児（2歳6か月）　4月19日（木）　天候（晴れ）

保護者より

火曜日のお弁当の日がうれしかったのか、からのお弁当箱を持ってきて見せては、「たべたぁ～」と、毎日言います。

そういえば、でき上がったお弁当を見て、喜んでくれていました。何度も開けて閉めて開けて…。こんなに喜んでくれるなら、「次のお弁当の日は、果物も入れよう！」と思っています。

保育園より

[3]子どもたちはみんな、お弁当の日をとても楽しみにしています。もちろん私たちも…。「ぜんぶたべたぁ～、ジャジャジャーン」と私たちのほうに、からっぽのお弁当を差し出したRGちゃん。すかさず、「うわー、おいしかったんだ。全部食べたね」と声をかけました。

[4]これがきっかけになったのか、RGちゃんは給食でも、「ぜんぶたべる！」と、盛り付けた量を食べられるようになってきました。

次のお弁当の日が、また楽しみですね。

書き方のポイント

1 泣く姿も肯定的にとらえよう

毎朝泣き続ける子どもの姿に保護者もナーバスになっています。まずは、「初めての園生活、緊張感で泣くのはあたりまえ」と、子どもが泣く姿を肯定し、保護者の不安を取り除きます。

2 園での配慮を具体的に伝えよう

園でも無理をせず慣らしていけるような配慮をすることを具体的に知らせています。

3 具体的な子どもの姿が保護者の意欲に

忙しい中、作ったお弁当を楽しみにしている子どもの姿を具体的に記入することで、保護者の意欲も増します。食事を「おいしく」「楽しく」とらえるような援助をしていることがうかがえます。

4 子どもの意欲は保護者の励みに

お弁当を完食したことをきっかけにして「ぜんぶたべる!」と意欲を見せる子どもの姿を示しています。お弁当を作った保護者の励みにもなります。

（ふたば保育園：奈良／園長・田中三千穂）

川原佐公先生の 保護者にも伝えよう 発育・発達メモ

YJ児は母子の愛着関係が形成しています

２歳の時期は、母子の愛着関係の第３段階、明確な愛着の成立期を迎えます。特別な人への明確な親密行動を取るようになり、その裏返しとして人見知りが強くなります。人見知りは、知らない人を警戒するといわれていますが、自分の発信する信号をわかってもらえない不安があるからなのです。YJ児は３歳になっていますから、第４段階、目的修正的協調関係の成立期になっています。相手の意図を理解できるようになり、自分をコントロールできるのです。新しい環境にもすぐ慣れていますので、愛着関係が形成されていますね。

86

---

① 具体的なテーマ

具体的なテーマ

保護者からの連絡したい内容です。こんなときにどう対応するかの参考になります。

② 保護者からの家庭のようすです。

③ 保育者からの応答です。

保護者から連絡帳にこたえて、園での子どものようすを伝えましょう。

④ 書き方のポイント

書き方のポイント

③の保護者への応答に解説を加えています。書き方のポイントが詳しくわかります。

⑤ 発育・発達メモ

①の保護者からの心配や不安やうれしかったことに関連しています。

保育者が発育・発達を理解し、保護者に伝えていきましょう。

川原佐公先生の 保護者にも伝えよう 発育・発達メモ

書き方のポイント(2歳児)、ほか

監修・執筆　ふたば保育園：奈良／園長・田中三千穂

具体的なテーマ

FK児（2歳1か月）…新しいお部屋、先生になって心配でしたが…。
IL児（2歳4か月）…初めてのお昼寝、なんとか寝られたようで安心しました。

FK児（2歳1か月）　4月6日（金）　天候（晴れ）

保護者より

新しいお部屋・先生になって少し心配していましたが、お部屋の前に行って笑顔でバイバイと手を振ってくれてうれしかったです。

まだ言葉がはっきりせず、思いがわからないこともありますが、FKの笑顔を見ると保育園で楽しく過ごしてくれているのだろうなと思います。

今日もよろしくお願いします。

保育園より

朝、FK君がママを振り返って「バイバイ」と手を振る姿、かわいいですね。私たちも、その笑顔にホッとさせられます。新しい環境になり、ちょっととまどうこともあったかもしれませんが、徐々に慣れてきたようです。今日も、みんなとくすぐりっこをしていると、FK君も興味津々！[1]「こちょこちょ」と首の周りを触ると体をよじって笑い、何度も「もっとして！」という表情で寄って来てくれました。いっぱいふれあって、信頼関係をつくっていきたいと思います。

IL児（2歳4か月）　4月11日（水）　天候（くもり）

保護者より

昨日は初めてのお昼寝。パジャマに着替えるのかな？いやがらずに寝られるのかな？泣いてないかな？と、こちらが心配になっていましたが、なんとか寝ることができたようでホッとしました。でも、先生がだっこしてくれていたのですよね？すみません。重たくなったILなので、大変だったと思います。

保育園より

ILちゃんのお昼寝初体験！[2]『初めて保育園でお昼寝した記念日』ですね。だっこしたら安心したのか、後はぐっすりスヤスヤでした。寝顔を見て、思わずチュッとしたくなりました。

ILちゃんには新しい体験ばかりですから、心配になるのはよくわかります。でも、これからILちゃんにはいろいろな「記念日」が増えていくのですから、逆に楽しみでもありますね。そんな記念日に私たちがかかわれていることをうれしく思います。楽しい記念日がいっぱいになるようにしましょうね！

書き方のポイント

1 ほほ笑ましい子どもとのふれあいの姿が保護者の安心に

4月、新入園児の保護者はもちろんですが、進級児の保護者もわが子の新しいクラスでの生活を多少なりとも不安に思うものです。読んでいてほほ笑ましくなるような子どもとのふれあいの姿をそれとなく記入することで、保護者はきっと安心することでしょう。

2 保育者のかかわりを具体的に園生活の初体験のひとつひとつを「記念日」として

新入園児にとって初体験の“お昼寝タイム”。子どもが安心できるよう寝入るまでそばに付き添い、時にはだっこをして優しく見守る保育者のかかわりを具体的に記入しましょう。そして、園生活での初体験のひとつひとつを「記念日」と表現し見守る姿勢を示し、保護者の不安や喜びを共有することが大切です。

（ふたば保育園：奈良／園長・田中三千穂）

川原佐公先生の 保護者にも伝えよう 発育・発達メモ

人間も動物も安心できる場所で眠ります

旅先では眠れない、という人は多くいます。筆者も、ベッドや枕を含めて環境が変わると眠れないタイプで、長い期間のキャンプなどでは弱ってしまいました。

眠るという生理的姿勢は、外敵に対してもっとも無防備であり、基本的に不安なものなのです。ですからだれでも安心できる場所でないと、リラックスして眠れないのです。人生経験の少ない2歳児が、新しい環境の、しかもおおぜいの人の中で初めて眠るとなれば、緊張や不安を持って当然です。それを連想するだけで保護者も「ひとりで眠れるかしら」と心配でたまらないでしょう。「保育者が見守っているから安心して寝ましたよ」と保護者に伝えることが大切です。

2歳児　4月

具体的なテーマ
MT児（2歳7か月）…いつも以上に甘えん坊になっていて…。
WD児（2歳11か月）…「おしっこいく」自分から言って、トイレでしました。

MT児（2歳7か月）　4月6日（金）　天候（晴れ）

保護者より

数日間の疲れのせいか、昨日は夕方からきげんが悪くいつもより早く寝ました。園から帰ってくると「おかあさん、かえったらだめ!!」と言い続けています。

いつも以上に甘えん坊になっていて、MTなりにがんばっているようです。でも、園に行きたくない…とまでは言わないので、もうしばらくで慣れてくるのかな、と思っています。

まだ、泣くことが多いかと思いますが、よろしくお願いします。

保育園より

朝、お母さんと離れるときは泣くのでご心配でしょうね。でも、日中は少しずつ慣れてきているようですよ。今日も走って遊んでいました。

[1]大好きなお母さんと離れて慣れない環境で過ごすことが不安になるのは当然のこと。でも、がまんしているより大きな声で泣いたり気持ちを訴えてくれたりするほうがいいんですよ。

MTちゃんが「お母さんがいなくても楽しい」と思えるようになるまで、焦らずに見守っていきましょうね。

WD児（2歳11か月）　4月20日（金）　天候（くもり）

保護者より

昨日の夜、自分から「おしっこいく、おかあさんはきたらダメ」と言って、ひとりでトイレへ行き、座っておしっこをしていました。自分からやろうとする意欲が出てきてくれてうれしく思います。

園で毎日トイレへ誘ってくださるおかげです。これからもWDのペースでオムツが外れてくれたらいいな、と思います。

保育園より

「やった〜！」トイレでおしっこが出たのですね。うれしいことです。園でも活動前後、食事前後と時間を決め誘うようにしています。[2]おうちでも同様にしてくださっているおかげで、今は自分からパンツも脱ぎ、座っています。

タイミングが合うときとそうでないときとがありますが、出たときは「でたよー」とうれしそうに教えてくれます。[2]その日その日で出るタイミングは違いますが、トイレに行こうとする気持ちを大切にして、無理なく誘っていけるようにしていきたいと思います。

書き方のポイント

1 マイナスではなく、ポジティブにとらえる働きかけを

保護者にとって、子どもに「いかないで」と言われることは胸を引き裂かれるようにつらいことでしょう。でも、子どもが泣くことはマイナスではなくポジティブにとらえられるよう働きかけることが必要です。離れてからのようすを具体的に記入して安心してもらいましょう。

2 保護者と同じ喜びを共有しながら、家庭と園が協力していけるように

自分からトイレに行く姿を見て大喜びする保護者…。「園で毎日…」と園での指導を感謝する記入がありますが、排せつのしつけは、家庭と園が協力して行なわなければ時間を要します。「おうちでも同様にしてくださっているおかげで…」と記入することで、保護者と同じ喜びを共有することができます。
また、「その日その日で出るタイミングは違いますが…」と、今の時点での姿を知らせ、今後失敗することがあっても前向きにとらえられるよう支援しましょう。

（ふたば保育園：奈良／園長・田中三千穂）

川原佐公先生の
保護者にも伝えよう 発育・発達メモ

排せつの自立はソーシャルスキルにつながる

子どもの排せつ行動の自立は、脳神経系の成熟によって膀胱《ぼうこう》の括約筋《かつやくきん》がコントロールできるかどうかにかかっています。排せつのしつけの開始時期は、1歳児が小便30.9%ですが、2歳児では96.3%となっています。2歳6か月以降では、97.6%です。（『小児保健』平山宗宏・他・編著／東京書籍・刊）

2歳11か月のWD児が、保護者を押しとどめて自分でトイレへ行った成長の姿に、保護者は喜んでおられますが、正常な発達だと思われます。保護者は園でのしつけに感謝し、園は保護者の協力に感謝し、この姿勢が子どもの社会性の自立につながります。

2歳児 4月

具体的なテーマ

YJ児（3歳0か月）…まだ慣れていないのか、毎朝泣いていると聞きました。
RG児（2歳6か月）…からのお弁当箱を見せて、「たべたぁ〜」と毎日言います。

YJ児（3歳0か月）　4月6日（金）　天候（雨）

保護者より

新しいお部屋にまだ慣れていないのか、毎朝泣いていると聞きました。今朝はきげんが良かったのですが、また今、なかなか着替えてくれなくて、困っています。今日は、妹が熱のため休むことがわかっているからか、テレビの前に座ったまま、動こうとしません…。

保育園より

今朝は、お母さんと離れた後も、少し泣いていましたが、「外へ行こう!!」と誘うと、しだいにきげんも直り、戸外に走って出て行きました。[1]初めてお母さんと離れるのですから、泣きたくなるのはあたりまえですよね。でも、泣いている声も、日を追うごとに小さくなってきています。

今朝は、着替えに困られたようですね。なかなか着替えが進まないようでしたら、そのままの姿で登園してください。[2]こちらで着替えをしますので、だいじょうぶですよ。YJ君が「保育園が楽しいな」と思えるようになるまで焦らず気長にようすを見ていきましょうね。

RG児（2歳6か月）　4月19日（木）　天候（晴れ）

保護者より

火曜日のお弁当の日がうれしかったのか、からのお弁当箱を持ってきて見せては、「たべたぁ〜」と、毎日言います。

そういえば、でき上がったお弁当を見て、喜んでくれていました。何度も開けて閉めて開けて…。こんなに喜んでくれるなら、「次のお弁当の日は、果物も入れよう!」と思っています。

保育園より

[3]子どもたちはみんな、お弁当の日をとても楽しみにしています。もちろん私たちも…。「ぜんぶたべたぁ〜、ジャジャジャーン」と私たちのほうに、からっぽのお弁当を差し出したRGちゃん。すかさず、「うわー、おいしかったんだ。全部食べたね」と声をかけました。

[4]これがきっかけになったのか、RGちゃんは給食でも、「ぜんぶたべる!」と、盛り付けた量を食べられるようになってきました。

次のお弁当の日が、また楽しみですね。

書き方のポイント

1 泣く姿も肯定的にとらえよう

毎朝泣き続ける子どもの姿に保護者もナーバスになっています。まずは、「初めての園生活、緊張感で泣くのはあたりまえ」と、子どもが泣く姿を肯定し、保護者の不安を取り除きます。

2 園での配慮を具体的に伝えよう

園でも無理をせず慣らしていけるような配慮をすることを具体的に知らせています。

3 具体的な子どもの姿が保護者の意欲に

忙しい中、作ったお弁当を楽しみにしている子どもの姿を具体的に記入することで、保護者の意欲も増します。食事を「おいしく」「楽しく」とらえるような援助をしていることがうかがえます。

4 子どもの意欲は保護者の励みに

お弁当を完食したことをきっかけにして「ぜんぶたべる!」と意欲を見せる子どもの姿を示しています。お弁当を作った保護者の励みにもなります。

（ふたば保育園：奈良／園長・田中三千穂）

川原佐公先生の
保護者にも伝えよう
発育・発達メモ

YJ児は母子の愛着関係が形成しています

2歳の時期は、母子の愛着関係の第3段階、明確な愛着の成立期を迎えます。特別な人への明確な親密行動を取るようになり、その裏返しとして人見知りが強くなります。人見知りは、知らない人を警戒するといわれていますが、自分の発信する信号をわかってもらえない不安があるからなのです。YJ児は3歳になっていますから、第4段階、目的修正的協調関係の成立期になっています。相手の意図を理解できるようになり、自分をコントロールできるのです。新しい環境にもすぐ慣れていますので、愛着関係が形成されていますね。

2歳児 5月

具体的なテーマ

HS児（2歳7か月）…舌に口内炎ができてしまいました。
OT児（2歳3か月）…参観で、園で楽しんでいることがわかり、ひと安心。

HS児（2歳7か月）　5月7日（月）　天候（晴れ）

保護者より

休みの間にかぜをひいてしまいました。熱は昨日の昼ごろには下がりましたが、舌に口内炎ができてしまいました。夕食でトマトを食べた瞬間に「イタ〜イ」と泣きだしました。やっぱりトマトは無理ですよね…。ほかのものはよく食べたので、だいじょうぶだと思いますが、ようすを見てください。お願いします。

保育園より

[1]お休みの間、大変だったのですね。でも、今日は、かぜをひいていたとは思えないほど元気に遊んでいましたよ。検温を2回しましたが、平熱でした。口内炎は気にすることもなく、おやつも給食も食べました。トマトのようにしみるものは食べませんでした。

[2]大きな紙にクレヨンで、ぐるぐる丸をいくつも描いて「ママとパパとでんしゃのった」と話しながら楽しんでいました。お休みの楽しかったようすがよくわかりました。

OT児（2歳3か月）　5月25日（金）　天候（晴れ）

保護者より

昨日の参観では、園でのようすがよくわかりました。私の顔を見ても泣かなかったし、友達の名前を呼んだり、手をつないだりしている姿を見ることができ、よかったです。歌も声を出してうたっていましたね。園で楽しんでいることがわかり、安心しました。

保育園より

今年度初めての参観で、OTちゃんの園でのようすを見ていただけて、私たちもうれしかったです。[3]手をつないでいたお友達とはいちばんの仲よしです。ふたりで歌をうたうのが大好きで、昨日歌った『こいのぼり』や『いぬのおまわりさん』などを楽しそうに大きな声で歌っています。これからもいろいろな場面を見てもらえる機会をつくっていきたいと思います。

書き方のポイント

1 保護者へのねぎらいの気持ちを伝えよう

ふだん、まとまった休みが取りにくい共働き家庭にとって、せっかくの連休中に子どもが体調を崩したことへのねぎらいの気持ちを伝えましょう。

2 具体的な姿を記入しよう

絵を描いたり話をしたりしている姿を具体的に記入して、保護者に安心してもらいます。

3 園での姿が見られる保育参観、ふだんの姿も想像できるように伝えよう

保育参観は、保護者が園での姿を見ることができる貴重な機会です。みんなで歌をうたったり友達と手をつないだりと、園生活を楽しんでいる姿が感じられるように配慮します。また、参観当日だけではなく、ふだんの姿を想像できるような記入をして、保護者に安心してもらいましょう。

（ふたば保育園：奈良／園長・田中三千穂）

川原佐公先生の
保護者にも伝えよう
発育・発達メモ

参観で園生活の子どもの成長を喜ぶ

新しい環境で不安定になり、泣いたり引っ込み思案になったり、友達とうまくかかわれなかったりしていないか、とわが子がどのように園生活を送っているのか、保護者としてはずいぶん不安を持っておられたことと思われます。1か月たって保育参観に臨んだとき、まず自分の顔を見ても泣かなかったことに、驚かれたようですね。そして友達の名前を呼んだり、手をつないだりして、仲間の中に入り込んでいることが、保護者にとっていちばん集団生活で身につけてほしかったことでしょう。2歳児のソーシャルスキルの芽生えを、保護者も確認できてよかったと思います。

具体的なテーマ

DN児（２歳３か月）…初めての動物園は、大はしゃぎでした。
BR児（２歳９か月）…パズルをひとりでもできるようになって、得意気です。

DN児（２歳３か月）　5月7日（月）　天候（晴れ）

保護者より

休みの間、動物園に行ってきました。初めての動物園はうれしかったようで、大はしゃぎしていました。キリンやシマウマを見て、時々手を振ったり、「おーい」と声をかけたりしていました。自分のマークのライオンを見ると、ライオンはちょうど背を向けて寝ていて、「これはライオンちがう！」と何度も言っていました。自分が思っていたライオンと違ったようでした。

保育園より

動物園でライオンの顔が見られなくて残念でしたね。園では[1]ほかにも動物園に行ってきたお友達もいたので、みんなで動物が載っている絵本を見ました。その本にはDN君のマークのライオンも載っていて[2]「DNくんのライオンさんだ！」とうれしそうに言っていましたよ。

動物園で見た背を向けていたライオンと、DN君のマークのライオンの顔は、同じライオンだということがいつかわかる日がくると思います。

BR児（２歳９か月）　5月24日（木）　天候（晴れ）

保護者より

昨日は夕食後、パズルをして遊びました。少し前まではひとりでできなかった30ピースのパズルも、あっという間にできるようになりました。まだまだできないと思っていたのは親だけで、子どもは日々成長しているのだなとあらためて感じさせられました。自分でもできることがうれしいようで、得意気に「ほら、もうすぐできる」と見せてくれます。

保育園でもそうでしょうか？

保育園より

園でもパズルが好きで、とても集中して遊んでいる姿が見られます。最近ではずいぶんパズルがじょうずになり、私たちも驚いています。初めは保育者といっしょにしていましたが、少しずつ[3]「じぶんでできる！」とひとりでしたがるようになりました。そばで見ていると、１ピースずつ手に取り、くるくる回して形を合わせようとしています。なかなか合わないこともありますが、形が合ったときは「できた！」と笑顔で答えてくれます。

書き方のポイント

1　子どもの体験からの保育のようすを伝えよう

子どもたちの休み中の体験をとらえて保育が進められていることがわかります。

2　新しい環境の中で安心感を得た子どもの姿をとらえて

新しい環境の中で、「自分のマーク」は「自分だけのもの」として安心感をもたらします。すっかり「自分のマーク」を覚えて安心感を得られたDN児の園でのようすを知らせています。

3　「自分でできる」という自信や子どもの気づきにふれて

保護者は、時として「○ピースのパズルができた」ということに一喜一憂しがちですが、「自分でできる」と自信を持ち始めた姿や、形の違いに気づいて興味を持っている姿を知らせながら、保護者の喜びに共感しています。

（ふたば保育園：奈良／園長・田中三千穂）

川原佐公先生の

保護者にも伝えよう

発育・発達メモ

人間以外の生き物に関心を持つ時期

乳児の初期は、母親や家族などの人間だけに関心を持っていますが、しだいに周囲の物を注視するようになり、触りながら認知を広げていきます。言葉を獲得するようになり、物事と名前を意識する２歳になると、身近なイヌ、ネコ、鳥などの家畜や、ダンゴムシ、アリなどの虫に親しむようになります。認識絵本（物事の本）が好きになるのもこのころです。ところが動物園などで、人間以外の命あるもの、不思議な存在に出会うと、子どもの世界が大きく広がります。動物園へ行く機会を大切にしたいものですね。

具体的なテーマ

KF児（2歳11か月）…連休中、出かけることが多くて、生活が不規則に。
LM児（2歳7か月）…タマネギ掘りで掘ったタマネギを大事そうにしています。

KF児（2歳11か月）　5月7日（月）　天候（晴れ）

保護者より

連休の間は出かけることが多くて、なかなか昼寝をしてくれず、生活が不規則になってしまいました〜。

昨日も夜、寝る前になって慌てておふろ!! とバタバタしました。やっと布団に入って「パンツ、ウルトラマン（布）だった?」と聞くと「ちがう! かみ（紙パンツ）」と言って寝入りました。いつの間にはき替えたのやら…よくわかってるコトで…（笑）。

保育園より

私も思わず笑ってしまいました。これなら夜の紙パンツが要らなくなる時期も近いかもしれませんね。おばあちゃんちが楽しかったのか「ばあばとこいった」「おおきなさかな、とんでたよ！」と目を輝かせて話してくれました。[1]さまざまな経験をしたことが、言葉や生活面でも成長につながっているようですね。

園では疲れたようすもなく、トイレも自分から進んで行ってました。

LM児（2歳7か月）　5月23日（水）　天候（くもり）

保護者より

昨日はタマネギ掘りに使う長靴を園に持って行くのがうれしかったのか、行きも帰りも自分で持って歩きました。

掘って持ち帰ったタマネギを大事そうにしていますが、明日は、LMにも手伝ってもらいカレーを作る予定です。

みんなで食べるときは、タマネギ掘りの話で盛り上がることと思います。

保育園より

タマネギを大事そうにするLMちゃんの姿が目に浮かびます。カレーに変身したときはどんな顔をするのでしょうか？　楽しみですね。

タマネギ掘りに行くときは、お気に入りの長靴をすばやく履いて待っていました。[2]土の中から虫が出てくると、目を丸めてびっくりしていましたが、最後には大きなタマネギを得意そうに提げて園に帰りました。

書き方のポイント

1 “排せつの自立”は“情緒の安定”

“排せつの自立”は“情緒の安定”とつながっています。休み中は不規則になった生活も、園ではあまり影響がなかったことを知らせ、おばあちゃんを含めた大人たちに見守られながら、いろいろな経験をしたことの大切さに共感しましょう。

2 園での体験を伝えて“食”への関心へ

家庭では、なかなか体験する機会が少ないタマネギ掘り。そのときの子どものようすを具体的に保護者に知らせることで“食”への関心を深めてほしいものです。

（ふたば保育園：奈良／園長・田中三千穂）

川原佐公先生の

保護者にも伝えよう 発育・発達メモ

さまざまな実物体験が子どもを成長させる

小さいころから保育園に子どもを預けることに、後ろめたさや憐憫《れんびん》の情を持っている保護者がまだまだ多いようですが、保育園という集団生活の中では、家庭で経験できないさまざまな社会経験や、菜園活動のように実物体験ができるメリットがあります。この季節の体験としてタマネギ掘りがあります。子どもも感動することでしょうが、保護者が喜んでいる姿がうれしいですね。保育者が書いているようにさまざまな経験をしたことが、言葉や生活面でも子どもの成長につながるのです。実物体験を大切にしましょう。

具体的なテーマ

ZW児（2歳4か月）…休み中、漏らしてしまうことがありました…。
GH児（2歳9か月）…園で教えてもらった歌をごきげんでうたっています。

ZW児（2歳4か月）　6月4日（月）　天候（くもり）

保護者より

今日から、綿パンツを2枚入れています。休み中もパンツをはいて過ごしましたが、漏らしてしまうこともありました。なかなかうまくいきませんね。

園でも、きっと失敗してしまうと思いますが、よろしくお願いします。

保育園より

排せつの自立へのしつけ開始！ですね。まずは、パンツがぬれて“気持ち悪い”という感覚を感じることからなので、失敗ではありませんよ！だいじょうぶです。

捨てたら終わりの紙パンツと違い、洗濯物が増えたり…増えてしまうかもしれませんが、[1]焦りは禁物！「気持ち悪いね…」と言葉をかけて、ゆったりとした気持ちで見守るようにしましょうね。

GH児（2歳9か月）　6月12日（火）　天候（雨のちくもり）

保護者より

休みの日に長靴を新調しました。よっぽどうれしいのか、雨が降っていなくても、「ながぐつをはく」と言って聞きません。また、園で教えてもらった歌を「♪あめあめ　ふれふれ　かあさんが～」とごきげんで歌っています。そんな姿を見ると私もうれしくなります。

保育園より

園でも、新しい長靴を披露していましたよ。すごくうれしいようですね。

今日は雨上がりに園庭に出かけ、水たまりに入ったり、遊具や草についたしずくを触ったりして遊びました。[2]お得意の！？歌も口ずさんでいたGHちゃんでした。

時期やタイミングを逃さずに季節を楽しんでいけたらと思っています。

大人にとっては、[2]いやな梅雨期ですが、GHちゃんのように楽しめるといいですね。

書き方のポイント

1 保護者の焦りをくみ取り、園でも“共に”見守ることを伝えよう

排せつの自立へのしつけは、初めての子育てママには大きな課題です。保護者の焦りは子どもに敏感に伝わります。漏らすことイコール“失敗”ではなく“過程”であること、また“共に”園でも見守っていることを伝えましょう。

2 保護者の気持ちを受け取り、子どもの姿をさりげなく記入して共感しよう

保護者が連絡帳に書いたことは「先生に伝えたいこと」です。子どもの体調など、“連絡事項”だけではなく、休み中にあったちょっとした“出来事”も保育者に聞いてもらって、共感したいと思っています。せっかく書いたのに事務的に「見ました」の記入だけではガッカリ、書く気が薄れていきます。この事例のように、保護者からの一文を受けて、読み手が思わずほほ笑んでしまうような表現で、子どもの姿をさりげなく記入しましょう。

（ふたば保育園：奈良／園長・田中三千穂）

川原佐公先生の 保護者にも伝えよう 発育・発達メモ

排せつの自立は、親子二人三脚で

排せつの自立には、膀胱《ぼうこう》、肛門の括約筋《かつやくきん》、大脳及び運動・知覚神経などの結合された発達が大きくかかわっています。これらのことが統合的に発達するまで待たないことには、焦って早くしつけようとしても、逆に神経質な変なくせをつけてしまうことがあります。最近はあまり早くからしつけないようになっています。発達から考えて自立は3歳といわれていますので、2歳ぐらいから、排尿、便を予告する時期に入り、そのタイミングでしつけるのが適切かと考えられています。排せつの自立は、親子二人三脚の努力が重要です。

2歳児 6月

具体的なテーマ

RC児（2歳10か月）…帰ってきて、トレーニングパンツだけで驚きました。
TY児（2歳8か月）…手伝ってもらえるのはうれしいのですが…。

RC児（2歳10か月）　6月7日（木）　天候（晴れ）

保護者より

昨日保育園から帰ってきてトイレに行ったとき、トレーニングパンツだけになっていて驚きました。
最近おねしょが1回もありません。でも親としてはやはり心配で、夜はオムツをしています。この間までトイレに座るのでさえいやがっていたのがうそのようです。

保育園より

[1]帰りにパンツになっていることをお知らせしておけばよかったですね。園ではずっとトレーニングパンツで過ごしていますのでうっかりしていました。すみません。
トイレで成功するようになってから順調に進んでいますね。おねしょもなくなりよかったです。でもゆっくり見守っていきましょうね。

PS.帰りはオムツをしておいたほうがいいですか？　遠慮なくおっしゃってくださいね。

TY児（2歳8か月）　6月20日（水）　天候（晴れ）

保護者より

妹のオムツなどを畳んでいると、「おてつだいする」といっしょに座ります。手伝ってもらえるのはうれしいのですが、まだまだへたで、畳み終わった洗濯物まですべて広げ直して畳んでいます。私はとても困るのですが、TYはとても気分よさそうです。

保育園より

えらいえらい！ TYちゃんのあの笑顔で畳んでいるようすが目に浮かびます。きっと一生懸命、お姉ちゃん、お母さん気分で、お手伝いしているのでしょうね。お母さんといっしょにすることもうれしいのでしょう。[2]今は大変でしょうが、この気持ちを大切にしていくと、優しいお姉ちゃんになると思いますよ。

書き方のポイント

1 保護者の心配にこたえ、わびる言葉を添えるとマイナスにはならず

今までオムツで膨れていたおしりが、トレーニングパンツになって帰ってきたとき、きっと保護者は「うれしい驚き」でいっぱいだったことでしょう。でも、帰宅途中に買い物などで寄り道などをする場合もありますので、保護者に知らせておくことも大切です。「すみません」とハッキリわびる言葉を添えることは、決してマイナスにはならないと思います。

2 保護者の姿勢を認め支援することが大切

子どもの育ちには家庭環境が大きく影響します。こうやって、子どもの姿に苦笑しながらも付き合っている保護者の姿勢を認め支援することが大切です。

（ふたば保育園：奈良／園長・田中三千穂）

川原佐公先生の 保護者にも伝えよう 発育・発達メモ

子どもの手伝いは自立への懸け橋

2歳児の特に女児は、母親へのあこがれが強く、食器洗いや配ぜん、洗濯物を畳むなどのまねをしたがります。母親にとっては時間はかかるし、じゃまなものですが、「お手伝い」と喜んでかかわる姿を、思わず受け止めてしまいます。子どもにあこがれられる母親像があるということであり、なんでも依存していた母親からの自立に向けて、歩き始めたけなげな姿なのです。家事労働ができない、あるいはわずらわしくいやがる大人に育たないように、お手伝いのまねっこを温かい目で見守り、少しでもじょうずにできたときは、認める言葉をかけましょう。

2歳児　6月

具体的なテーマ
JB児（3歳2か月）…納得できるまで「なんでなんで」の質問攻めです。
FV児（2歳6か月）…生き物が大好きで、見つけては教えてくれます。

JB児（3歳2か月）　6月29日（金）　天候（晴れ）

保護者より

昨日、蚊取り線香に火をつけて息をフーフーしていると興味津々で私の横でじーっと見ています。息を吹きかけると先が赤くなることが不思議で何度も「ふいて」と言います。また、「なんであかくなるの？」と疑問に思ったことを聞きます。JBが納得できるまで何度も「なんでなんで」と質問攻めです。

正直うっとうしいときもありますが…。

保育園より

JB君の探究心はすごいものですね。不思議に思ったことや気づいたことに共感してあげることはとてもいいことですね。また、話し言葉の基礎ができ[1]「なんでなんで」と質問をするようになるのは、この年齢の特徴です。…とはいえ、[2]納得できるまで気長に付き合うということは根気がいりますが、答えてあげることでJB君がいろいろなことを吸収して大きくなっていくことを楽しみにしたいですね。

FV児（2歳6か月）　6月11日（月）　天候（晴れ）

保護者より

昨日は、雨が降っていたのですが、おじいちゃん宅に田植えを見に行きました。コンバインから苗が出てきて植わっていくようすを不思議そうにじっと見入っています。また、カエルがピョンと飛び出しびっくりしながらも「カエル、カエル」と喜んでいました。

最近は、いろいろな生き物が大好きで、見つけては教えてくれます。時には「つかまえて」と無理な要求も…。

保育園より

[3]田植えを見たりカエルを見つけたりという貴重な体験をされたのですね。FV君は、本当に虫や小動物が大好き。先日、保育所から散歩に行ったときもアジサイの葉っぱにカタツムリがいるのを見つけ「せんせい、カタツムリ！」と大喜びでした。「おくびをだしているよ」などと気づいたことを話してくれました。ちょっと触ってみると、「わぁ、ひっこんだ～」とびっくりしていました。見ているだけでも興味津々ですから、[4]捕まえたり、触ったりすると、またいろいろなことを発見することでしょうね。でも、触った後は、手を洗うことも忘れないようにしましょうね。

書き方のポイント

1　2歳児の発達について伝えよう

身の回りへの関心が広がってくる2歳児の特徴を知らせています。

2　保護者の気持ちも察しながら、大切なことを伝えよう

「なんで？」の質問攻めに、少々うんざりぎみの保護者の気持ちも察しつつ、今大切にしたいことを知らせるようにしています。

3　保護者の思いをくみ取り、こたえよう

地域によっては体験できそうもない田植えを見せようと、雨の中、わざわざ出かけた保護者の思いを察した文章です。

4　“子どもにとっては”をさりげなく伝えよう

生き物を捕まえてという、大人には「無理な要求」と感じることも、子どもにとってはとても大切な体験だということをさりげなく知らせています。

（ふたば保育園：奈良／園長・田中三千穂）

川原佐公先生の　発育・発達メモ　保護者にも伝えよう

「これなに」から「なんで」の質問期へ

低年齢児は、外界の物に興味・関心がいっぱいあり、見たり、触ったり探索活動をしきりにして、これはいったい何だろうと「知りたがりや」が盛んなときです。物に名前があることがわかると、かたっぱしから知ろうとします。それが「これなに」の質問になります。「これはリンゴ」と教えられることでほかとの区別がついて認識・記憶され、言葉の源泉になります。名前はしだいに概念となり、4、5歳で分類や上位概念が育っていきます。「これなに」の次の発達段階として、「なんで」と理由を尋ねるのが、2歳児です。物と物との結び付きや、原因を知ろうとする高度な言語機能です。ていねいに答えましょう。

2歳児 7月

具体的なテーマ
MK児（3歳1か月）…赤ちゃんが退院し、とてもいいお姉ちゃんをしています。
UZ児（2歳8か月）…少しせきが出ています。生活リズムも乱れがちです。

MK児（3歳1か月）　7月5日（木）　天候（晴れ）

保護者より

昨日、私と赤ちゃんが退院し、自宅に戻りました。MKはいっしょにオムツを替えたりだっこをしたりと、とてもいいお姉ちゃんをしています。保育園でも先生と赤ちゃんごっこをしたと喜んで話してくれました。今朝は赤ちゃんの泣き声で早く目覚めてしまい、少し睡眠時間が短くなっています。給食の途中で眠くなるかもしれませんが、よろしくお願いします。

保育園より

退院、おめでとうございます。

園でも赤ちゃん人形に優しく声をかけ、おっぱいをあげるまねをしています。おうちでもMKちゃんは張り切ってお姉ちゃんの役割を果たしているようですね。[1]家族の方が愛情いっぱいに赤ちゃんにかかわっておられる姿が目に浮かびます。本当におめでとうございます。

[2]給食の途中で眠くなるのでは…と心配されていましたがだいじょうぶでした。お友達とのおしゃべりが楽しくて眠気もどこかにいってしまっています。

UZ児（2歳8か月）　7月20日（金）　天候（晴れ）

保護者より

昨日から少しせきが出ています。いつになったらプールに入れるのでしょうか？　やっぱり就寝時のクーラーがだめなのでしょうか。生活リズムも乱れがちなので昨晩も早く寝かせようと思ったのですが、9時を超えてしまい十分な睡眠が取れず、起こしても布団の上でごろごろと、なかなか目覚めないUZでした。

保育園より

夜も暑さが残り寝苦しい日が続いていますね。エアコンを使うことで寝つきやすくなりますが、[3]冷たい空気は下のほうにたまりますので、寝ている部屋が冷えすぎないようにしてあげてくださいね。寝入るまでは除湿をし、寝入ったら体温調節ができないので、特に室温には注意してくださいね。また、夜なかなか寝つけないとのこと、夕方帰ってから、忙しいとは思いますが、早めに夕食とおふろを済ませてリラックスすることで、入眠時間も早くなればいいですね。

[4]プール遊びはまだまだ続きます。体調がよくなったらタップリ楽しみましょうね。

書き方のポイント♡

1 赤ちゃんの誕生、大きな喜びに共感しよう

赤ちゃんが生まれたことは家族にとってもMK児にとっても大きな喜びです。その喜びに共感するとともに、MK児への影響を気づかう母親への配慮がうかがえます。

2 保護者の心配に、具体的な子どもの姿を伝えよう

給食の時間も眠くならず、友達と楽しげに過ごすようすがうかがえます。

3 健康管理への的確なアドバイスを

エアコンの使用については、どうしても大人のペースになりがちです。寝入ったら体温調節ができないので…と的確なアドバイスをして健康管理をしてもらいましょう。

4 保護者の気持ちを受け止め、前向きなひと言を

プール遊びができず残念な気持ちを受け止めて、体調の回復を大事にするよう促しています。

（ふたば保育園：奈良／園長・田中三千穂）

川原佐公先生の

保護者にも伝えよう
発育・発達メモ

赤ちゃんにしっとしないように注意

3歳になると、身辺自立も進み自信を持ち始めるので、下に赤ちゃんが生まれる適期だといわれています。お母さんが妊娠期間に、絶えずおなかに赤ちゃんがいること、お兄ちゃんお姉ちゃんになることを話して聞かせていると、しぜんに心構えもでき、優しく受け止められます。MK児は望ましい姿がうかがえますが、寝る前など、お母さんのお乳を飲んでいる赤ちゃんを見ると、ふと寂しくなることがあります。それを予測して「赤ちゃんがお乳を飲んでしまったら、MKちゃんをだっこしてあげましょうね」と事前に伝え、安心して待たせ、しっとさせないように注意しましょう。

2歳児 7月

具体的なテーマ
HL児（2歳8か月）…家族でプールに。遊び方がダイナミックでヒヤヒヤ。
RN児（3歳2か月）…同じクラスのTJちゃんと仲よく手をつないでいました。

HL児（2歳8か月）　7月9日（月）　天候（晴れ）

保護者より

昨日は家族みんなでプールに行って来ました。HLもとても喜び、大はしゃぎでした。園でも楽しくプールに入っていると聞いていたので、安心しましたが、去年と比べて遊び方がダイナミックになった気がして、私と夫はヒヤヒヤしました。本人はとてもごきげんでしたが…。

保育園より

楽しい休日を過ごされたようですね。

HL君も「プールにいった」とうれしそうに教えてくえました。ワニ歩きをしたり、顔をつけたりして、水に触れることがとても楽しかったようすがわかりました。[1]時には、豪快さにヒヤッとすることもありますが、HL君は私たちの心配をよそに平気なようです。[1]それも成長のひとつと喜びながらも危険のないよう見守り、プール遊びを楽しんでいきたいと思っています。

また園でのようすを伝えていきますね。

RN児（3歳2か月）　7月19日（木）　天候（晴れ）

保護者より

昨日、園の帰り道に同じクラスのTJちゃんと会いました。ふたりでうれしそうに手をつないで歩く姿を見て、ほほ笑ましくなりました。園でもきっと仲よく遊んでいるのだろうな、と園でのようすが目に浮かび、思わず私もうれしくなりました。

保育園より

[2]園でもよくふたりで遊ぶ姿が見られますよ。ままごとをしたり、三輪車に乗って遊んだりしています。また、「おいで」「こっちだよ」など、言葉のやりとりも楽しんでいる姿をよく目にします。友達との関係も、これから増えていくことでしょう。“自分”“友達”という人間関係が広がっていく時期ですので、これからもRNちゃんの成長を見守っていきましょうね。

書き方のポイント

1 子どもの行動をきちんと把握しながら見守っていることを伝えよう

楽しい水遊び！　2歳児は、水の中で身も心も開放感を味わいます。しかし、水の怖さはわかっていませんので気をつけることが大切です。
「時には豪快さにヒヤッとすることもありますが」と記入し、怖さ知らずの子どもの行動を、きちんと把握しながらダイナミックに挑戦する姿を見守っていることを知らせます。

2 成長過程を具体的に示すことも、子育て支援につながる

仲よしの友達ができることは保護者にとってもうれしいものですね。
園での子ども同士の会話や姿が目に浮かぶよう記入しています。また、これからの成長過程を具体的に示し、共に楽しみにすることも子育て支援につながります。

（ふたば保育園：奈良／園長・田中三千穂）

川原佐公先生の 保護者にも伝えよう 発育・発達メモ

他児とのかかわりで世界が広がる

保育所生活の最大の利点は、同年齢の友達集団が保障されているということでしょう。大人だけを見つめて介助を受けていた0歳児から、保育者を仲立ちとして自分以外の友達と、同じ遊びを楽しんできた1歳児期。それが2歳になると、靴の模様が同じであったり、同じ色の靴下を履いていたりするのを見つけると「おなじ、おなじ!!」と喜び合うようになります。それをきっかけとして、気の合う友達ができてきます。隣同士で給食を食べたり、好きな同じ遊びを楽しんだりすることで、心の世界が広がり、伝達に必要な言葉も増えて、生き生きとした園生活を送るようになります。保護者共々、友達関係を大切にしましょう。

具体的なテーマ

SY児（3歳2か月）…暑さのせいか、あまり食べません。
FB児（2歳10か月）…「なんでなんで」の時期で、なんでも聞いてきます。

SY児（3歳2か月）　7月26日（木）　天候（晴れ）

保護者より

暑さのせいもあるのか、あまりにもちゃんと食べようとしないので、昨晩はしかりました。しかられてもケロッとしてぜんぜん反省なしです。無理に食べさせないほうがよいのかと思うのですが、つい「食べなさい！」攻撃をしてしまいます。

保育園より

食べないと体力が…と心配しますね。でも、[1]園では給食を残さずに食べていますし、時にはお代わりもしてますので安心してくださいね。お友達といっしょに、給食やおやつを決まった時間に食べるのがよいのかもしれないですね。

食べさせたいとしかったり、時間をかけたりしても効果は薄いようです。30～40分を目安に切り上げてみてはどうでしょうか？　また、ほかによい方法があれば、お知らせしますね。

FB児（2歳10か月）　7月2日（月）　天候（くもり）

保護者より

「なんでなんで」の時期で、なんでも聞いてきます。なるべくていねいに返答しようと心がけてはいますが、エンドレスなので大変です！　でも、そんなとき、お兄ちゃんが逆に「なんで？」とFBに何回も質問を浴びせます。すると「ママ～おにいちゃんが『なんで？』ばっかりいう～」と泣きついてきます。思わず「FBもでしょ！」とつっこみを入れてしまいました。

保育園より

お母さんの“つっこみ”を受けたときのFBちゃんの表情を想像して、吹き出しそうになりました。子どもの「なんでなんで攻撃（？）」は、忙しいときは、少し大変に感じるかもしれませんね。お母さんにかまってほしいのもあるのでしょうか？　2～3歳児は、いろいろなことに興味が広がり、なんでも知りたい、聞きたい時期ですね。

私たちも子どもの「なんで？」にていねいに答えるようにしていますが、[2]質問によっては「なんでだと思う？」と逆に聞き返してみます。意外な答えが返ってきて、2歳児の発想のおもしろさに感動することがありますよ。

書き方のポイント

1　園でのようすを伝えることで安心に。子どもの姿にも気づけるように

わが子の食事量や好き嫌いについて心配する保護者は少なくありません。しかし、園で友達といっしょなら食べるようすなどを知らせて安心してもらい、子どもの食事量は一定ではないことに気づいてもらいましょう。

2　保育者がしていることをヒントとして示すことも大切

子どもは大人が想像もつかないような発想を基に行動し不思議を感じます。その姿にていねいにこたえることが大切だとわかっていても、保護者には大変と感じることもあるでしょう。そんなときに、逆に子どもに考えさせてみるなどのヒントを示してあげるのも大切です。また、子どもの気質や性格も多種多様ですから、「なんで？」を繰り返す子どもの言動の裏に隠れている気持ちをいっしょに考えてあげることも保育者の役割です。

（ふたば保育園：奈良／園長・田中三千穂）

川原佐公先生の 保護者にも伝えよう 発育・発達メモ

「なんで?」と聞き返し考えさせる

2歳児も3歳になると、言葉や社会性が育ち、多語文や、初歩的な因果文を使って話せるようになってきます。言葉を覚え始めるときは、「これなに?」と名詞、物の名前を知りたがっていましたが、しだいに「外へ出ましょう」と指示すると「なんで?」とその訳を聞くようになります。「どうしてかという理由」がわかって、自分で納得し目的を持って行動しようとする発達の姿です。「なんで?」というと答えてくれるやりとりを好む面もあります。自分で理由がわかっていて、同じ答えが出ると喜ぶこともあります。「なんでだと思う?」と聞き返すと得意そうに答えることもあります。

2歳児 8月

具体的なテーマ

TG児（２歳４か月）…「ヴンゴ～」ときばりながら教えてくれますが…。
WV児（２歳６か月）…お休みの間、初めて海に行きました。

TG児（２歳４か月）　8月3日（金）　天候（晴れ）

保護者より

最近、おしっこはトイレでできるようになってきました。でも、うんちはまだトイレできばることができないようです。うんちがしたくなったら「ヴンゴ～」ときばりながら教えてくれるのですが、ズボンを脱いでいる間に出てしまうことが多いです。教えてくれるようになっただけでもうれしい成長です。

保育園より

そうですね、園でも同じような姿が見られますよ。この間も、きばりながらうんちが出たと教えてくれました。「よかったね。言えたね」と[1]みんなで喜びました。このように、[2]いつもお母さんがTGちゃんといっしょに笑顔で喜んでくれているのでしょうね。とってもすてきなことですね。

WV児（２歳６か月）　8月23日（木）　天候（晴れ）

保護者より

今日は久しぶりの登園です。お休みの間、初めて海に行きました。「なみチャプチャプ」と言いながら足をつけていると、波が近づいてきて怖くて泣いて逃げてしまいました。でも、次の日は慣れてきたのか怖がらずに足や手をつけて喜んでいたWVです。家族で夏休みを楽しく過ごしました。

保育園より

楽しい思い出ができてよかったですね。次々と近づいてくる波を見るのが初めての経験だったので、少し怖かったのかもしれませんね。

[3]今日のプール遊びでは、波を思い出したのか「なみチャプチャプ」と言いながら水面をたたいて遊んでいました。[4]ひとつひとつ経験を重ねることによって楽しさに変わってきたのだと思います。もちろんお父さんやお母さんがいっしょに楽しんでいたことがWVちゃんにとってよかったのでしょうね。

書き方のポイント♡

1 子どもの姿を受け止めている園のようすを伝えよう

園でも同じ姿であり、それを受け止めて褒めているという記入は保護者に安心感を与えます。

2 別の角度からの視点はかかわり方のヒントに

いつもお母さんが…と別の角度からの視点で記入し、保護者自身のかかわり方のヒントを示しています。

3 保護者と喜びを共有しよう

子どものようすを具体的に知らせて保護者との喜びを共有しています。

4 驚いたり怖がったりした経験も、プラスの視点で伝えよう

子どもが初めてのことに驚いたり怖がったりすることは、成長に欠かせない経験です。プラスの視点でコメントすることがポイントです。

（ふたば保育園：奈良／
園長・田中三千穂）

川原佐公先生の 保護者にも伝えよう 発育・発達メモ

直腸・結腸反射のシグナルが早い

起立性大腸反射といって、朝、目を覚まして起き上がると、大腸が活発に運動を始めます。朝ごはんを食べると胃は大腸に向けて、蠕動《ぜんどう》運動のシグナルを送ります。すると横行結腸からS字結腸にかけて蠕動運動を始め、便は直腸に送られます。便が直腸に届くと、脳や大腸上部に排せつのシグナルが送られます。これが便意と感じられるのですが、２歳ごろはこの行程が早く、しんぼうできないのです。便が出そうと思ったときには、肛門の括約筋《かつやくきん》が弱くこらえきれないので、すぐに出てしまうのです。失敗したと思うのではなく、便意を伝えられたことを褒め、ていねいに始末をして励みにしましょう。

2歳児　8月

具体的なテーマ

KJ児（2歳9か月）…弟の指吸いを「やめなさい」と言っている姿にニッコリ。
NM児（2歳4か月）…家で服を脱ぐとき「できな～い」。園ではどうですか？

KJ児（2歳9か月）　8月3日（金）　天候（晴れ）

保護者より

弟のLH（10か月児）が指を吸っているのを見つけると、「LH、おとうさんゆびはおいしくないよ。やめなさい」と私の口調をまねして、厳しく指導しています。　LHは“なんのことやら～？”と思いつつ、ニコニコ笑っています。でも、KJは真剣な表情なので、その姿を見て、私も笑ってしまいます。

保育園より

お母さんの口まねをしているKJちゃんの真剣な表情がとってもよくわかります。1いろいろなことに興味があり、大人同士の会話を聞き取って遊びの中で使うことも多い時期です。私たち大人も言葉づかいには気をつけなくっちゃ…と思いますね。

今日は、登園して来た友達やお母さんに「きょうもあついねぇ～」と、まるで大人同士のように言ってごあいさつ。おおいに笑いを誘っていました。

NM児（2歳4か月）　8月20日（月）　天候（晴れ）

保護者より

最近は、「じぶんでするの！」と何でも、自分でやりたがるNM。なのに、服を脱ぐときだけは、「できな～い」と甘えてきます。「保育園では自分で着替えないの？」と聞くと、「ちぇんちぇい、してっていうよ」と言っています。保育園では、着替えのときどうしていますか？

保育園より

園でも、「じぶんでするの！」と言うことが多くなってきました。“自分でしたい”という意欲と“できた”という自信がついてきているようですね。

服を脱ぐときは、汗で衣服がくっついてしまうことが多いので、NM君の言うように、手伝うようにしています。そでの部分を脱がしてあげると、後は自分で脱いでいます。2ひとりでできにくいところは手伝いつつ“自分で…”という気持ちを大切にしてあげたいですね。

書き方のポイント♡

1　育児の喜びと難しさに共感し、大人は子どものよい環境となるよう知らせよう

2歳児はおもしろいほどいろいろな場面で言葉を吸収していく時期です。そんな子どもの姿を笑顔で見守る保護者…、まさに育児の喜びと難しさを実感する瞬間でもあります。保護者の思いに共感し、大人は子どものよい環境となるよう知らせましょう。

2　「できる・できない」ではなく“自分で”という意欲や自信を大切に

保護者は、「ひとりでできる・できない」ということに目が行きがちですが、“自分で”という意欲や自信を大切にし、さり気なく手伝うことやひとりで着られたことをいっしょに喜んで認めることの大切さに気づいてもらいましょう。

（ふたば保育園：奈良／園長・田中三千穂）

川原佐公先生の
保護者にも伝えよう
発育・発達メモ

言葉の発達段階に合わせた援助を

2歳になりますと、言葉での伝達が可能となる命題伝達段階になりますが、さらにKJ児のように、「お父さん指は（主語）おいしくないよ（述語）。やめなさい（命令語）」など文として成り立つ構成で会話が成り立つ段階を迎えます。そのためには周囲の大人が、子どもの言うべき言葉や行動のモデルを示す「モデリング」が大切です。また、子どもの言葉を意味的、文法的に広げて返す「エキスパンション」という援助をしていきます。子どもは伝達できた喜びから、どんどん言葉の獲得を深めていくことでしょう。

2歳児 8月

具体的なテーマ

YR児（3歳2か月）…登園時うれしそうなのに、園のプールはなぜいやなの？

AS児（2歳8か月）…“お姉ちゃんパンツ”を買いに行きました。

YR児（3歳2か月）　8月2日（木）　天候（晴れ）

保護者より

家のビニールプールでは水しぶきを上げながらきゃっきゃっと楽しんでいます。通園カバンは自分で持たないのに、プールバッグは毎朝しっかり持ってうれしそうに登園するYRです。どうして保育園のプールはいやなのかな？

保育園より

もしかして、みんなの元気良すぎる水しぶきが顔にかかっていやなのかもしれませんね。[1]今日は、大好きなゾウのジョウロでプールの中のお友達に水をかけて喜んでいましたよ。

好きな水遊びを繰り返しすることで、プールに入って遊べるようになると思います。もう少し見守っていきたいと思います。

AS児（2歳8か月）　8月14日（火）　天候（晴れ）

保護者より

先生が「“お姉ちゃんパンツ（布製）”でもだいじょうぶ」と言ってくださったので、さっそくお休みに買いに出かけました。自分で選んで「これがいい」と次々カゴに入れていました。最初は失敗することが多いとはいえ、カゴいっぱいにパンツを入れ、その中から選ぶのにひと騒動があって困りました。

夜、パンツを枕元に置いて、しっかりオムツをして眠っています。

保育園より

[2]朝からうれしそうに友達や保育者に何度もパンツを見せていました。

「お姉ちゃんパンツがぬれないようにトイレに行こうね」と言葉をかけるだけで喜んでトイレに行き、オシッコをしています。お姉ちゃんパンツの効果はすごいです。

書き方のポイント

1 プールをいやがる子どもへの具体的な対応を伝えて、保護者の安心に

友達といっしょのプール遊びは楽しいけど、顔に水がかかるのがイヤという子どもがいます。そんなときは無理に誘うのではなく、プール近くに水遊びの環境を整えて徐々に慣れさせているようすを記入し、保護者に安心してもらいましょう。

2 排せつの自立の姿、保護者の喜びに寄り添おう

入園当初は、排せつの失敗を心配して紙オムツをして登園させる保護者も少なくないようです。排せつの自立とともに「“お姉ちゃんパンツ”でもだいじょうぶ」とパンツの着用を勧められた保護者の喜びが文面から感じられます。その喜びに寄り添い、園でのようすを知らせることは大きな保護者支援となります。

（ふたば保育園：奈良／園長・田中三千穂）

川原佐公先生の 保護者にも伝えよう 発育・発達メモ

お姉ちゃんパンツへのスムーズな移行

排せつの自立は脳神経の働きと密接に関係しています。膀胱《ぼうこう》に尿がたまると、膀胱の壁の末梢神経が刺激されて、脊髄の反射中枢へ、さらに脊髄を通って大脳へ伝えられ、そこで大脳は尿を出すことを指示します。一方、膀胱の筋肉は縮んで絞り出そうとし、逆に出口の括約筋《かつやくきん》は緩んで尿が出るのです。ですから、どんなに焦ってもこのしくみが成熟しないと自立につながりません。しかし、成熟を待っているとしぜんと身につくわけでもなく、子どもの成長・発達を見極め適切なタイミングで促すなどの援助が大切です。お姉ちゃんパンツは効果的です。

具体的なテーマ

ZD児（2歳8か月）…病気での長い休み中、園に行けなくて寂しそうでした。
FL児（2歳10か月）…最近あまり食事をとらなくなりました…。

ZD児（2歳8か月）　9月13日（木）　天候（晴れ）

保護者より

長いお休みでした。毎朝「ほいくえん？」と聞き、「ブツブツだから行けないよ」と言うと、とても寂しそうな顔をしたり、意地でも行こうと自分で着替えを始めたりと少しかわいそうになりました。

昨夜、病院の先生に「保育園行ってもいいよ」と言われると、ニコニコ顔で「ほいくえん」と、何度も言いながらとてもうれしそうでした。

1週間分のストレスを発散させ、いつも以上にうるさいかもしれませんが、よろしくお願いいたします。

保育園より

本当に長いお休みになりましたね。ZDちゃんの笑顔が見られない保育室は寂しかったです。

園が大好きなZDちゃんのようすを聞かせていただいてうれしかったです。

仲よしのNKちゃんとIGちゃんもZDちゃんの登園を心待ちにしていました。今日はふたりともZDちゃんから離れず、[1]久しぶりに3人でのおしゃべりを楽しんでいました。

FL児（2歳10か月）　9月21日（金）　天候（晴れ）

保護者より

最近あまり食事をとらなくなりました。

妹の影響も大きいと思いますが、夕食時に、「たべさせて」「おなかいっぱい」という言葉をよく耳にするようになりました。

でもおやつは欲しがるので困ったものです。

保育園より

食が進まないのはご心配でしょうね。

「おなかいっぱい」は園でも時々耳にしますが、[2]FLちゃんのおなかとお代わりしているお友達のおなかを触って「FLちゃんのおなかにはまだ入るよ」と声をかけると、また食べ始めています。

[2]また、口に運ぶとパクパク食べているので、あまり無理に食べるように言葉をかけないで少しようすを見ていきましょう。

書き方のポイント

1 久しぶりの登園を心待ちにしていた友達とのようすを伝えて安心に

1週間の休みは母子共に長く感じたことでしょう。ZD児を首を長くして待っていた友達といっしょに、笑顔でおしゃべりを楽しんでいるようすを知らせて安心してもらいましょう。

2 食べる量を気にしながらも、別の角度からのようすも知らせよう

保護者は食べる量に一喜一憂しがちです。別の角度から見た子どものようすを知らせ、柔軟な発想につなげるように助言しましょう。

（ふたば保育園：奈良／園長・田中三千穂）

川原佐公先生の

保護者にも伝えよう 発育・発達メモ

食べる量には個人差が大きい

子どもの食事は、1歳ごろによく食べる時期がありますが、2歳ごろになると、その日の体調や活動量によって食べる量にむらができてきます。さらに、非常にエネルギッシュな活動量の多い子ども、静かな遊びを好み動きの少ない子ども、大きな体格の子ども、線の細い小柄な子どもなどによって、食べる量の個人差が大きくなります。また、2歳になると、感情の起伏が激しくなり、友達とトラブルがあって不機嫌になるとか、感情によって食欲が影響されることも多くなります。食事の量を気にせず、原因を見極めることが大切です。

2歳児 9月

具体的なテーマ

WT児（2歳11か月）…着替え、「じぶんで！」「できた」に、たくさん褒めました！
VB児（3歳4か月）…夕飯時、「VBもする」と一生懸命手伝ってくれました。

WT児（2歳11か月）　9月3日（月）　天候（晴れ）

保護者より

最近、何でも自分でするといいだし、聞きません。

今日もおふろから出てパジャマに着替えるときに、私が手伝おうとすると「じぶんでするの！」と言って手伝わせてくれません。数十分たって「できた」とうれしそうに見せに来てくれましたが、ズボンは前後逆でした。でも、とってもうれしそうだったので、たくさん褒めてあげました。

保育園より

[1]エライエライ！ パジャマをひとりで着たんですね。前後左右が逆でもOK！「自分でできた」という気持ちを大切にしてあげたいですね。

園でも、[2]「何でも自分でしたい」という意欲が見られ、保育者が手伝おうとすると「じぶんでするの」と言います。時々、やりたいと思う心とは裏腹に、うまくできずあきらめてしまうときもあるので、ようすを見ながらさりげなく援助をするようにしています。これからもWTちゃんの意欲を大切に、そばで見守るようにしますね。

VB児（3歳4か月）　9月13日（木）　天候（晴れ）

保護者より

今日はお姉ちゃんたちが夕飯の手伝いをしてくれました。そこにKも入ってきて「VBもする」と言い、手伝ってくれました。お皿を机に運んだり、おはしを並べてくれたりと、一生懸命手伝ってくれました。とても助かりました。

保育園より

お手伝いをしてくれると助かりますね。[3]うれしそうに食器を運んだり、並べたりしているVBちゃんの姿が目に浮かびます。園でも私たち保育者のお手伝いをしてくれます。張り切って「これ、もっていくの？」と言いながら手伝ってくれます。

[4]今は「したい」という気持ちを受け止め、いろいろなことに興味を持ってもらいたいですね。

書き方のポイント

1 心配、喜び、保護者の気持ちに寄り添おう

「じぶんでするの！」の言葉は、保護者にとってうれしいものですが、反面うまくできるだろうかという心配もあります。「言いだすと聞かない」と言いつつ、数十分後に「できた！」と言う子どもの姿に、思わず笑顔でこたえる保護者の姿が目に浮かびます。まずは、その保護者の喜びを共有しましょう。

2 「手伝わせてくれません」→「意欲の表れ」に置き換えて

「手伝わせてくれません」という保護者の文章を、園では「意欲の表れ」と置き換えて表現し、この年齢で大切にしたいことを知らせています。

3 忙しい中でも子どもの姿を受け止める保護者へ、支援の言葉を

仕事を持つ母親は忙しく、食事のしたくなど“子どもといっしょに楽しむ”ゆとりもないのが現状かもしれません。しかし、そんな中「一生懸命手伝ってくれました。とても助かりました」と子どもの姿を受け止めている保護者。その知らせに「目に浮かびます」と返し、保護者を支援しています。

4 発達過程にふれながら

まもなく3歳半になるVB児が、周囲の未知のものに興味を示し、何でも試し、やってみたくなる時期であることを知らせています。

（ふたば保育園：奈良／園長・田中三千穂）

川原佐公先生の

保護者にも伝えよう 発育・発達メモ

子どもの心の成長による変化を知る

母親にまとわりつく1歳後半までは、母親も子どもも互いが自分の中に入り込んで、一心同体の状態です。ところが、身の回りのことが少しずつ自分でできる始め、母親と自分との違いがわかり、自我が芽生えると、大人の制圧や規制に対して反発するようになります。それが「自分で」の主張として現れるのです。子どもの成長に伴っての心の変化を受け止められる母親であれば、子どもは自我の確立と共に、セルフコントロールが身につくようになります。この時期、母親は情緒不安定になりやすいので、援助することが大切です。

2歳児　9月

具体的なテーマ

JC児（3歳4か月）…ナス嫌いなのに食べた！　園で収穫した野菜は特別！

EK児（3歳2か月）…低い段差でも跳べなかったのに、跳べていて感動！

JC児（3歳4か月）　9月7日（金）　天候（晴れ）

保護者より

ナス嫌いのJCがナスを食べたんですね。家では、いつもわからないように小さくしてほかのおかずに混ぜたりしているのですが、ばれてしまいます。

保育園で収穫した野菜はJCにとっては特別だったのでしょうね。

保育園より

そうです！ 保育園の畑では、たくさんのナスが取れたんですよ。JC君もナスができているプランターの所へ真っ先に走って行き、いちばん大きなナスを取っていました。嫌いな野菜でも、みんなで収穫したり、収穫した野菜を給食の先生の所まで持って行ったりすることで「食べてみよう」と思ったのでしょうね。[1]お母さんもいろいろと工夫されているのですね。エライです。時には、夕食の準備で、[2]ナスを洗ったり、おかずをお皿に盛るのをいっしょにしたりしてもらうと保育園と同じように「おいしい！」と食べてくれるかもしれませんね。

EK児（3歳2か月）　9月11日（火）　天候（晴れ）

保護者より

最近、運動会に向けてジャンプの練習をしているからか保育園の帰り道、階段やブロック塀を見つけると「ジャンプしていい?」とひとりでジャンプして見せてくれます。以前までは、低い段差でもなかなか跳べなかったEKがしりもちもつかずジャンプできていたので、とても感動しました。

毎日取り組んでくださっている先生たちのおかげですね。

保育園より

毎日、朝の会後、ジャンプをしたり、平均台を渡ったりして遊んでいます。初めは、「こわい…」と言って保育者の手を持ってジャンプしていましたが、[3]無理をせず10cmぐらいの低い高さからジャンプしていったことで恐怖心もなくなり、ひざや足首を柔軟に使ってひとりでジャンプできるようになりました。EKちゃんも跳べるようになってお母さんにも見せたかったのでしょうね。きっとこれからもたくさん見せてくれると思います。

[4]この年齢の子どもの関節・骨はまだ軟らかく形ができていない状態ですので、関節がずれたりする可能性があります。また、跳び降りた瞬間、前のめりになり頭を打つなどしますので十分に気をつけてくださいね。

書き方のポイント

1 保護者の努力を認めてやる気を引き出そう

偏食は保護者の大きな悩み! でもいろいろ工夫している保護者の努力を認めてやる気を引き出しています。

2 2歳児の発達に合わせた具体的なヒントを伝えよう

2歳児の発達に合わせて“楽しくできること”を具体的に挙げているので、保護者にとってはよいヒントになることでしょう。

3 具体的な対応と子どものようすを伝えよう

徐々に恐怖心を取り除いてあげることで“意欲”がわいてくることを知らせています。

4 子どもの運動機能の発達に合わせた配慮の大切さを伝えよう

2歳半ごろから、高い所から跳び降りるのを喜ぶ姿が多くなってきます。危険のないよう、子どもの運動機能の発達に合わせて配慮することの大切さを知らせています。

（ふたば保育園：奈良／園長・田中三千穂）

川原佐公先生の　保護者にも伝えよう　発育・発達メモ

自分で作ったものには愛着を持つ

都会育ちの子どもたちは、米や野菜、果物など、自然の中で育つ食材を見たり、触れたりする機会がありません。工場で作られるお菓子も野菜も同じ感覚で見ていますから、好き嫌いの対象になるのです。しかし、園内でのプランターであったとしても、土に種をまき、水をやったり、野草を抜き取ったり世話をしながら、芽やツルの伸びるようす、実がなり大きくなる生長をまのあたりにすることによって、子どもは興味・関心を持ち、感動や収穫の喜びを感じ取ることができます。いとおしく思った物は、子どもでも愛着を持って嫌っていたナスでも食べるようになるのです。成長にとって直接体験がいかに大切かということですね。

2歳児 10月

具体的なテーマ

SG児（2歳10か月）…家に帰るとすぐに「○○したよ」と話してくれます。
HZ児（3歳2か月）…マツボックリや落ち葉を園に持って行くと聞きません。

SG児（2歳10か月）　10月16日（火）　天候（晴れ）

保護者より

　昨日は家に帰るとすぐに「IMちゃんと、LFちゃんのおたんじょうびした。おめでとー、っていったよ」「かじになって、おくちおさえてにげろにげろもしたよ」と話してくれました。お誕生日会が楽しかったようです。

　先月あたりからお友達の名前をたくさん話してくれるようになりました。毎日どんな話をしてくれるのかとても楽しみにしています。

保育園より

　お誕生日会のことや避難訓練をしたことをお母さんに話すSG君の笑顔が目に浮かびます。[1]お母さんがSG君の話を楽しみにして聞いてあげてくださっているので、SG君もたくさん話したくなるのだと思います。ステキなことですね。SG君はお友達と遊ぶのが楽しくて、今日はアメ屋さんになって遊んでいました。「いらっしゃいませ～」「はい、どうぞ」と会話を楽しんでいましたよ。[2]家に帰ってどんなふうに伝えてくれるか楽しみですね。

HZ児（3歳2か月）　10月29日（月）　天候（晴れ）

保護者より

　昨日は家族で公園に行きました。広場を走り回って遊ぶHZでしたが、ふいにマツボックリや落ち葉を見つけ集め始めました。「いっぱいあつめたらやきいもするよ」とうれしそうでした。結局2、3個しか見つけられなかったのですが…。

　保育園に持って行くと聞かないので袋に入れています。よろしくお願いします。

保育園より

　ありがとうございます。[3]HZ君が持ってきたマツボックリを囲んでお友達の輪ができました。もうすぐ焼きイモ大会。散歩に行ったときに、「おいしい焼きイモをするには、葉っぱや木の枝がたくさんいるよ」と[4]みんなで集めたことを思い出してくれたのですね。「みんなで掘ったサツマイモを、HZ君が持ってきてくれたマツボックリで焼きイモにして食べようね」と言うと、笑顔で大きくうなずいていました。

書き方のポイント

1 子どもの話に耳を傾ける保護者の姿を認めよう

仕事と育児に追われる保護者は、時として子どもの話を上の空で聞き流すこともあることと思いますが、子どもの話に耳を傾ける保護者の姿を認めています。

2 園での出来事を話す子どもの姿、喜びを分かち合おう

SG児が園での出来事を話してくれることを、共に楽しみにして喜びを分かち合っています。

3 友達のようすを伝えて保護者の安心に

HZ児が持ってきたマツボックリは、友達にとっても興味深いものであることを知らせています。

4 園での行事についてもふれて、身近に感じられるように

園での楽しい経験は、子どもたちの中で蓄積されるのだということを記入しています。また、園での行事が身近に感じられるように配慮しています。

（ふたば保育園：奈良／
園長・田中三千穂）

川原佐公先生の
保護者にも伝えよう
発育・発達メモ

共感されて強まる親子の絆《きずな》

　2歳後半になると、多語文や文章語に近い言葉で話すようになり、それが伝わることがうれしくてどんどん話すようになります。日常生活の記憶が発達し、特に園で経験したことを保護者に話したくて、懸命に記憶して帰り、「あのね、あのね」とコミュニケーションを取ろうとします。子どもと離れて過ごしている保護者にとっても、生活を知る情報であるため、興味を持って子どもの言葉を聞くでしょう。大切なことは「そう楽しかったのね」「それは大変だったね」など、子どもの伝えたい心に共感することです。子どもは経験したことの意味、感情、保護者との絆を深めていきます。

2歳児 10月

具体的なテーマ

DK児（3歳0か月）…運動会、その成長ぶりに涙が出そうになりました。
TN児（2歳11か月）…毎朝、園の門からお部屋までドングリ拾いが日課に。

DK児（3歳0か月）　10月15日（月）　天候（晴れ）

保護者より

土曜日は運動会、お疲れさまでした。

私や夫が離れた所にいると、すぐに泣きべそをかいていたDKが手を振りながら入場行進している姿を見て、その成長ぶりに涙が出そうになりました。かけっこも玉入れも楽しそうにしていて、本当にいい運動会でしたね。親子競技の〇〇マンは大のお気に入りで、持ち帰った変身グッズを身に付け〇〇マンになりきって家中、走り回っています。いろいろありがとうございました。

保育園より

お忙しい中、ご参加ご苦労さまでした。

私たちも、DKちゃんがお友達と手をつなぎ、余裕の笑みで入場してきたときには、胸が熱くなりました。[1]お母さんと同じく、大きくなったなぁーと感じます。〇〇マンに変身してお父さんに空高く抱き上げられたDKちゃんと力強いお父さんの姿はとても輝いていましたよ。

TN児（2歳11か月）　10月25日（木）　天候（晴れ）

保護者より

毎朝、保育園の門をくぐってお部屋に入るまで、ドングリ拾いが日課となっています。

先日の台風の後は、大興奮。葉が付いたままのドングリや赤い実、黒い実、イガイガの実など両手いっぱいになっていました。余裕を持って出勤したいのですが、TNが納得いくまで付き合っています。先生方が大切に集めてくださっているのを喜んでいます。

保育園より

朝はお母さんとTN君の楽しいひとときですね。登園時、目を輝かせて両手いっぱいのドングリを手渡してくれます。[2]保育室にある“ドングリの宝箱”が、あっという間にいっぱいになりました。TN君は「このドングリはぼくの」と言いながらも、お友達とままごとのごちそう作りを楽しんでいます。

[2]朝の忙しい時間だとは思いますが、TN君にとっては納得いくまでかかわってもらえる時間は貴重だと思います。

書き方のポイント

1 子どもの成長した姿に共感し、父親の子育て参加にも応援のひと言を

「すぐに泣きべそをかいていた…」というDK児、保護者は笑顔で入場してきた姿を見て、きっと前半期の心配が吹き飛んだことでしょう。「涙が出そうに…」との気持ちに共感し、そして、いっしょに〇〇マンになったお父さんにも「輝いていた」と結び、子育てに参加する姿を応援しています。

2 子どもと保護者の「貴重な朝の時間」を大切に受け止めよう

出勤前の時間、子どもと「納得いくまで付き合う」ということは、そう簡単なことではありません。保護者の思いをくみ、拾ったドングリを「ドングリの宝箱」と名付けた箱に入れる気配り…。子どもと保護者の「貴重な朝の時間」を大切に受け止めたいものです。

（ふたば保育園：奈良／園長・田中三千穂）

川原佐公先生の
保護者にも伝えよう
発育・発達メモ

保育園への行き帰りの道草のすすめ

保育園への送り迎えの道は、乗用車でさーっとスピード第一に通り過ぎる方、自転車で犬の散歩を追い抜いてくる方などいろいろですが、子どもと手をつなぎ、道すがら「キクの花が咲いているね」、「カキが赤くなってきたね」などと話している親子は、どことなく情緒豊かで楽しげな雰囲気が漂っていて、いいですね。園に実のなる樹木があると、シイの実やドングリを恵んでくれて、心が豊かになるものですが、その実を拾い集めながら登園する親子の姿が見られる環境づくりはすてきです。それを認める保育者もね。

2歳児 10月

具体的なテーマ

BW児（3歳3か月）…ひとり遊びをしているとき、妹が近づくとたたいてしまい…。
IY児（3歳2か月）…花や葉など拾ってきた物をプレゼントしてくれます！

BW児（3歳3か月）　10月3日（水）　天候（晴れ）

保護者より

妹（MH）はBWが大好きで、BWがひとり遊びをしているときによく近づいていくのですが、最近ではBWが怒ってMHの体を押したり、たたいたりすることが多くなりました。そのたびに私に怒られていますが、大人といっしょであれば「ごめんなさい」と謝ることもできます。

MHが生まれてからやきもちを焼くようになったので、そのことも関係があるのでしょうか？　園ではお友達に手を出していませんか？

保育園より

園では、お友達と遊んでいて手が出ることはありませんよ。[1]きっとBWちゃんはMHちゃんがいやなのではなく、ひとり遊びをもっと楽しみたいのでしょう。2～3歳という年齢はひとり遊びが楽しい時期ですので、ひとりの時間を十分に設けてあげ、その中でふたりで仲よく遊べる時間が少しずつ増えていくといいですね。また、[2]大人といっしょでも謝ることができたときは「ごめんなさいを言えてえらかったね」としっかり褒めてあげてくださいね。

IY児（3歳2か月）　10月19日（金）　天候（晴れ）

保護者より

朝から、「きょうは、おさんぽにいって、ドングリひろってくる!!」と楽しそうに話してくれました。

いつもお散歩へ行くと、お花や葉っぱなど拾ってきた物をプレゼントしてくれ、満足そうにしているIYです。

保育園より

優しいIYちゃんからのすてきなプレゼントですね。この時期は気候もよく、お散歩に最適です！[3]いろいろな秋の自然物にふれ、色や大きさ・形の発見を楽しんでいます。またそれらを製作に使ったり、飾ったりして子どもたちがたくさんの“秋”とかかわれるように工夫していきたいと思っています。

IYちゃんがおうちの人からたくさんのプレゼントをもらうように、IYちゃんからのプレゼントも増えていくのでしょうね。

書き方のポイント

1 「ひとり遊び」の時期の大切さを伝えよう

保護者は姉妹が仲よく遊んでほしいと願い、「妹と遊んであげなさい」としかりますが、実は、ひとり遊びを十分に楽しませることが大切な時期だということを伝えるのも保育者の役割です。

2 子どもの思いを受け止めるアドバイスを

BW児の思いをしっかりと受け止めることの大切さも伝えましょう。

3 保育所保育指針を念頭に、具体的に伝えよう

保育指針第3章「保育の内容」1-(2)-ウ環境（ア）ねらい①にも記入されている、「身近な環境に親しみ、自然と触れ合う中で様々な事象に興味や関心を持つ。」の一文を、具体的に文章表現して保護者に伝えようとしています。

（ふたば保育園：奈良／園長・田中三千穂）

川原佐公先生の

保護者にも伝えよう 発育・発達メモ

ひとり遊びは良好な人間関係をつくる基礎

2歳クラスの子どもも3歳になると、脳は成人の5分の4ぐらいになります。言葉の発達を手だてとして象徴機能や記憶力が著しく発達し、つもり遊び、ごっこ遊びを展開するようになりますが、まだ自分の世界でひとり言を言ったり、ひとり遊びに没頭したりしたい段階でもあります。それを十分に保障された子どもが、しだいに友達と遊びを共有できるようになるのです。BW児がMH児を押しのけるのは、「今、遊んでるの。じゃましないで」という表現であり、保護者はしからないで遊びの環境を守ることが大切です。

具体的なテーマ

TF児（2歳10か月）…明日のイモ掘り、「あるく！」と指切りしました。

LJ児（3歳6か月）…ハサミとのりを使って、黙々と製作する姿に感心。

TF児（2歳10か月）　11月2日（金）　天候（晴れ）

保護者より

今日は、帰ってくるなり「あした、すいとうかけて、あるいておイモほりにいくの〜」とはりきっています。

いつもおじいちゃんとお散歩に行く近くだと思うので、しっかり歩けるかな？　と楽しみな反面、迷惑かけそうでドキドキです。

ノートに「なにかいているの？」と尋ねてきたので説明すると、TFは「あるく！」と指切りして約束していました。

保育園より

おイモ掘りはあおぐみのお姉ちゃんと手をつないで出かけました。最初は少し緊張ぎみだったTFちゃんも、[1]途中からはお姉ちゃんとおしゃべりしたり、歌をいっしょにうたったりと楽しそうに歩いていました。

イモ畑では、土が硬くなかなか掘れなかったのですが、お姉ちゃんやおじさんに手伝ってもらい、大きなイモが土の中から出てきたときは大喜びでした。掛けていた水筒も最後まで重いと言わず、[2]お姉ちゃんに手をつないでもらって、きげん良く園まで歩いて帰ってきましたよ。

お母さんとした“指きり”、効果満点でしたね。しっかり褒めてあげてくださいね。

LJ児（3歳6か月）　11月14日（水）　天候（晴れ）

保護者より

ハガキを小さなハサミでチョキチョキ…バラバラに切っているなと横目で見ていたら引き出しからのりを出してきて、そのバラバラの紙をペタペタ…夢中になって何かを作っていました。黙々と集中して、製作できるようになったのだなとあらためて感心しました。

今日はせきが出ていますが、元気です。

保育園より

LJちゃん、一体何を作ったのでしょうね。[3]ハガキは、LJちゃんの手にちょうどよい大きさですし、切りやすい硬さですのでよい材料ですね。ハサミを持ち始めのころは、「グー、パー、グー、パー…」と声を出して切っていましたが、最近はチョキチョキとハサミを動かして切っています。保育室に飾ってある作品[4]も最後まで自分で作りました。見てあげてくださいね。

お話を聞いたり、お友達と遊んだりすることにも集中する姿が見られるようになっています。園生活を楽しんでいるのだなぁとうれしくなります。

お昼寝起きに少しせきが出ていましたが、それ以外ではせきは出ていませんでした。

書き方のポイント♡

1 保護者の心配に配慮しよう

迷惑をかけるのでは…との保護者の心配を取り除くよう配慮して記入しています。

2 園ならではの異年齢交流のよい影響を伝えよう

保育園ならではの異年齢の交流と、年長児の手助けを受けることでよい影響があることを知らせています。また、子どもを励まし見守ろうとする保護者のかかわり方が、子どもによい影響を与えていることを認めて推進する書き方です。

3 教具や素材を使う子どもの姿を伝えよう

子どもに合わせた素材を与えることがポイントだということを知らせるとともに、ハサミを持ち始めたころから、ずっと見守っていた保育者の姿が感じられます。

4 保護者に関心を持ってもらえるように

子どもの園での姿を知らせ、保護者にも関心を持ってもらうよう推進しています。

（ふたば保育園：奈良／園長・田中三千穂）

川原佐公先生の 保護者にも伝えよう 発育・発達メモ

歩く楽しみを十分に体験する

動物の中で、人間だけが直立姿勢で自由に歩行できる能力を持っています。この能力は進化の過程で身につけたものであり、文化なのです。ですから、乳児のハイハイの時期や、伝い歩きの時期に適切な援助や環境がなければ、人間といえども直立歩行はできなくなります。筆者は幼少期、体が弱く病床に伏せていることが多かったので、父母は時間を取っては宝塚への山道、箕面の滝など郊外へ連れて行き「ゆっくり歩きましょう、ぼつぼつ歩きましょう」とリズムを付けて声をかけ、手をつないで歩かせてくれました。今も印象深く覚えています。家族が共に楽しく歩きましょう。

2歳児 11月

具体的なテーマ

RD児（3歳5か月）…食事中、おしゃべりをしてテンションが高めです…。
HK児（3歳2か月）…昨日は公園で、家族みんなでゆっくり遊びました。

RD児（3歳5か月）　11月7日（水）　天候（晴れ）

保護者より

ごはん中のおしゃべりですが、家でも私におしゃべりをしたり、時には歌までうたったりするので、「ごはんのときには、お歌はやめようね」と言っているのですが、なぜかテンション高めです。

少しでもしっかり食べてもらおうと、お肉を片栗粉で軟らかくしてみると、自分から進んでしっかり食べ、ほかのおかずやご飯も完食しました。よかったです。

保育園より

きっとRDちゃんは、お母さんと話をして、それにこたえてもらうのが楽しくてしかたがないのでしょうね。RDちゃんの気持ち、とてもよくわかります。[1]園でも同様の姿が見られ、テンションがあがりっぱなしのときがあります。そんなときは「ごはんが終わったら、またお話聞かせてね」と言うと、RDちゃんも「うん」とうなずいてわかってくれます。献立について、いろいろ工夫されているのですね。お母さんの努力のおかげで、最近では給食も残さず食べるようになりました。

HK児（3歳2か月）　11月26日（月）　天候（晴れ）

保護者より

昨日は公園で、家族みんなでゆっくり遊びました。大きなすべり台や、イス型になったブランコなど、近所の小さな公園にしかない遊具に大喜びでした。しっかり遊んだので、すぐにお昼寝をするかと思いましたが、結局まったく寝ずに夜まで起きていました。その分、夜はいつもより早めに寝ています。

今週も元気に過ごしてくれますように…。

保育園より

HK君に公園の話を聞くと、「おかあさんと、おとうさんと、おにいちゃんと、おねえちゃんといったの」と教えてくれました。「ブランコしたの？」と聞いてみると、昨日のことを思い出したのか、少し興奮ぎみに話してくれました。

[2]お昼寝なしで夜まで起きていたのですね。やはり、体力もついてきたのですね。ご家族で楽しく過ごせてよかったですね。

今日はいつもより寒さも和らいでいて、体も動かしやすく、朝の体操も元気にしていましたよ。その後、みんなで近くの堤防まで散歩に行きました。

書き方のポイント

1 子どもの「話したい」気持ちを受け止めるアドバイスを

おしゃべりが大好きな2歳児、子どもの話に周囲の人がこたえることで、言葉の力が伸びていきます。ただし、食事中、口の中に物をほおばったまま話に夢中になると、のどに詰まったり、口からポロポロとこぼれたりすることも知らせていかなければなりません。保護者には「ごはんが終わってから…」を例に、「ダメ」ではなく話したい気持ちを受け止めるようにアドバイスします。

2 保護者の気持ちを受け止め、1週間の始まりを気持ち良いスタートに

子どもを持つ共働き家族にとって「家族みんなでゆっくり…」のひとときは、幸せの代名詞のようなものです。こうした時間を過ごすことは次へ働く意欲にもつながります。「今週も元気に過ごしてくれますように…」の結びの文章からもうかがえます。親子共々リフレッシュできた気持ちを、保育者はしっかりと受け止めて1週間の始まりを気持ちの良いスタートにできたらよいですね。

（ふたば保育園：奈良／園長・田中三千穂）

川原佐公先生の

保護者にも伝えよう 発育・発達メモ

親子の対話は言葉の水準を高める

2歳児も3歳の域になると、日常会話に使われる語《ご》彙《い》も豊かになり、おしゃべりを楽しむようになります。言葉を通じて理解するというのは、その人の考えや互いを理解し合うということです。子どもが話し出すと保護者は子どもの水準に下りながら、何を伝えたいのか耳を傾け、反復したり表現を補ったり、おもしろがったりしますが、聞き手の姿勢が、子どものさらなる発話を促します。食事中はリラックスしていますから話しやすく、保護者に聞いてもらい、受け止めてもらうのが、いちばんうれしく、伝達能力を高めていきます。

2歳児　11月

具体的なテーマ
SZ児（3歳3か月）…水ぼうそうのため、1週間休んでしまいました。
GB児（3歳7か月）…焼きイモパーティーの話を楽しくしてくれました。

SZ児（3歳3か月）　11月16日（金）　天候（晴れ）

保護者より

水ぼうそうのため、1週間休んでしまいました。熱はなく発疹のかゆみだけでしたが、戸外へ出られず、買い物のときは車の中で足止め。甘えとわがまま全開!! でした。でも、ちょっぴりお姉ちゃん発言もあり、いつもは忙しくてなかなかできないかかわりの時間が持て、それなりに楽しく1週間を過ごせました。

「きょうは、ほいくえんにいくの?」「あしたはいくの?」と待ちかねていたようです。よろしくお願いします。

保育園より

水ぼうそうの治癒証明書受け取りました。かさぶたが少し残ってますが、軽くすんでよかったですね。[1]「お姉ちゃん発言」同感です。園でもお友達が同じ水ぼうそうで休んでいるのを知って、心配そうに「わたしのママに、“くすり、ぬってあげて”っていうね」と言ってくれました。お母さんがおっしゃるように、お休みの間、「甘えとわがままが全開（?）」したことでSZちゃんの心が優しさで満たされ、お姉ちゃんへと成長したのかもしれませんね。

今日は一日、きげん良く過ごし給食をお代わりするほどでした。明日はサンマ焼きパーティーがあることを話すと「あしたもくる!」と元気に答えてくれました。

GB児（3歳7か月）　11月8日（木）　天候（くもり）

保護者より

「まほうのおみず（塩水）つけて…」「おイモ、まきまきして…」「おいしくなあれって…」と身ぶり手ぶりで今日の焼きイモパーティーの話をしてくれました。「おイモ、どんな味がしたの?」って聞くと「かわがあってね…、おいしいあじがしたよ」と楽しかったようすが伝わってきました。

寝る前には、トイレで太いバナナウンチに大きなオナラ付きでした。おイモの効果大ですね（笑）。

保育園より

GB君の寝る前の〝おイモ効果〟に担任一同大笑いしました。懸命に焼きイモの話をする姿がかわいいですね。[2]園で経験したことをおうちの人にちゃんと伝えてくれていることがうれしいです。そして、GB君の話を聞いて楽しかったことをいっしょに喜んでくださることが、私たちにとっても何よりの励みになります。

この後も「忍者ごっこ」や「サンマ焼きパーティー」などの行事がたくさん控えています。GB君がまた、どんなふうにおうちの人にお話ししてくれるのでしょう? 楽しみです。

書き方のポイント

1　1週間のお休みの保護者の大変さを受け止めることで、ポジティブな姿勢に

水ぼうそうになって休んだ1週間、こじらさずにすんだこともあってか、保護者は「それなりに楽しく」と、親子のかかわりの時間の大切さを記入しています。そんな中、「お姉ちゃん発言」と、子どもの成長に気づいた一文を、きちんと保育者は受け止めて共感しています。仕事を持つ母親にとって1週間のお休みは大変なことだったでしょうが、こうやって受け止めてもらうことでポジティブな姿勢になれるのではないでしょうか。

2　子どもの成長を喜び合うことは、信頼関係につながる

園からの帰り道、親子の会話が楽しく弾むものであるのは、保育者にとって本当にうれしいことです。ユーモアたっぷりの保護者からのコメント、これも子どもの成長を喜び合う保育者がいてくれる…という信頼からの発信でしょう。

（ふたば保育園：奈良／園長・田中三千穂）

川原佐公先生の
保護者にも伝えよう
発育・発達メモ

水ぼうそうは予防接種で予防できます

水ぼうそうは冬から春にかけて感染するものでしたが、最近は1年中発症しますので、11月にかかったのでしょう。まれに脳炎を併発して重症になることがありますが、軽くすんでよかったですね。

水ぼうそうは、水痘ウイルスによって起こりますが、潜伏期が11日から20日と長いので、発疹の出る前に、別の子どもに感染させてしまいます。

熱っぽい子どものわきの下を見ると、赤い発疹が見られますので、家庭より園で見つけることが多いのです。予防接種がありますので、入所面接のときに保護者に伝えて、予防しましょう。

2歳児 12月

具体的なテーマ

YC児（2歳9か月）…うれしそうに「トイレでうんちがでたよ」と。褒めました！

ZL児（2歳10か月）…クリスマス会を楽しみに、毎日ツリーを見ています。

YC児（2歳9か月）　12月12日（水）　天候（くもり）

保護者より

お迎えに行った帰り道、うれしそうに「トイレでうんちがでたよ」と話してくれます。「すごいね。よかったね」と褒めると同時に、親の私も早くオムツが取れたらな～と思っています。とはいえ、家のトイレは大人用なのでひとりでできませんが…、うんちが出たときには、おおいに褒めるようにしています。そんなときには、ルンルン気分になり、自分でパンツやズボンもはいてくれます。

保育園より

[1]お母さんに褒められてうれしかったのでしょうね。園でも、「せんせい、うんちでた！」とにっこり笑顔で話していました。便器でする心地良さもわかってきているのでしょうね。大人用の便座に子ども用のを置く便利なものが出ています。試してみるのもひとつの方法かもしれませんね。また、食後など出そうなときを見計らって、誘うようにしてみましょう。

ZL児（2歳10か月）　12月20日（木）　天候（晴れ）

保護者より

お迎えに行くと、「みてみて」とホールのほうへと呼び、のぞくのを楽しみにしているZLです。私も光り輝いている大きなツリーを見ているとなんだかホーッとさせられ、毎日迎えに来ることを楽しみにしています。ツリーを見ながら、「あしたは、サンタさんくるかな～」「プレゼントもってきてくれるかな」と話をしています。

今日は楽しみにしているクリスマス会。サンタさんに会うとどんな表情をするかな？

保育園より

そうですね、ZLちゃんのお迎えの時間のころは真っ暗になってますものね。日中は別として、せめてクリスマスツリーだけは節電せずに保護者のみなさまを出迎えようと話し合っています。サンタさんが来るのを楽しみにしていたZLちゃん。クリスマス会が始まり、サンタさんがやって来ると、「サンタさんっておおきい～」と第一声、真っ白で長いおひげにびっくりしていましたが、握手をしてもらうとにっこり！「サンタさんのおてて、おっきいよ」とうれしそうにしていました。「サンタさんってどこからきたの？」「しろいふくろ、おもたくないの？」[2]質問攻めのZLちゃんの心の中には、夢がいっぱい広がっているようです。とっても楽しいクリスマス会になりました。

書き方のポイント

1 排せつの自立、保護者の接し方を認め、アドバイスを

2歳前後までには、膀胱《ぼうこう》や肛門の括約筋《かつやくきん》と呼ばれる随意筋を自由に操れるようになってきます。だからといって、排尿便が自立するわけではありません。知能とともに情緒の発達が必要なのです。あくまで生理的で心地良い体験だと感じる習慣を身につけていきたいものです。それがその後の子どもの自立心や自主性を育てるための原動力になるのです。保育者は、トイレで排便したとき、おおいに褒めるようにしているという保護者の接し方を認め、家庭環境を把握したうえで、「こうしたらどうでしょう」と提案しています。参考にしましょう。

2 2歳児にとっての「クリスマス会」の意味を伝えよう

寒い北風の中を急ぎ足で迎えに来る保護者にとって、ホールに飾られたクリスマスツリーを親子で眺める時間はとても大切なひとときだと思います。最近では、クリスマス商戦の影響が大きく、「プレゼント」にばかりに関心が向きがちです。本来の「クリスマス」の意味は別として、こうやって、園としてのクリスマスのとらえ方や2歳児にとっての「クリスマス会」の意味をきちんと伝えたいものです。

（ふたば保育園：奈良／園長・田中三千穂）

川原佐公先生の

保護者にも伝えよう

発育・発達メモ

排せつの自立は生活の自信につながる

子どもの排便感覚は、直腸に便がたまると脳へ通達がいき、下腹部や肛門周辺に圧迫感が起こり、便がいきみとともに押し出されます。排尿より早い時期に、排便を知らせる子どもが多いものです。しかし、トイレの使用に慣れていなかったり、始末のしかたがわからなくて不安があったりすると、なかなかトイレで排便できません。それがひとりでトイレで排便できたとなると、大きなハードルを越えたくらいに子どもにとっては喜びなのです。保育者に知らせ、保護者に知らせたのでしょう。両者がおおいに褒めて子どもに自信を持たせましょう。

具体的なテーマ

NW児（3歳2か月）…ボタンをあきらめずに留める姿に驚きと成長を感じます。
AR児（3歳9か月）…クリスマスに期待を持たせてくださったことに感動しました。

NW児（3歳2か月）　12月11日（火）　天候（晴れ）

保護者より

今まで、服のボタンを自分から留めようとしなかったNWなのですが、最近「じぶんでがんばる！」と言って最後まであきらめずボタン掛けをしています。ブラウスなどの小さなボタンになるとイライラしていますが、それでも最後までがんばって留めているNWに驚きと成長を感じます。最後までできると「ママできたよ」と見せにきて自慢していました。

保育園より

えらいえらい！　NWちゃん、おうちでもがんばっているのですね。お母さんがじっと見守ってくれているのでNWちゃんもがんばれるんだと思いますよ。[1]大好きなお母さんに褒められると自信にもつながりますね。園でも、ボタン掛けをがんばってしています。ひとつ留めるごとに「ふーっ」とひと息つくNWちゃんがかわいらしく思います。でも、それだけ集中してがんばっているんだなと思うとたくさん褒めたくなりますね。[1]ボタン掛けに興味を持つようになったので、前開きボタンのある服を用意してあげてくださいね。

AR児（3歳9か月）　12月15日（土）　天候（晴れ）

保護者より

園から帰ってくると「きょう、サンタさんからおてがみきたよ」と話してくれました。先生方がサンタさんからのお手紙を作ってくださったことを知っていたので「何って書いてあったの？」と尋ねると「もうすぐえんにくるらしいよ」と言っていました。ARはとてもうれしかったようでお父さんにも教えていました。クリスマスに期待を持たせながら楽しめるようにしてくださって感動しました。

保育園より

喜んでもらえてよかったです。先日、ツリーに飾り付けをしたときも「サンタさんきてくれるかなー」と言いながら飾りをつっていましたよ。子どもたちは、サンタさんが来ることを、今か今かと楽しみにしています。[2]子どもたちには、当日だけではなくクリスマスまでの時間も楽しんでもらいたいと思っています。

書き方のポイント

1 子どもの意欲と小さな達成感の積み重ねが自信につながることを伝えよう

この時期になると、自分でやりたいという気持ちが高まり、自立への一歩が高まります。そんなときこそ「ひとりでできたね」という言葉をかけて褒めることが大切です。小さな達成感の積み重ねが自信につながることを保護者にも知らせます。同時に、「自分でしやすい服を…」と子どもの意欲を損なわないようにひとりでしやすい服を用意してもらうよう協力を依頼しましょう。

2 "子どもたちへの思い"を共有しよう

ちまたでは、12月に入る前からクリスマス商戦たけなわですが、子どもにとってのクリスマスの意味を大切にしたいものです。保護者も「先生方が…」とサンタさんからの手紙が"しかけ"であることを知っているようですが「クリスマスに期待を持たせながら楽しめるように…」と考えた保育者の思いに感動したようです。目には見えない"子どもたちへの思い"を保護者と共有できたらいいですね。

（ふたば保育園：奈良／
園長・田中三千穂）

川原佐公先生の

保護者にも伝えよう 発育・発達メモ

子どもの感性を豊かにする夢を大切に

クリスマスは、救世主イエス・キリストのご生誕を祝う行事ですが、信仰に関係なく世界的にお祝いムードを高めるのは、クリスマス・イブに到来するサンタクロースの存在でしょう。子どもたちは、絵本や街のデコレーションから、サンタクロースのイメージを描いていて、プレゼントを期待しつつさまざまな夢を抱いています。子どもの時代に胸いっぱいの夢を味わえた子どもは、厳しい現実にぶつかっても、広い心で乗り越えることができるのです。筆者は『星の王子様』を読んで感じました。この時期こそ、子どもの夢を大切にはぐくみましょう。

具体的なテーマ

HJ児（3歳3か月）…キャラクターの絵が描けるようになり、弟に見せています。

VK児（3歳7か月）…手伝おうとすると「だいじょうぶ! ママはいそがしいし」

HJ児（3歳3か月）　12月6日（木）　天候（晴れ）

保護者より

お絵描きや色塗りが大好きなHJ。夏ごろに顔らしきものを描いてはいたのですが、最近ようやく大好きなキャラクターの絵が描けるようになりました。そしてうれしさのあまり、弟にも見せて喜んでいました。

弟へのかかわり方で、力加減ができず乱暴なときもありましたが、少しずつじょうずに接することができるようになってきました。時々お姉ちゃんらしい姿も見せてくれています。

保育園より

園でも[1]パスをしっかり握れるようになり、いろいろな形を楽しそうに描いています。本当にお絵描きが大好きで飽きないようですね。

HJちゃんが[2]いつも保育者にしてくれる話からも、弟のLB君をかわいがっていることがうかがえて、やっぱりお姉ちゃんだなぁと感じています。

キャラクターの絵は弟のLB君にもわかりやすいので想像しやすく、[2]共通の楽しみになりましたね。これから仲よく遊ぶ時間がどんどん増えるといいですね。

VK児（3歳7か月）　12月13日（木）　天候（くもり）

保護者より

最近のVKの口癖があります。排せつやうがいをしたり、おふろで体を洗ったりするときなどに、私が手伝おうとすると「おとなだからだいじょうぶ! ママはいそがしいし」と言ってひとりでします。

思わず笑ってしまいましたが、VKなりの気遣いや成長を感じました。

保育園より

[3]少しずつできることが増えてきて、自信がついて自分でしたい気持ちが強くなってきましたね。同時に、家事と仕事の両立に忙しいお母さんを見て、VK君なりに「お母さんが大変なときは自分でしなくちゃ」という優しい気持ちが芽生えているのかもしれませんね。[4]VK君のせりふを見てほほ笑ましい気持ちになりました。とはいっても、まだまだ2歳児です、無理をしないように、[4]本人が自分でしようとするときは見守って、できない部分は手を添えるなどしながらVK君の“自分でしたい気持ち”を、たくさん褒めてあげられるとよいですね。

書き方のポイント

1 子どもの描きたいという気持ちの大切さを伝えよう

大人から見ても意味のわからない絵であっても、子どもにはきちんと意味があって描いています。形にこだわることなく、子どもの描きたい気持ちを優先してどんどん絵を描く体験が大切だということを知らせています。

2 園での姉弟のようすを伝えて子どもの成長を共有しよう

園でも弟のことを話しているHJ児を保育者たちも見守っているようすがうかがえ、子どもの成長を共に喜んでいます。また、大好きなキャラクターの絵は、姉弟の共通の楽しみとなり互いに想像力も高めていくことを知らせています。

3 “自信”が“意欲”になることを伝えよう

まず、自分でできるという“自信”が、自分でしたい“意欲”として表れていることに気づいてもらいましょう。

4 “意欲”を受け止める大切さと、そのかかわり方を具体的に

2歳児なりに保護者の姿を理解しているかもしれない、という思いに共感しています。そして、かかわり方を具体的に示し、“ひとりでできる”こともうれしいことですが、大切なのはひとりでしようとする“意欲”を受け止めることだということを強調しています。

（ふたば保育園：奈良／園長・田中三千穂）

川原佐公先生の 発育・発達メモ　保護者にも伝えよう

自立心の現れと保護者への思いやり

子どもが社会的生活を送るうえで獲得しておくべき生活上の習わしのひとつに、基本的生活習慣の形成があります。これは社会での共同生活上、最低限身につけるべき社会ルールであり、自分自身をコントロールし、適応が可能になる自立への道です。生活習慣の自立は、個人差はあるものの6歳までに形成すると考えられます。VK児は3歳7か月なので、まだまだ準備期ですが、3歳になるとできることが増え、自我が芽生え自信がつきだすので、何でも自分でしたいのです。保護者への思いやりも生まれ、「だいじょうぶ」という言葉になったのでしょう。頼もしい姿を共に喜びましょう。

2歳児 1月

具体的なテーマ

GS児（3歳8か月）…張り切って妹のお世話。自分のときのことも聞かれます。
FT児（2歳9か月）…毎朝寒くて、なかなか布団から出てきてくれません。

GS児（3歳8か月） 1月15日（火） 天候（晴れ）

保護者より

連休中もまた張り切って、妹のお世話をしてくれました。横でじっと見ているのですが、入浴後に行なうおへその消毒がとても気になるようで夫や私に「消毒した?」と何度も尋ねてきます。また、自分が生まれたときも消毒をしてくれたのか、聞かれてしまいました。

保育園より

おへその消毒をのぞき込む姿、ほほ笑ましいですね。[1]WRちゃんの世話のようすを見ていて、自分が赤ちゃんだったときのことが気になってきたのでしょうね。GSちゃんのときも同じように、こんなにかわいがっていたんだよということをお話ししてあげてくださいね。WRちゃんのことを聞くとキラキラとした目で「いつも寝てるよ」と話してくれました。今日は壁に大きな模造紙をはり、パスでお絵描きをしたのですが、パスで力いっぱい絵を描き、「このリンゴWRちゃんにあげるの」と言っていました。[2]GSちゃんはWRちゃんの話をしてくれるとき、いつもうれしそうな表情です。

FT児（2歳9か月） 1月21日（月） 天候（晴れ）

保護者より

毎日寒くて朝、なかなか起きられないのと、目を覚ましても、布団から出てきてくれません。それに朝の用意にとても時間がかかります。

保育園より

本当に寒い日が続きますね。起きられない、布団から出にくいというのは、大人も子どももいっしょですね。お忙しいお母さんにとって、朝は時間との闘いで大変だと思います。特に子どもはひとつひとつすることに時間がかかり、つい急がしてしまいがちですね。[3]そんなときは、「早く」を「ヨーイ ドン！」などの言葉に替えてみるのもよいかもしれませんね。まだまだ寒い日は続きますが、朝が起きやすい気候になってほしいですね。[4]朝、園庭に出て、おしくらまんじゅうをしていると少しずつ体も温まり楽しくなってきたようで、笑顔いっぱいになっていました。

書き方のポイント

1 子どもが保護者に愛されて育つことの大切さを伝えよう

妹のようすと自分のことを置き換えて考えることができるようになったことを知らせ、子どもが母親に愛されて育つことの大切さに気づくよう記入しています。

2 共に喜び、見守ろう

姉妹が仲よく育つことを共に喜び見守っている文章です。

3 連休明けの生活リズム、家庭でもできるアドバイスを

年末年始の休みの影響もあり、生活のリズムが崩れてきている子どもも見かけます。家庭でも実行できるかかわり方を具体的に知らせるようにしましょう。うまく文章にできないときは送迎時に口頭で知らせるのもよいでしょう。

4 寒さに負けない元気な姿は保護者の安心に

子育ては一進一退。子どものようすが目に浮かぶような文章を心がけ、園では寒さに負けないで元気に遊ぶ姿を知らせて安心してもらいましょう。

（ふたば保育園：奈良／園長・田中三千穂）

川原佐公先生の 保護者にも伝えよう 発育・発達メモ

きょうだい関係で育つ社会性

親子関係は縦の上下関係ですが、きょうだい関係は、年齢差があり、家族の中の子ども同士の人間関係です。外の世界の友達との横の関係とは違って、親の愛を分かち合うライバル関係でもあります。ですから次の子どもが生まれると、親の愛情を奪われたと思って、退行現象を起こすことがあります。しかし、GS児は分別をわきまえられる年齢だからでもありますが、保護者の深い愛情にもより、年上の立場から妹の世話をよくしています。こうした自分もかわいがられて育った自信が、友達関係にも広がり、友達ともうまく付き合える社会性が育つのです。

2歳児 1月

具体的なテーマ

DL児（3歳7か月）…お正月、親戚全員の靴をそろえ、褒められてニッコリ。
MY児（3歳3か月）…急に大きな声で泣き叫んだり、たたいたりします。

DL児（3歳7か月）　1月11日（金）　天候（晴れ）

保護者より

お正月に母の実家に帰省しました。親戚がたくさん集まるのでDLもとても楽しみにしていました。実家に到着し、みんなの待つ部屋に行くと、DLが来ないので、どうしたのだろうと玄関に戻ると親戚全員の靴を小さな手でそろえていました。みんな、小さなしっかり屋さんに頭が下がる思いでした。本人は褒められてにっこり。私自身、子どもの手本となるように、しっかりしなければと思い直した1日でした。

保育園より

小さな手で一生懸命、靴をそろえているDLちゃんの姿が目に浮かびます。DLちゃんは園でもお友達のお世話が大好きで、先日もNJ君が泣いていると「どうしたの？ おなかがいたいの？」と、そばに寄って聞いてくれていました。とても優しく、相手の気持ちを考えられるように成長してくれていることが、私たちもうれしく思います。

[1]「子どもの手本…」そうですね。私たち保育者も同じ思いです。

MY児（3歳3か月）　1月25日（金）　天候（晴れ）

保護者より

最近、家でよく急に大きな声を出して、泣き叫んだり、たたいたりすることがあるのですが、園ではそんなことはないのでしょうか。お友達にけがをさせていないか心配で…。もし何かありましたらすぐに教えてください。よろしくお願いします。

保育園より

そういえば、園では時々甘えてだっこをせがむときがあります。いつもいっしょに登園しているお兄ちゃんや弟がかぜをひいて休んでいるので、寂しい思いを気づいてほしかったのかもしれないですね。[2]園では、MYちゃんの気持ちに寄り添うようにし、安心して過ごせるようにしていきますね。

今日、ままごとをしていたとき、「これせんせいのジュース！」とコップにモモやブドウを入れておいしそうなミックスジュースを作って持ってきてくれた優しいMYちゃんでした。

書き方のポイント♡

1 保護者のうれしい気持ちを受け止め、保育者も同じだという共感を

久しぶりに帰省した実家で、みんなに褒められたわが子…。保護者はきっと鼻高々でうれしかったことでしょう。長期間の休みは取りにくい保育園の保護者が、ふだんよりもゆったりとした気持ちで子どもと接することで見えてくるわが子の成長でしょう。その保護者の気持ちを受け止め「私たち保育者も同じ…」と共感しましょう。

2 保護者の心配にこたえて配慮したかかわりを伝えよう

子どものようすの変化に気づいた保護者は、どうしたのかと心配すると同時に園でのようすを気遣います。「園では…」というふうに、子どものようすに配慮していることを記入して安心してもらいましょう。

（ふたば保育園：奈良／園長・田中三千穂）

川原佐公先生の

保護者にも伝えよう 発育・発達メモ

自立と依存のはざまで情緒不安になる時期

2歳児も年度の後期になると、自分の身辺の始末は、ほとんどの子どもが自立し、自分のことだけではなく、周囲の友達への気配りも見られるようになります。また、保護者のお手伝いをしたり、他人の脱ぎ捨てた靴をきちっと並べたりするなど、ソーシャルスキルも育ってきます。しかし、2～3歳児は自立した自信はあるものの、まだまだ保護者や保育者に依存したい、甘えたい思いは残っていますので、時々「わたしのことわかってよ」と突然キレる行為をするのです。この心理を理解してしっかり受け止めたり、自立を励ましたりしていきましょう。

具体的なテーマ

WB児（3歳3か月）…おなかの赤ちゃんに名前を付けて、呼びかけています。
RV児（3歳8か月）…先生になりきって、教えてくれます。発表会が楽しみ。

WB児（3歳3か月）　1月9日（水）　天候（晴れ）

保護者より

私のおなかに、赤ちゃんがいるとわかってから、『ぴあのちゃん』と名前を付けて、おなかに呼びかけたり、おなかを優しく触ってくれたりします。私の体を気づかっているのか、いつもなら「やってやって…」と言うことも、少し自分でしてくれるようになりました。

お兄ちゃん気分になっているのでしょうか？　園では、どのように過ごしていますか？

保育園より

今日も「WB、おにいちゃんになるよ！ ぴあのちゃんっていうんだよ」と、とてもうれしそうに教えてくれました。園で0歳児の赤ちゃんに会うと、手をつないで連れてきたり、玩具を貸してあげたりしています。そして、[1]玩具を渡した赤ちゃんが、喜んで遊んでいるようすを笑顔で見つめ、いっしょに遊ぼうとしている姿が、頼もしくもあり、お兄ちゃんらしく見えますよ。

RV児（3歳8か月）　1月22日（火）　天候（くもり）

保護者より

園の発表会で、タンバリンを使って歌をうたうのでしょうか？ 家で、「タンバリンするんだよ～タンバリン」と言って手でタンバリンを持つふりをし、楽しそうに歌って聞かせてくれます。最近「はい！ ようい！ じょ～ず」と言って、自分が先生役、私やパパが子ども役になり、「トントントン、よくできました」と先生になりきって、いろいろ教えてくれます。発表会が、とても楽しみです。

保育園より

おうちでのRVちゃんのかわいらしいようす、目に浮かびます。園で使っているタンバリンは、クマやペンギンをかたどったものです。みんな「かわいい～」と興味津々でした。[2]使うときは大切に持ち、一生懸命、歌に合わせてタンバリンを鳴らしながら、全身でリズムを感じているようです。また、お友達といっしょに、みんなが先生になって遊んでいます。ぜひ、発表会楽しみにいらしてくださいね。

書き方のポイント

1 第二子の誕生が好影響をもたらしていることを伝えて、喜びを共感

第二子の誕生を家族で喜んでいる姿がうかがえます。園でのエピソードを通して、WB児にも好影響をもたらしていることを伝え、家族の喜びに共感しています。

2 “今”の子どもの発達や興味を伝えよう

1年の締めくくりとしての発表会は、保護者にとっても楽しみのひとつですが、子どもの発達や興味に合わせて、今、楽しんでいることに注目してもらうよう記入しています。

（ふたば保育園：奈良／園長・田中三千穂）

川原佐公先生の

保護者にも伝えよう 発育・発達メモ

新しい命の誕生を母と共に待っている心

初めての子どもの誕生は、母親を含めて家族中が注目し、愛情いっぱいに育てられます。その愛を一身に受けた子どもが、ある日、第二子の誕生によってその家族中の関心が、自分以外の存在に向くためショックを受け、赤ちゃん返りをする子どもが多いものです。それは、母親の妊娠中に子どもの心の準備をしていないから起こることです。大好きなお母さんのおなかに赤ちゃんがいることを知ったWB児は、名前まで付けて呼びかけ、お兄ちゃんになることを自分にも言い聞かせているのでしょう。園でも赤ちゃんをいたわる姿が見られます。

2歳児 2月

具体的なテーマ

ZN児（2歳8か月）…園で作った鬼の面を付けて、しつこく追ってきます。
JF児（2歳10か月）…車道のほうへいきなり走りだし、心臓が止まりそうでした。

ZN児（2歳8か月）　2月5日（火）　天候（晴れ）

保護者より

　園で作った鬼の面を大事そうに持って帰り、額に付けて私たちに「こわいぞー！　こわいぞー！」と言いながらしつこく追ってきます。よほど鬼が怖かったのか？　印象が強かったのか…？
　かぜぎみで少し鼻水が出ていますが、食欲はあり元気です。

保育園より

[1]邪気《じゃき》を払い、子どもたちの無病息災を祈る豆まきの行事。園では、こういった伝承行事での体験を大切にし、コミカルな表情の鬼の面で豆まきを楽しむようにしています。昨年は保育者の背中に隠れていたZN君ですが、今年は[2]鬼役になって各クラスを回ってきた年長児に向かって、広告紙を小さく丸めた豆で、「おにはそとー！」と必死に追い払う姿を見て成長を感じ、うれしく思いました。豆まきの効果で邪気払いできたのか、鼻水もあまり出ず、給食も完食してお昼寝後もきげん良く過ごしていました。

JF児（2歳10か月）　2月18日（月）　天候（くもり）

保護者より

　昨日、宅配の荷物を受け取りにJFを連れて行ったときのことです。私が荷物を持っていたので、子どもの手をつないでいなかったのがダメなのですが、車を止めてある駐車場へJFがいきなり走りだしたのです。車道を隔てており車が通っていたので、私は心臓が止まりそうになりました。幸い、JFに気づいた車が早くに止まってくれたので、事無きを得ました。
　JFも事の重大さに気づいたのか、だっこすると大泣きしてしまいました。私も反省です。今日もよろしくお願いします。

保育園より

　心臓が止まりそうになったお母さんの気持ちが伝わりました！[3]大事に至らず本当によかったですね!!　JFちゃんにすれば、車の所へ早く行きたい理由が何かあったのでしょうか。車の多い場所は特に気をつけなければいけないですね。
　園の散歩では車道に出るとき、渡るときはそのつど、止まって左右を確かめ、手を挙げて渡るよう繰り返し知らせています。そのほか、[4]絵本やお話などでも折にふれて、子どもたちに交通安全を知らせていきたいと思います。

書き方のポイント♡

1 園行事のようすを具体的に伝えよう

節分についてわかりやすく記入し、鬼を怖がらせないような配慮をしていることを知らせています。

2 昨年の姿も記入して成長を伝えよう

昨年と比べて身も心もたくましく成長した姿がうかがえます。また、1日のようすを、豆まきの行事と合わせてほほ笑ましく思えるように記入しています。

3 無事に安堵し、子どもの行動の理由にも目を向けよう

「本当に…」という言葉を加えることで、けがに至らず無事だったことを心から安堵している気持ちを伝えるとともに、子どもの行動には何か理由があることを伝え、その時々の大人側の注意を促しています。

4 交通安全への取り組みを具体的に伝えよう

園でも注意を促すことを伝え、共に子どもの安全を祈る姿勢を知らせています。

（ふたば保育園：奈良／園長・田中三千穂）

川原佐公先生の
保護者にも伝えよう
発育・発達メモ

保護者が不注意を書くことで意識化する

　子どもの交通事故でいちばん多いのが「子どもの飛び出しによる事故」です。このころの子どもは、視野が狭く、目の前の物体を自己中心的にとらえるため、保護者を見つけて急に道路へ飛び出す事故などが多く見られます。JF児が早く車に乗りたかったのか、いきなり走り出したときには、保護者の驚きはいかばかりであったでしょう。車が気づいて止まってくれたので、ホッとされたでしょうが、保護者の驚きにショックを受けてJF児は大泣きしたのでしょう。
　このようなケースを保護者が連絡帳に書くことによって、自分の不注意を二度とあってはならないこととして意識にとどめ、反省されたのでしょうね。

具体的なテーマ

KH児（3歳0か月）…発表会、大きな声でせりふを言えて、うれしかった！
SC児（3歳5か月）…水ぼうそう、1週間のお休みの間に甘えん坊に…。

KH児（3歳0か月） 2月21日（木） 天候（晴れ）

保護者より

昨日は生活発表会ありがとうございました。みんなが見ている前でも大きな声でせりふを言えたのがとてもうれしかったです。家に帰って「『3匹のこぶた』をじょうずにしていたね」といっぱい褒めてあげました。夜には早速おじいちゃんおばあちゃんにビデオを見せて「KHのおうちはきのおうち、おおかみきたからにげるんだよ」と自慢げに話していました。そんな姿を見て大きくなったんだなあって感じました。あと1か月もよろしくお願いします。

保育園より

発表会、楽しめたようでよかったです。そうですね、KHちゃんは、本番でもいつもどおりの姿で、劇遊びをおおいに楽しんでいました。せりふを言ったりリズム遊びをしたり…、[1]もも組での楽しい生活を体いっぱいに表現してくれ、体だけでなく心も大きく成長したようすを見ることができたようで私たちもうれしく思います。おうちでたくさん褒めてもらってKHちゃんもうれしかったでしょうね。自信につながったと思います。

今日もKHちゃんは、『3匹のこぶた』ごっこを楽しんでいましたよ。もも組でのあと1か月、楽しく過ごしたいと思います。よろしくお願いします。

SC児（3歳5か月） 2月25日（月） 天候（晴れ）

保護者より

やっと水ぼうそうが治りました。熱もそんなに上がらず、軽くすんだのですが、1週間のお休みの間にすっかり甘えん坊になってしまいました。

今日から園ですが自分のことをちゃんとやってくれるのか心配です。お世話をかけますが、よろしくお願いします。

保育園より

[2]元気そうなSCちゃんの姿を見て「ホッ」としました。水ぼうそう、軽くすんでよかったですね。体調が悪いときは気持ちも不安定になりがちですが、おうちでたっぷり甘えられてSCちゃんも満足したのではないでしょうか。

[2]園では1週間のお休みを取り戻すかのように、とっても元気に友達とままごと遊びを楽しんでいました。おうちで遊んだことをいろいろお話もしてくれました。だいじょうぶ！ SCちゃんは園の生活を忘れず、身の回りのこともみんなといっしょにしていましたよ。

書き方のポイント

1 発表会当日だけではなく、毎日の生活の中での育ちにも気づけるように

保護者にとって「発表会」は、成長したわが子の姿を実感できるよい機会です。保育者にとっても感慨深いものがあることを記入し、その喜びを共有しましょう。また、保護者は時としてその日の姿だけを評価してしまう場合もあります。子どもたちが、おおぜいの人前で伸びやかに表現する姿は、情緒的に安定した毎日の生活の中で育っていることに気づいてもらうように記入することも大切です。

2 病後の登園、保護者の心配にも配慮して

軽くすんだとはいえ、体調がよくないわが子のようすは保護者にとっては心配だったことでしょう。保育者も同様の思いです。1週間ぶりに元気に登園して来た子どもの姿を見て安堵した気持ちを伝えましょう。

「休みの間、甘えさせすぎたのではないか」との保護者の心配も見え隠れしています。体調が悪いときは、子どもの気持ちを、しっかりと受け止めることの大切さを知らせています。また、1週間ぶりの園での姿も「だいじょうぶ」の言葉を添えて知らせ、安心してもらいましょう。

（ふたば保育園：奈良／園長・田中三千穂）

川原佐公先生の 保護者にも伝えよう 発育・発達メモ

体調の悪いときは不安になります

2歳になると、自分の周りのことはおおむねできるようになり、自我もしっかり持てることから自立心が芽生えます。今まで保護者にべったり依存していた子どもも、逆に干渉をいやがるぐらいになり、ひとり遊びに没頭するようになります。しかし、いったん病気になると、不安感が強くなり（大人になってもそうですが）、完全に依存してすがってきます。自立と依存のはざまで揺れ動いている2歳では当然と受け止め、単なる甘えと区別しないといけないと思います。体調不良のときの十分な世話が、愛着関係を強めるのです。

具体的なテーマ

YD児（3歳4か月）…おはしでつかめると「できたよ」と見せてくれます。
UT児（3歳7か月）…バケツに張った氷に触り、冷たさに驚いていました。

YD児（3歳4か月）　2月5日（火）　天候（晴れ）

保護者より

最近、よくおはしを使いたがるので、子ども用のおはしを買いに行きました。YDも「おはしでたべる」とうれしそうに食べていました。うまくつかめないと「もーできない」とイライラしていますが、じょうずにつかめると「できたよ」と見せてくれます。

あきらめずがんばっているので、このまま見守っていきたいと思います。

保育園より

園でもおはしを使って給食を食べています。YD君も“自分で”という意欲でがんばっているので、その気持ちを大切に見守るようにしています。今日もウインナーをつかめると「せんせいみてー！」とうれしそうにしていました。

[1]園では、メニューによって食べにくいものもあるので、スプーンも使えるように両方用意しています。無理をせず楽しく食べられることが何よりですね。

UT児（3歳7か月）　2月6日（水）　天候（くもり）

保護者より

昨日、洗濯物を干しにベランダへ出てみると、昨夜かたづけ忘れたバケツに氷が張っていました。うれしくて、UTに「ちょっと見て！　氷ができているよ。触ってみて」と言うとUTはおそるおそる手を入れて触っていました。「つめたいー！」と驚いていましたが、早速、お父さんに教えていました。

今年の寒さは厳しいですね。

保育園より

本当に寒いですね。[2]園でも先日手を洗おうと園庭の手洗い場の栓をひねったところ、水が出てこないという驚きの場面があり、UTちゃんも「でてこないよ…」と蛇口をのぞき込んでいました。

「寒いと水がかたまってしまうんだね」と言うと不思議そうにしていました。寒いと戸外へ出るのもおっくうになりますが、戸外へ出てみるとこの時期ならではの自然事象が見られますね。園でも寒さに負けず戸外でいろいろな発見をしていきたいと思います。

書き方のポイント♡

1 はしの使い方、ひとりひとりへの対応を具体的に伝えよう

はしの使い方には個人差があります。園でもひとりひとりの姿に対応していることや、気をつけていることなどを具体的に記入しています。

2 「冬の発見」、子どもの姿を伝えよう

水道の水が凍る寒い朝も園庭に出て「冬の発見」をして、興味・関心を持ち、驚いたり発見したりしながら成長していく子どもの姿を知らせています。

（ふたば保育園：奈良／園長・田中三千穂）

川原佐公先生の

保護者にも伝えよう 発育・発達メモ

はし使いが上達した姿を褒めましょう

食事のときに食具としてのはしを使うようになるのは、２歳後半ですが、これは指先の微細な分岐した運動ができるようになり、目と手の協応動作がつながるからです。手首が目的に応じて回せるようになり、握力もついてきますので、ウインナーのような滑りやすい食材もはしでつかめ、うれしかったのでしょう。「せんせいみてー！」と知らせています。このようなときは、「じょうずにおはしが使えたね。ウインナーつかめたね」とおおいに褒め、はし使いに自信を持たせましょう。保護者に伝え、喜びを共感することで、YD児も食事が楽しくなることでしょう。

2歳児 3月

具体的なテーマ

MG児（2歳11か月）…4月から履く上靴を履いて喜んでいますが、左右が逆…。

IR児（3歳3か月）…成長している娘の姿に、仕事に復帰してよかったなあと…。

MG児（2歳11か月）　3月12日（火）　天候（晴れ）

保護者より

4月から履く上靴を家でも履いて喜んでいます。「もうすぐ、〇〇ぐみになるもん！」と張り切っています。持ち物がひとつ増えるだけで、進級する喜びを味わえるんですね。でも、いくら教えても左右が逆…。

子どもって、気持ち悪くないんでしょうか？　平気で部屋の中を歩いています（笑）。

保育園より

「もうすぐ、〇〇ぐみになるもん！」というのが合言葉のようになって、進級するのがとても待ち遠しいようです。先日、ひとつ大きいクラスに遊びに行ったとき、見たことがない玩具がいっぱいあり、[1]興味津々の表情で目を丸めていたのがかわいかったです。上靴も履いて遊んでいるのですね。[2]左右反対のままだと気持ちが悪いだけでなく、転んで危険ですので、親指側に何か印（例えば、★印など）をフェルトペンで小さく描いておけばわかりやすいと思います。「★さんが好き好きってくっつくように履こうね」としてみてはどうでしょうか？

IR児（3歳3か月）　3月21日（木）　天候（晴れ）

保護者より

1年間ありがとうございました。慣れない環境で親子共々バタバタの1年でした。でも、友達と仲よく、時にはもまれながら成長している娘を見ると、仕事に復帰してよかったなとあらためて感じています。先生方がしてくださったことは私の仕事、現場に生かせることが多く、一同業者としても勉強になりました。娘はいちばん保育園が好きな場所のようです。4月からもよろしくお願いします。

保育園より

本当にあっという間の1年でしたね。今では友達を誘って大好きなままごと遊びや戸外遊びを楽しんでいます。1年前は、涙々の登園だったのがうそのようですね。園生活になじむのも少し時間がかかりましたが、[3]しだいにIRちゃんの笑顔が見られるようになったときは、私たちもとてもうれしかったです。お母さんも、当時の「涙のお別れ」を乗り越えられての職場復帰、がんばりましたね。「保育園がいちばん好きな場所」となってくれたこと、お母さんから「勉強になりました」と言っていただいたことを、うれしく思います。[4]同業者として、また、働くお母さんとしてもっともっと輝いてくださいね。応援しています。来年度もIRちゃんの成長を見守っていますね。

書き方のポイント

1　進級への期待、子どもの姿に喜びを共感

進級の期待に目を輝かせる子どもの姿を保育者も共に喜んでいることを伝えています。

2　左右正しく履くことの大切さと、かかわり方を具体的に

左右正しく履くことの大切さの意味を説明し、反対に履いたままを放置しないように、印を付けることや、ことばがけなどを具体的に提示しています。

3　1年を振り返って

4月当初、子どもの泣き声を背に職場に向かった保護者。1年を振り返る3月だからこそ「よい思い出」として互いに語り合える題材です。

4　保護者への応援の気持ちを言葉にして

保護者の社会での活躍と自己実現を心から応援している旨を記述しています。

（ふたば保育園：奈良／園長・田中三千穂）

川原佐公先生の

保護者にも伝えよう 発育・発達メモ

3歳児クラスに適応する生活習慣の確認

3歳児クラスは、園の中でいちばんのやりたがり屋、知りたがり屋、がんばり屋の集まりであり、活気にあふれているので、2歳児にとっては、魅力的なあこがれのグループです。生活や遊びが楽しそうで、当番活動などの新たな仕事があり、自分が大きくなったという成長が実感できるイメージがあるのでしょう。その思いが「もうすぐ、〇〇ぐみになるもん！」という言葉であり、進級を待ち望んでいるのがわかります。ひとりひとりの基本的な生活習慣の自立過程を再確認し、保育の課題を保護者と共に話し合い、進級してもそのクラスへ適応できるような力をつけて、自信を持って送り出しましょう。

2歳児　3月

具体的なテーマ

VZ児（3歳0か月）…園ではトイレでできるのになぜ家ではできないの？
WF児（3歳3か月）…友達と仲よく遊んでいますか？ たたくことはありませんか？

VZ児（3歳0か月）　3月4日（月）　天候（くもり）

保護者より

先生に褒められたことがうれしかったようで、昨日の朝はすなおにパンツをはきました。でも、帰宅するとすぐに、「オムツちょうだい」と言われました。トイレに行くように誘ったのですが、「いかない。オムツがいいの」と言うのではき替えさせると、数分後には紙パンツでおしっこをしていました。保育園ではトイレでできるのになぜ家ではできないのでしょう…。

保育園より

園でも初めは不安なのか、いやがってパンツをはこうとしませんでした。でも大好きなHC君が同じパンツをはいている姿を見て、VZ君もはいてみようという気持ちになったようです。HC君といっしょだったことがうれしかったのでしょうね。[1]「HC君と同じパンツはこうよ」という言葉が魔法の言葉になるかも…。効果があるといいですね。ゆっくり見守っていきましょうね。

WF児（3歳3か月）　3月15日（金）　天候（晴れ）

保護者より

迎えに行くとひとりで遊んだり、先生と遊んだりしている姿をよく見かけます。話の中では友達の名前もたまに出てくるのですが、仲よく遊んでいるのか少し心配です。いとこのNT（5歳）とはよくいっしょに遊びますが、思いどおりにならないとWFはすぐに怒ってけんかばかりです。保育園ではすぐに怒ったり、たたいたりすることはありませんか？

保育園より

園では自分の思いを言葉で伝えられず、玩具の貸し借りでトラブルになることはありますが、[2]友達をたたく姿は見られませんから安心してください。

[3]また、今はひとりでじっくり遊ぶことが楽しいようですが、これも2歳児の特徴です。最近では、ままごとが大好きで、友達に、「どうぞ」とごはんを運ぶ姿が見られるようになってきましたよ。

書き方のポイント♡

1 子どもが主体的になれるようなことばがけ例を具体的に

園ではできるのに家ではできないのはなぜ？　と保護者は焦り、どうしても「〜しなさい」と指示してしまいがちです。子どもが主体的になれるような、ことばがけの例を具体的に挙げて「見守る」ことの大切さに気づくよう働きかけています。

2 保護者の心配事に具体的にこたえて安心を

保護者が心配していることに対して、トラブルはあってもたたくことはないとハッキリ書き安心してもらいます。

3 2歳児の特徴とともに、友達とのようすを伝えよう

じっくりひとり遊びを楽しんでいるのも2歳児の特徴だということ、ままごとなどでの具体的なようすを記入して、だんだん友達とかかわりが増えてきたことを知らせています。

（ふたば保育園：奈良／園長・田中三千穂）

川原佐公先生の　保護者にも伝えよう　発育・発達メモ

パンツをはくうれしさ以上に緊張する

3歳になると、膀胱《ぼうこう》の充満がわかり、排せつの指令が脳から出ていても、括約筋《かつやくきん》が働いて、少しの間、排尿をがまんできるようになります。ほとんどの子どもがパンツに移行しています。友達のようすにも注意がいくようになり、大好きな友達がパンツをはいている姿を見て、VZ児もはいてみようという気持ちになり、トイレで排せつできたのでしょう。それを保育者に褒められ、うれしかったものの、初めてのパンツに緊張したVZ児は、家へ帰るとホッとしてオムツでしたくなったのですね。緊張を受け止め慌てないでパンツへ移行しましょう。

2歳児 3月

具体的なテーマ

SJ児（3歳6か月）…今では迎えに行ってもなかなか帰らず、寂しいです。

KL児（3歳6か月）…制服を着たり、脱いだり、はしゃいでいました。

SJ児（3歳6か月）　3月12日（火）　天候（晴れ）

保護者より

最近家では、SJが先生役になって、踊りやリズム打ちを教えてくれるんですよ。とってもじょうずにまねをするのを見て、先生たちのことが大好きなんだなぁと感じました。

今までは迎えに行くとすぐに飛びつきに来てくれたのに「まだ○○ちゃんとあそびたかった!!」となかなか帰ろうとしてくれない姿を見ると、少し寂しく感じることもありますが、これからの成長が楽しみでもあり、なんだか複雑な気持ちです。あと少しですがよろしくお願いします。

保育園より

いつもSJちゃんは保育者の話をしっかりと聞いて見ているので、きっと先生のまねっこもじょうずなんでしょうね。園ではお母さんのまねっこもとてもじょうずにしていますよ。ままごと遊びで、フライパンにたくさんの食材を入れては料理し、お皿に盛り付けていたSJちゃん。お友達がご飯を食べようとすると「あついからまだだよ」と優しいお母さんに変身していました。[1]「まだ…」のSJちゃんの言葉にチョッピリ“寂しい”心境はわかりますが、お母さん役も先生役もじょうずにできるSJちゃんはお友達からも人気者…！“うれしい寂しさ”ですね。

KL児（3歳6か月）　3月6日（水）　天候（晴れ）

保護者より

昨日、制服の採寸をして帰りました。同じクラスのBD君といっしょに制服を着たり、脱いだりし、ふたりでワイワイはしゃぎながら楽しそうに着替えていました。

家に帰ってからも制服を着られたことがうれしかったのか、ずっと話していました。

保育園より

今朝、KL君は「せんせい～！」とニコニコしながら駆け寄って来てくれ、制服を着たことを目を輝かせながら話してくれました。[2]その表情を見て、本当にうれしかったんだと感じました。また、登園して来たBD君を見つけると、「いっしょに、せいふくきたね」と会話を弾ませていましたよ。「○○ちゃんは、スカートはいたよ」と周りにいた友達も楽しそうにお話に参加していました。[2]みんないっしょに制服を着られることがうれしいのでしょうね。KL君の成長がますます楽しみですね。

書き方のポイント

1 保護者と共に成長を喜び合おう

以前はお迎え時に顔を見るなり飛びついて来てたのに、「まだ遊びたかった」と言って帰ろうとしないわが子の反応に苦笑いしている保護者の表情が目に浮かびます。友達や保育者との園での生活を楽しんでいる姿を知らせ、保護者と共にその成長を喜び合いましょう。

2 「みんないっしょに…」友達関係の充実も伝えよう

制服を着たらいちだんと大きく見えるわが子…。進級を控えて成長を実感した保護者の喜びに共感しています。「みんないっしょに…」と記入し、友達関係も充実していることをさりげなく知らせましょう。

（ふたば保育園：奈良／
園長・田中三千穂）

川原佐公先生の 保護者にも伝えよう 発育・発達メモ

幼児への成長のシンボルが制服

児童福祉法などでは、乳児は、「満1歳に満たない者をいう」と定義づけられていますが、保育所では最低基準に示された施設規模や、保育料の関係などから、0・1・2歳児クラスは乳児保育のまとまりになっています。しかし3歳児クラス以降、中には別棟のようなステージが上がった部屋に感じられる場所にあったり、制服を着たりする場合があります。その移行が近くなった3月、あこがれの幼児クラスへの進級ですから、子どもたちの「大きくなったんだ」という喜びもひとしおでしょう。初めて制服に手を通した成長の弾む心が「せいふくきたね」という会話になったのですね。

監修・編著者

川原佐公：全体監修および、はじめに・章扉・「発育・発達メモ」執筆
保育所で長年活躍の後、大阪府立大学、桜花学園大学等で教鞭を執る。
現在も後進の育成に携わっている。
元・大阪府立大学教授
保育とカリキュラム編集委員0・1・2歳児研究グループチーフ

古橋紗人子：0歳児監修および、書き方のポイント（0歳児）執筆、ほか（P.8〜43）
元・滋賀短期大学教授
保育とカリキュラム編集委員0歳児研究グループチーフ

藤本員子：1歳児監修および、書き方のポイント（1歳児）執筆、ほか（P.46〜81）
寺池台保育園（大阪）園長・四天王寺大学非常勤講師
保育とカリキュラム編集委員1歳児研究グループチーフ

田中三千穂：2歳児監修および、書き方のポイント（2歳児）執筆、ほか（P.84〜119）
ふたば保育園（奈良）園長
保育とカリキュラム編集委員2歳児研究グループチーフ

著者

保育とカリキュラム編集委員

0歳児
小山雅世
坂本容子
藤原佐智子

1歳児
石川知子
井上栄子
海老澄代
大仲美智子
川東真弓
斎藤三枝
境　万輝
菅野時子
杉町静香
田中ゆかり
花咲宣子
帆足奈央子
松山利加
溝端文子

2歳児
井上佳子
老田寛子
岡田有加
岡本由美
河下眞貴子
城加代子
竹中ひとみ
中林昭子
畑山美香子
廣葉佳子
松村善子
松本真澄
三浦朋子
水野ゆか
山新田敦子

（各年齢50音順）

※本書は、『月刊 保育とカリキュラム』
2010年4月号〜2013年3月号掲載の「連絡帳の書き方」に
加筆・修正し、まとめたものです。

STAFF
●本文イラスト／イシグロフミカ・つじにぬき・
Meriko（50音順）
●本文デザイン・編集協力／（株）どりむ社
●企画・編集／長田亜里沙・安藤憲志
●校正／堀田浩之

保カリBOOKS㉓

0・1・2歳児のプロの連絡帳の書き方

2013年4月　初版発行
2017年3月　9版発行
監修・編著者　川原佐公・古橋紗人子・藤本員子・田中三千穂
発行人　岡本 功
発行所　ひかりのくに株式会社
〒543-0001　大阪市天王寺区上本町3-2-14
TEL06-6768-1155　郵便振替00920-2-118855
〒175-0082　東京都板橋区高島平6-1-1
TEL03-3979-3112　郵便振替00150-0-30666
ホームページアドレス　http://www.hikarinokuni.co.jp
印刷所　大日本印刷株式会社

Printed in Japan
ISBN978-4-564-60822-3
NDC376　120P　26×21cm